Das Buch

Muss man Käse wirklich dreimal verpackt kaufen? In Folie gehüllte Gurken – ernsthaft? Sogar Bananen gibt es heute geschält und in Kunststoff eingeschweißt. Kein Wunder, dass die Meere voller Müll sind!

Milena Glimbovski zeigt, wie es anders geht: Sie hat einen Supermarkt ohne Verpackungen gegründet. In diesem Buch erzählt sie ihre Geschichte – von der Idee bis zum fertigen Laden. Und sie schildert, wie einfach es ist, nachhaltig zu leben, und wie gut das tut – der Umwelt, den Mitmenschen und nicht zuletzt einem selbst. Sie gibt Tipps zur Müllvermeidung in allen Lebenslagen: wie man ohne Müll kocht und einkauft oder Putzmittel und Kosmetik kurzerhand selber macht. Und zum Ausmisten, sowohl in den Schränken und Kisten als auch im eigenen Kopf.

Mit praktischen Anleitungen und Rezepten zeigt dieses Buch, wie man Minimalismus und »Zero Waste« in den eigenen Alltag bringt und was man damit bewegen kann.

Die Autorin

Milena Glimbovski, geboren 1990 in Sibirien, gründete im Alter von 22 Jahren »Original Unverpackt«, den bekanntesten Supermarkt ohne Einwegverpackungen. Das Crowdfunding, das die Finanzierung des Ladens ermöglichte, war ein großer Erfolg und inspirierte über 50 weitere Läden weltweit. Damit brachte die Autorin in Deutschland die »Zero Waste«-Bewegung ins Rollen. Als Milenskaya bloggt sie über Zero Waste, Feminismus und Klimawandel. Milena Glimbovski lebt glücklich ohne Müll in Berlin-Kreuzberg.

Milena Glimbovski

OHNE WENN UND ABFALL

Wie ich dem Verpackungswahn entkam

Kiepenheuer & Witsch

MIX
Papier aus verantwor-
tungsvollen Quellen
FSC® C083411

Verlag Kiepenheuer & Witsch, FSC® N001512

3. Auflage 2018

Umschlaggestaltung: Barbara Thoben, Köln
Umschlagmotiv: © Isabell Winter
Gesetzt aus der Minion und DIN Mittelschrift
Satz: Buch-Werkstatt GmbH, Bad Aibling
Druck und Bindung: CPI books GmbH, Leck
ISBN 978-3-462-05019-6

EINLEITUNG

Ich hasse Plastik nicht. Wirklich nicht. Es hat mir nichts getan. Es hat mich nicht schief angeguckt, nicht meine Mutter
beleidigt und mich nicht auf einen Rückruf warten lassen.

Vergib Plastik, denn es weiß nicht, was es tut. Es ist jung
und braucht das Geld, es verkauft sich für den unnötigsten
Quatsch. Man muss nur einen Blick in einen dieser Ein-Euro-
Shops werfen, die voll sind mit Einweg-Mist, den niemand
braucht. Wann hat unsere Gesellschaft den Punkt erreicht,
an dem der Aufwand, Erdöl aus dem Boden zu gewinnen, in
einer Raffinerie zu verarbeiten, in Plastik umzuwandeln und
in die Form eines Löffels zu gießen, diesen dann in die Läden
transportieren zu lassen, um ihn dort zu kaufen und nach
Hause zu bringen, eher in Kauf genommen wird als der Aufwand, seine verdammten Löffel einfach abzuwaschen? Wo
sind wir Menschen falsch abgebogen?

Plastik an sich ist also nicht das Problem, sondern unsere
eigene Gemütlichkeit. Und ihre Konsequenzen: Müll in den
Weltmeeren, Müll in den Bäuchen der Fische und Vögel. Artensterben, aufgebrauchte Ressourcenvorräte, Klimawandel.
Das muss doch anders gehen. Obwohl sich der Plastikmüll
in meinem Singlehaushalt noch in Grenzen hielt, ließ mich
der Gedanke nicht los. Ich duschte anstatt zu baden, ich fuhr
Bahn anstatt zu fliegen, und das alles im Namen der Umwelt. Trotzdem: Wir haben ungefähr alles revolutioniert und
neu erfunden, was wir uns vorstellen können. Aber der tägliche Einkauf von Lebensmitteln ist noch genauso nervig und
schädlich wie vor 30 Jahren. Es wird nicht besser, im Gegenteil: Die Portionen werden immer kleiner, was die Konsequenz hat, dass man mehr Quatsch kauft. Der ist meist in
kurzlebiges Plastik verpackt, das auf kürzestem Weg und
ohne über Los zu gehen im Müll landet.

Wir können auf den Mars fliegen, aber kriegen es nicht

hin, uns um Banalitäten wie den Plastikmüll zu kümmern? Immer noch muss ich ihn runterbringen, damit er abgeholt wird, nur um dann lediglich in kleinen Anteilen recycelt und ansonsten verbrannt oder ins Nirgendwo verschifft zu werden. Aus den Augen, aus dem Sinn. Es muss doch anders gehen. Und es geht anders.

Was mit der Frage nach einer Alternative anfing, führte schließlich zu meiner Idee: einem Supermarkt ohne Einwegverpackungen. Doch diese Idee und der nachhaltige Lebensstil, meine Mission, es anders zu machen, waren nicht von einem Tag auf den anderen umgesetzt. Wir alle haben einen kleinen Wirkungsrahmen. Wir können entscheiden, ob in unserem Zuhause der Müll getrennt wird, wo wir einkaufen, welche Produzenten wir unterstützen. Nehme ich die Nuss-Nougat-Creme eines großen Konzerns, die wegen des verwendeten Palmöls schlecht für den Regenwald ist, oder die lokal hergestellte aus Deutschland, mit Bio-Zutaten und fairem Kakao? Es fängt bei der Ernährung an, aber es kann noch viel weiter gehen: Wie wohne ich, was konsumiere ich, wie oft fliege ich? Der Billigflug Berlin–Wien für 30 Euro hin und zurück schont definitiv mein Portemonnaie, aber nicht gerade die Umwelt. Ich stelle meinen Konsum infrage, in dem ich ausmiste, minimalistisch lebe, unverpackt einkaufe und Müll spare.

Es hat vier Jahre mit viel Ausprobieren und vielen Rückschlägen gebraucht, um herauszufinden, wie ich nach bestem Gewissen leben kann. In diesen vier Jahren lernte ich, wie man einen Supermarkt eröffnet, wie man Zahnpasta selber macht, wie man sich besser kleidet, wenn man Klamottenläden meidet, wie man eine Panikattacke übersteht, den Konsumteufelskreis durchbricht, und wie man bei anfänglicher Ahnungslosigkeit vorgibt, genau zu wissen, was man

tut. Ich habe gelernt, eine verantwortungsbewusste Erwachsene zu sein – zumindest hört sich das cool an: »mit beiden
Beinen auf dem Boden«. Was mir im Sitzen zum Beispiel
sehr schwerfällt, weil die meisten Stühle für große Menschen
ausgelegt sind und ich mit meinen Einsfünfzig eher den An-
schein einer Siebtklässlerin erwecke, die mit den Füßen in
der Luft strampelt, und oft komme ich mir auch so vor. Das
Wissen, das sich trotz allem im Laufe meiner Suche angesammelt hat, möchte ich mit diesem Buch teilen.

Wenn ich schon so gut beschäftigt bin, warum dann auch
noch dieses Buch? Ich schreibe es zu einer der stressigsten
Zeiten meines Lebens. Ich leite das Team von *Original
Unverpackt (OU)* im Laden und im Büro, ich bringe mit Jan
Lenarz, einem meiner engsten Freunde, und einem kleinen
Team unter dem Namen *Ein guter Verlag* mehrere Arbeits-
bücher und Kalender raus, jede Woche sind ein bis zwei
Vorträge in verschiedenen Städten gebucht, und ich bin froh,
wenn mein Körper das mitmacht, was mein Geist ihm auf-
trägt. Ich bin getrieben durch einen Ehrgeiz, die Welt besser
zu hinterlassen, als ich sie vorgefunden habe. Es gab so viele
Momente in meinem Leben, in denen ich dachte, das wird
nie was – und am Ende hat's doch geklappt. Ich habe für den
Führerschein doppelt so viele Fahrstunden gebraucht wie
alle anderen. Für den leichtesten Skateboard-Trick, den Ollie,
braucht jeder 15-jährige Junge maximal einen Monat – ich
brauchte ein Jahr. Selbst als meine Klavierlehrerin meinen
Eltern sagte, ich hätte gar kein Taktgefühl (was sie gar nicht
wissen konnte, so gut kannte sie mich doch gar nicht), wollte
ich trotzdem wenigstens ein paar Stücke der Beatles lernen,
und das tat ich dann auch. Was mir dabei half: der Gedanke,
dass jeder einmal klein angefangen hat. Jeder macht einen
ersten Schritt auf seiner Reise, und dafür ist dieses Buch

gedacht: Es beschreibt, was ich auf meiner Suche nach der Alternative herausgefunden habe. Es soll dabei helfen, mit der eigenen Reise zu beginnen, und zeigen, was jede Einzelne von uns bewegen kann und wie einfach es ist, ein nachhaltiges Leben zu führen.

Am Anfang steht die Geschichte vom Beginn meines Kreuzzugs gegen den Müll und davon, wie wir mit der Gründung von *Original Unverpackt*, dem bekanntesten Supermarkt ohne Einwegverpackungen, eine weltweite Bewegung von verpackungsfreien Läden starteten.

Bevor ich selbst besser leben konnte, musste ich auch erst mal verstehen, was »besser« überhaupt bedeutet. Also vorm Loslaufen noch kurz innehalten und Hausaufgaben machen. Erst dann geht es los mit der ganz konkreten Anleitung, wie man Zero Waste in seinen Alltag einführen und umsetzen kann – wie man dabei Geld spart, sich Gutes tut und einfach ein schöneres und besseres Leben führt.

Dieses Buch ist nicht als ein weiteres Werk gedacht, das man sich für ein besseres Gewissen kauft, um dann im Regal zu verstauben. Es ist ein Ratgeber, ein Fachbuch, ein bester Freund, eine Idee, eine Community. Das funktioniert am besten, wenn man die Gedanken aus dem Buch ins echte Leben überträgt – ins Internet. Über die Facebook-Gruppe mit dem Namen des Buchs, also **Ohne Wenn und Abfall**, können wir uns miteinander vernetzen. Ich sehe Facebook zwar kritisch – die Selbstdarstellung, das Sammeln unserer Daten und den Algorithmus, der die Verbreitung von Nachrichten bestimmt –, aber Facebook hat eine sehr praktische Gruppenfunktion: Man findet Gleichgesinnte, kann sich austauschen, motivieren und voneinander lernen. Dafür werde ich in der Gruppe interessante Links sammeln, die ihr wiederum ergänzen könnt, und so können wir gemeinsam dafür

sorgen, dass sie aktuell bleiben. Wem Facebook ein Graus
ist, der kann auf Instagram und Twitter über den Hashtag
#ohnewennundabfall andere Leserinnen und Mitstreiter fin-
den.

Ich werde in diesem Buch abwechselnd die weibliche und
männliche Form wählen, wenn ich von Menschen spreche. Ich glaube nicht daran, dass das generische Maskuli-
num in der deutschen Sprache auch Frauen darstellt, und
möchte das hiermit ausgleichen und trotzdem die Lesbar-
keit wahren.

Genug der Vorrede. Es geht jetzt los. Ich wünsche viel
Freude beim Lesen und ausprobieren, und selbst wenn dieses Buch am Ende nur der Unterhaltung dient, hatten wir
wenigstens eine gute Zeit. Klingt wie beim Schlussmachen,
oder? Wir können ja Freunde bleiben, und beginnen jetzt
ganz am Anfang der Geschichte vom Ursprung von *Original
Unverpackt,* dem Supermarkt ohne Einwegverpackungen.

DIE GESCHICHTE HINTER *ORIGINAL UNVERPACKT*

Es gibt Dinge, die fühlen sich gleich richtig an. Die Reste einer Pizza an einem verkaterten Samstagmorgen. Das Lachen eines Kindes. Ein Supermarkt ohne Verpackungen. Also ohne Müll. Also alle Weltprobleme gelöst. Ich hatte die Weltformel geknackt. Hatte ich sogar am nächsten Morgen noch gedacht. Und auch als der letzte Tropfen Wein meinen Blutkreislauf verlassen hatte, fand ich die Idee immer noch ganz in Ordnung.

Meine Freundin Sara und ich hatten am Abend zuvor getrunken. Auch gegessen, aber vor allem getrunken. Wir haben eine faire Aufgabenteilung: Sie kocht und ich sitze daneben, spiele am Radio herum und fülle unsere Gläser nach. Ich bin im sibirischen Russland geboren und fürchte, dass wir das mit dem Alkohol im Blut haben. Sara kocht nach Gefühl. Sie ist ein bisschen wie eine Zauberin: Sie nimmt, was da ist, und verwandelt es in etwas Essbares. Sie wirbelt in der Küche herum, schnuppert an Gewürzen, verschwindet in der Speisekammer ihrer WG, taucht mit Gemüse auf, das ich noch nie zuvor gesehen habe, zerstückelt es und schmeißt es in den Topf. Am Ende wird gegessen, was aufgetischt wird.

Wenn die Köchin den Tisch gedeckt hat, ist ihre Arbeit vollbracht. Ich darf mich dann später um die Beseitigung der Beweise kümmern. Sprich, ich widme mich dem Chaos auf der Arbeitsplatte und den Überresten von besagtem unbekannten Gemüse – oder ist es überhaupt kein Gemüse, sondern eine Frucht, oder ist es vielleicht Manuel Neuer? Und dann die ganzen Verpackungen. Und wo ist hier überhaupt der Mülleimer?

Wie schön wäre eine Welt ohne Verpackungen! Wie praktisch wäre es, wenn ich einfach entspannt sitzen bleiben könnte. Nicht faul, nur entspannt. Kochen ohne Verpackungen, einkaufen ohne Verpackungen – die Idee ist nicht neu. Sie ist, im Gegenteil, sehr alt. Als ich acht Jahre alt war, habe ich viel ferngesehen. So lernte ich Deutsch, als ich 1995 aus Russland nach Deutschland kam. Mein erstes deutsches Wort war »scheiße«, weil ich das Musikvideo von Tic Tac Toes »Ich find' dich scheiße« auf MTV gesehen hatte. Eigentlich schaute aber nur meine große Schwester Irina MTV. Ich schaute KiKA, Peter Lustig und Co. Da gab es eine Folge mit Kindern: Ein Junge und ein Mädchen gingen einkaufen und hatten einen Milchkanister und ein paar Tupperdosen dabei. Als sie in den Supermarkt kamen, füllten sie ihre mitgebrachten Behälter mit allem, was sie wollten, und gingen raus, ohne zu bezahlen. Die Helden meiner Kindheit. Die Idee war so einfach wie genial. Sie vergrub sich tief in meinem Unterbewusstsein, und erst 15 Jahre später, an diesem weinseligen Abend in einer WG in Neukölln, beschloss sie wieder aufzutauchen. *Original Unverpackt* war geboren.

Das grobe Konzept für den Supermarkt war schnell ausgedacht. Und wir taten das einzig Richtige, was es in so einer Situation zu tun gab: Wir legten sofort los. In Berlin lief zu dieser Zeit der Businessplan-Wettbewerb. Die Einreichungsfrist war schon in wenigen Wochen. Neben einem Vollzeitjob (Sara) und Studium plus Studentenjob (ich) sollte es ja bestimmt kein Problem sein, nebenher mal eben einen Businessplan zu schreiben. Ganz am Anfang war sogar noch eine weitere Freundin dabei, Marizon. Wir drei hatten weder von Lebensmitteln noch von BWL eine Ahnung, geschweige denn von Supermärkten. Wir schrieben den Plan trotzdem, reichten ihn ein, fuhren zur Preisverleihung – und gewannen nichts. Doch wir gaben nicht auf. In den nächsten bei-

den Runden räumten wir ab: In der zweiten Runde belegten wir den 1. Platz im Marketing und in der letzten Runde
waren wir in den Top 5 aller Teilnehmer des Wettbewerbs.
Dabei verlief der entscheidende Pitch – die kurze Vorstellung der Business-Idee auf einer Bühne vor Publikum – eher
unglücklich. 30 Sekunden lang sollte zunächst Sara die Idee
vorstellen, dann ich. Nach 20 Sekunden stieg die Aufregung
uns zu Kopf, Sara fing an zu stottern, ich hopste aufgeregt
neben ihr hin und her und wartete auf meinen Part. Sie
kam immer noch nicht auf den Punkt. 10 Sekunden noch.
Ich schnappte mir ihr Mikro und rief: »Vertrauen Sie uns,
wir wissen nicht, was wir tun!« Das Publikum brach in Ge-
lächter aus und stimmte für uns. Wir gewannen unseren ersten Pitch durch mehr Glück als Können. Wir feierten uns –
für noch so kleine Erfolge. Wir wurden Kreativpiloten, eine
Auszeichnung der Bundesregierung, die mit einem goldenen
Adler versehen war. Das sah wichtig aus. Das musste was bedeuten. Bei all den Stipendien und Preisen vergaßen wir bei-
nahe, dass wir ja eigentlich einen Laden zu planen hatten,
denn selbst ein fertiger Businessplan ist nicht mal die halbe
Arbeit. Das war alles erst der Anfang!

Die Semesterferien verbrachte ich also mit Pitchen und
Planen. Marizon entschied sich, für ein Praktikum nach
Schweden zu gehen, und stieg aus. Als im Oktober das Studium weitergehen sollte, war ich in Gedanken bereits in anderen Sphären. Ich wollte aber auch nicht abbrechen, denn
Studieren an der Universität der Künste machte Spaß. Ich
lernte wichtige Dinge fürs Leben: Wo sonst kann man drei
Seiten Aufsatz darüber schreiben, wie man einen Joint dreht,
und dafür eine 1,0 bekommen? Ein Urlaubssemester klang
zu diesem Zeitpunkt vernünftig. Ich stellte mir selber einen
Praktikumsvertrag aus, denn Gründung war als Urlaubs-

semestereintragungsgrund – was für ein deutsches Wort – nicht vorgesehen. Weil damit auch mein BAföG erst mal gestrichen war, musste ich wieder mehr arbeiten gehen und fand eine Stelle im Marketing bei *Veganz*.

Veganz ist eine kleine vegane Supermarktkette, die damals noch viel kleiner war als heute. Wir waren nur etwa zehn Leute im Büro, die alles von Einkauf bis Marketing und Vertrieb machten. Und ich war nur eine kleine Werkstudentin, die aber überall ihre Nase reinhielt und alles aufsog. Für diese Chance bin ich Jan Bredack, dem Gründer, sehr dankbar. Denn eigentlich hatte ich gar keinen Job gesucht, als ich Jan traf. Ich hatte ihn angeschrieben, weil ich ihn darüber ausfragen wollte, wie es ist, eine Supermarktkette zu gründen und zu führen. Auf das Gespräch bereitete ich mich gut vor: Ich las ungefähr alle Artikel, die je über *Veganz* veröffentlicht wurden. Ich wusste, in welchem Jahr wie viele Filialen eröffnet wurden, hatte mir alles zu seinem vorherigen Werdegang als Manager bei Daimler rausgesucht, und beantwortete mir durch die Recherche bereits die ersten Fragen selbst. Dadurch konnte ich bereits viel tiefer einsteigen und musste nicht mit so oberflächlichen Fragen wie »Warum hast du den Laden gegründet?« anfangen. Wer diese Frage stellt, hat seine Hausaufgaben nicht gemacht. Jan und ich unterhielten uns lange: Er erzählte mir, was er wusste und gelernt hatte, und war einfach nur sympathisch und hilfsbereit. Am Ende des Meetings ergab sich das zufällig mit dem Job: Das Bewerbungsgespräch führte ich mit der Marketingchefin und dem Einkaufschef. Die Dame vom Marketing stellte mich ein, und der Einkaufschef wurde ein guter Freund, der bis heute noch an meiner Seite ist. Mit dem neuen Job in der Tasche war ich entspannter und konnte mich in der verbleibenden Zeit wieder auf *OU* konzentrieren.

Unsere Konzepte stellten wir bei weiteren Wettbewerben vor, bis wir das Stipendium im Social Impact Lab ergatterten. Das Lab ist ein Ort für soziale Start-ups, die Mentoring und Coaching in Form eines Stipendiums erhalten. In diesem acht Monate langen Stipendium lernte ich unseren Berater Bernd und unsere Mentorin Nicole kennen, die mich bis heute begleiten. Bernd hatte die Rolle des Master Coaches. Immer, wenn man nicht weiterwusste und einen Rat brauchte, oder wenn man nicht mal wusste, wo und wie man Hilfe bekommt, ging man zu Bernd. Bernd weiß alles. Bernd hat in seinen mehr als 60 Jahren Lebenserfahrung nicht nur Häuser in Kreuzberg besetzt, sondern auch viele Firmen im In- und Ausland aufgebaut. Nur Gott weiß, wie viele Start-ups er vor dem Ruin bewahrt hat. Nicole hingegen hat eine Führungsposition bei SAP inne und hatte mit Lebensmitteleinzelhandel nichts am Hut. Aber sie wusste, wie man Projekte managt, Menschen führt und vor allem, wie man unkonzentrierten kleinen Mädchen etwas Disziplin beibringt. Nicole hat sich auch ehrenamtlich mit uns getroffen, zugehört und uns dann tatsächlich oft aus der ein oder anderen zwischenmenschlichen Patsche geholfen.

Am ersten Tag im Lab lernte ich Jan Lenarz kennen. Jan hat die Firma *Vehement* gegründet, die nachhaltige Kampfsportsachen produziert. Er ist Veganer und auch noch ganz schön süß. Unser erstes Date war das Höchstmaß an Romantik: Es fand im McFit am Kottbusser Tor statt. Er zeigte mir, wie man boxt, und ich ihm anschließend, wie man vegane White Russians mixt. Aus einem Flirt wurde eine Freundschaft und aus der Freundschaft heraus entwickelte sich eine weitere Geschäftsidee. Aber dazu später mehr.

Im Lab hatten wir das erste Mal einen Arbeitsplatz und jemanden, der von uns etwas erwartete. Wir waren da nicht zum Spaß. Mit sieben anderen Social-Start-ups wurden wir an die Hand genommen. Die anderen Teams arbeiteten mindestens genauso fleißig wie wir: Da war Janine, die *Fairliebt in Jyothi* initiiert hat und bis heute führt. Sie hat eine Kooperative in Indien aufgebaut und beschäftigt mehrere Näherinnen, die für die Herstellung der Kleidung von *Fairliebt in Jyothi* fair bezahlt werden. Oder Sally von *Querstadtein*. *Querstadtein* macht Führungen durch die Stadt mit Obdachlosen als Führer. Diese zeigen, wie sie die Stadt sehen. Heute haben sie ihr Spektrum erweitert: Auch Flüchtlinge führen Interessierte durch Berlin und bieten einen Blick auf ihre Lebenswelt.

Kurz gesagt, wir waren umgeben von Menschen, die etwas bewegen wollten, die klein anfingen und groß dachten. Hier waren wir richtig. Sara – noch arbeitslos gemeldet. Ich – offiziell im Praktikum. So gingen wir brav jeden Morgen ins Social Impact Lab und spielten Büro. Wir fingen meist zwischen 9 und 10 Uhr an und blieben so lang, wie nötig war – oder wie wir Lust hatten. Wir saßen mit den anderen Teams in einem großen Raum, jeder an einer kleinen Tischgruppe, und arbeiteten an unseren Projekten.

Der erste und wichtigste Schritt nach dem Businessplan war zunächst, Lieferanten zu finden, die nicht nur theoretisch bereit waren, uns unverpackt zu beliefern, sondern auch in der Praxis. Für den Businessplan hatten wir bereits recherchiert, welche Bandbreite an Produkten ein Supermarkt anbieten muss, um eine wirkliche Alternative zu sein. Aber wir hatten keine Ahnung, wie wir an die entsprechenden Lieferanten herankommen sollten. Es war klar, dass die großen Markenhersteller mit ihren langen, komplexen Lieferketten nicht plötzlich die Fabrik stillstehen lassen würden, um für

uns Mehrwegbehälter zu befüllen. Wir mussten andere Lösungen finden. Leider wussten wir erst recht nicht, wo wir danach suchen sollten, also holten wir uns Hilfe: unsere erste
Mitarbeiterin – eine Werkstudentin, die wir mit dem Gewinn
aus dem Businessplanwettbewerb bezahlten. Sie begann, langsam das Sortiment zu planen und Lieferanten zu finden. Kurze
Zeit später stellten wir unsere zweite Mitarbeiterin an, die wir
sogar in Vollzeit beschäftigten. Wir kamen also endlich voran,
und zwar mit großen Schritten!

Wir investierten jeden gesparten Cent und jede freie Minute in *OU*. Wir sahen das Potenzial des Unternehmens –
und waren damit nicht allein. Der Weltruhm begann mit
einem Artikel in der *Süddeutschen Zeitung*. Dieser erzählte
nur die Geschichte von zwei jungen Frauen aus Berlin und
ihrer Idee – denn mehr hatten wir bis dahin nicht zu bieten. Aber der Artikel verbreitete sich, und plötzlich war sie
da – die Aufmerksamkeit von außen. Uns erreichten täglich
neue Presseanfragen, die wir irgendwann nicht mehr alle beantworten konnten, und auch nicht wollten. Noch hatten wir
nichts – nur die Idee, einen Businessplan, ein Team … aber
nach einem Jahr noch keinen Laden. Denn dafür brauchten
wir Geld.

Die Finanzierung sollte unser erster Meilenstein sein. Wir
hatten einen ausgezeichneten Businessplan und die Unterstützung meiner Uni, der Universität der Künste. Damit hatten wir genug Wind im Rücken, um Exist zu beantragen.
Exist ist ein Gründerstipendium, das zwölf Monate lang die
Lebenshaltungskosten für maximal drei Gründerinnen sowie anfallende Forschungs- und Materialkosten bezahlt. Es
wird allerdings nur an innovative Start-up-Ideen vergeben.
Wir waren wie prädestiniert dafür. Wir waren optimistisch:
Wer, wenn nicht wir? Wir wollten mit unserem Konzept den

Lebensmitteleinzelhandel revolutionieren. Das Stipendium wartete nur darauf, von uns in Anspruch genommen zu werden. Von wegen. Zwei Monate Antragsarbeit später erhielten wir eine Absage. Einfach so.

Dazu kam auch noch der Stress mit der Suche nach einer passenden Immobilie für unseren Laden, mit der wir schon früh begonnen hatten. Wir wollten ein Gefühl für den Immobilienmarkt bekommen. Das taten wir. Wir lernten, dass es praktisch unmöglich ist, in Berlin eine halbwegs gute Gewerbeimmobilie zu finden. Wer schon mal auf Wohnungssuche war, weiß, wie nervig das ist. Gewerbeflächen finden ist noch um ein Vielfaches anstrengender – es gibt einfach viel weniger davon. Es mussten fünf Monate vergehen, bis wir eine Immobilie fanden, die uns gefiel und für die wir auch eine Zusage erhielten. Die anderen waren entweder zu klein gewesen oder aber zu groß – wie sollten wir da die Miete stemmen? Oder wir besichtigten eine Immobilie in Prenzlauer Berg und ärgerten uns, dass sie nicht in Kreuzberg war. Neben der nicht vorhandenen Entscheidungsfreudigkeit hatten wir eigentlich auch kein Geld für die Kaution. Es bräuchte einen neuen Begriff, um unsere Naivität zu beschreiben. Wir machten trotzdem weiter.

Das Stipendium war also gestrichen. Wir liehen uns Geld und überbrückten die ersten Monate, bis unser Crowdfunding auf *startnext* so weit war. Ein Crowdfunding bietet die Möglichkeit, auf einer Internetseite ein Projekt vorzustellen und von fremden Menschen die nötige Finanzierung für dieses Projekt zu erhalten. Also genau das Richtige für uns. Leider verzögerte sich der Start immer weiter – und ohne unsere Mentorin Nicole würden wir wohl noch heute darauf warten. Bei jedem Treffen fragte sie uns, wann es denn losginge, und während wir uns mit Ausreden den

Mund fusselig redeten, unterbrach sie uns und fragte noch einmal: »Warum. Seid. Ihr. Noch. Nicht. Gestartet?« Das war keine Frage, die eine Antwort erforderte. Das war eine Schelte. Und sie saß.

Wir traten uns in den Arsch, schoben die Ausreden beiseite – das Video sei nicht gut genug, wir hätten keine Fotos, kein Design, keine Kampagne – und machten einfach. Für das Video beauftragten wir zwei Studenten der FHTW. Das Design und die Kampagne machte ich kurzerhand selbst. Für irgendwas mussten diese Grafikausbildung und die Jahre in der Werbeagentur ja gut sein. Unser Kampagnenmotto war »Unverpackt für alle«, *OU* sollte von Anfang an mehr als nur ein Bio-Laden in Kreuzberg sein. Wir wollten ein Franchise-System bauen, und am Ende sollte es in jeder kleinen und großen Stadt in Deutschland einen Unverpackt-Laden geben. Napoleon und ich haben mehr als unsere Körpergröße gemeinsam – wir mögen es, groß zu denken.

Im Laufe des ersten Halbjahres erhielten wir weiterhin Presseanfragen. Es war schwer für uns, nicht für ein Interview zuzusagen, schließlich wussten wir nicht, ob das Interesse in einem halben Jahr noch da sein würde. Das eigene Ego rebellierte, aber die Vernunft setzte alles auf eine Karte – auf das Crowdfundig. Wir wollten die Presseaufmerksamkeit bündeln und auf das Crowdfunding lenken. Ich war pessimistisch. Ich wusste, wir brauchten so viel Geld wie möglich, aber ich wusste auch, dass Crowdfundings in Deutschland zu diesem Zeitpunkt im Schnitt nur 5000 bis 15 000 Euro erzielten. Sara und ich diskutierten und wollten schließlich trotzdem 20 000 Euro als Ziel für die Kampagne wagen. Die Setzung des Ziels ist wichtig, denn wenn man dieses Ziel nicht in einer bestimmten Zeit erreicht, dann gibt es am Ende keinen Cent. Beim Crowdfunding heißt es alles oder nichts. Mit 20 000 Euro hätten wir genug Eigenkapital für ein Darlehen bei der Bank.

Wir erreichten die 20 000 Euro. In einem Tag. Wir rasteten aus. Die Betreuerin aus dem Lab organisierte irgendwoher eine Flasche Sekt und wir stießen an und kamen nicht darauf klar. Wenige Stunden später erhielt ich einen Anruf. Es war der Makler, der die Immobilie in der Wiener Straße 16 in Kreuzberg vertrat. Knapp eine Woche vorher hatten wir uns die Ladenfläche angeschaut. Über hundert Leute hatten sich darauf beworben, nur wenige wurden zu der Besichtigung eingeladen, und wir erhielten den Zuschlag. Das konnte alles nicht sein. Ich fühlte mich nicht wie auf Wolken. Ganz im Gegenteil: Ich war im freien Fall und wusste, dass ich gleich hart aufschlagen würde. So viele gute Sachen auf einmal waren surreal. So was war ich nicht gewohnt.

Dann geschah das Wunder. Alles lief glatt. Wir handelten den Mietvertrag aus und unterschrieben wenige Wochen später. Und das Crowdfunding, nun, das entwickelte ein Eigenleben. Das Video ging weltweit viral – was ungewöhnlich ist für ein Video in deutscher Sprache. *Upworthy* titelte: »Genius Germans Invent Supermarket So Radically Simple You Don't Have To Speak German To Get It«. Von *The Guardian* bis *Spiegel Online* – es wurde geteilt und angesehen und bescherte uns eine internationale Medienaufmerksamkeit. Dies zeigt sich aber nicht nur in der Crowdfunding-Summe von mehr als 100 000 Euro, sondern auch in meinem E-Mail-Posteingang. Irgendwann öffnete ich die Pressemails nicht mehr, hielt mich fern von meinem privaten Facebook. Ich hatte mich als ewige Realistin auf das Scheitern eingestellt, aber nie und nimmer auf einen Erfolg in diesen Ausmaßen. Zuvor war mein größter Erfolg gewesen, das Abi mit gerade mal 3,2 beendet zu haben und nicht schon vorher wegen Fehlzeiten von der Schule geflogen zu sein. Meine Überlebensstrategie war auf Krisensituationen und Kampf ausgelegt und nicht darauf, was passiert, wenn man gewinnt. Ein absolutes Luxusproblem, aber mich haute es um. Ich wartete immerzu darauf, aus diesem Traum aufzuwachen. Dieses Gefühl, allen nur etwas vorzumachen und gar nichts zu können, kehrte auch später immer wieder zurück, und heute weiß ich, dass es ein Syndrom ist, unter dem gerade viele Frauen und weniger selbstbewusste Menschen leiden: das Hochstaplersyndrom. Ich selbst benötigte die Erfahrung, zwei erfolgreiche Firmen gegründet zu haben, viele Gespräche mit Freunden und sehr viel Bestätigung von außen, um es überwinden zu können. Langsam begann ich zu lernen, wie ich Bestätigung in mir selbst finden kann. In diesem Fall gab der Erfolg des Crowdfundings mir mehr als nur Geld.

▶ Die Crowdfunding-Kampagne ist immer noch online und kann unter *startnext.de/original-unverpackt* angeschaut werden.

Das Crowdfunding endete nach knapp 36 Tagen mit der Unterstützung von 4009 Menschen. Diese 4009 Menschen beteiligten sich mit unterschiedlich großen Beiträgen, die am Ende eine Summe von 108 915 Euro ergaben. Wir hatten das Crowdfunding mit den bis dato meisten Unterstützerinnen in Deutschland auf die Beine gestellt. Zwei junge Frauen, die keine Ahnung hatten, was sie da taten, und eigentlich nur ohne Müll einkaufen wollten.

Während wir so wuselten, hatten wir aber bereits ein Team, das fleißig Lieferanten suchte: Lola, unsere erste Festangestellte, und Sarah, die Werkstudentin, trafen sich

mit potenziellen Lieferanten, um mit ihnen Lösungen aus-
zudiskutieren. Einige davon wurden beispielhaft und zum
Standard für die deutschen Unverpackt-Läden. So trafen
wir Axel Kaiser von *Denttabs*. *Denttabs* produziert kleine
weiße Pillen, die als Ersatz für Zahnpasta dienen. Man
nimmt eine Tablette mit etwas Wasser in den Mund, kaut
darauf herum und putzt sich danach ganz normal die
Zähne. Das funktioniert sehr gut und ist sogar gesünder als
herkömmliche Zahncreme, weil die Tabletten trocken sind,
während normale Zahnpasta unzählige Chemikalien enthält, die sie konservieren und ihre flüssige Konsistenz bewahren sollen.

Diese Zahnpasta-Tabletten waren wie gesagt super, aber
nur in kleinen Plastikverpackungen erhältlich, ähnlich wie
bei Kaugummis. Wir wollten sie aber ohne, und wir erhielten sie schließlich auch (fast) ohne: Statt der vielen kleinen,
sollten die Tabletten in einer großen, luftundurchlässigen
Einwegverpackung transportiert werden. Mit dieser Lösung,
die Axel für uns organisierte, werden heute die meisten Unverpackt-Läden in Deutschland beliefert.

Auf diese Weise setzte sich die Suche fort. Wenn wir wussten, dass wir ein bestimmtes Lebensmittel wollten, hieß es:
Wie kriegen wir das möglichst unverpackt, lokal, bio und fair
hergestellt? Lola schrieb unterschiedlichste Herstellerinnen
an und fragte nach müllfreien Lösungen, Preisen, Lieferbe-
dingungen und Produktproben. Wir verkochten die Proben
und machten Testessen, nur um am Ende dann doch keins
der Produkte zu nehmen. Dies war der aufwendigste Teil, der
einfach viel Zeit beanspruchte, und ich bin bis heute dankbar, dass sich Lola und ihr Team so fleißig darum kümmer-
ten. Auch wenn sich einiges an Fehlern untermischte – wer
bestellt Hunderte Plastiksprühflaschen für Reinigungsmittel,

wenn man nicht weiß, ob man auch nur eins loswird? Wir
wussten es halt nicht besser. Diese Fehler waren nicht billig,
aber da mussten wir durch.

Ein großer Fehler war die Annahme, der Laden würde gar
keinen Müll produzieren. Unser Konzept, den Lieferanten
große Behälter im Rahmen eines Pfandsystems zur Verfügung zu stellen, ging nur bedingt auf. Viele waren begeistert,
aber umsetzen konnten es nur die wenigsten. Die Idee war
wie folgt: Der Lieferant füllt sein Produkt in einen für Lebensmittel geeigneten Behälter mit einer Kapazität von 25 Litern.
Sein Spediteur liefert uns die befüllten Behälter, und wir geben die leeren zurück. Dadurch würde kein Müll in der Lieferkette entstehen. Aber leider war diese Vorgehensweise nur
bei sehr wenigen Herstellern möglich. Es galt: Je kleiner das
Unternehmen, desto größer die Bereitschaft zu dieser Umstellung. Es klappt zum Beispiel mit unserem Kaffee. Der wird in
Berlin-Friedrichshain geröstet, in Edelstahlbehälter verpackt
und per Kurier zu uns gebracht. Dieser holt die leeren Edelstahlbehälter auch wieder ab und bringt sie dem Röster zurück. Genauso läuft es auch mit unserem Obst und Gemüse.
In Deutschland verwenden alle Naturkostgroßhändler die
sogenannten NAPF-Kisten. Das sind diese grünen Plastik-
kisten, die manchmal auch als Fahrradkorb umfunktioniert
werden. Das Gute an ihnen: Sie sind Teil eines deutschland-
weiten, einheitlichen Pfandsystems. Fast alle Bio-Landwirte
füllen ihre Ware in diese Kisten. Sie kommen dann zum Naturkostgroßhändler, der sie wiederum an die einzelnen Bio-
Läden liefert. Genauso funktioniert das zum Beispiel auch bei
Milch. Die wird regional in braune Ein-Liter-Pfandgläser gefüllt, in Mehrwegkisten zum Großhändler gebracht, und von
da geht es weiter an die Einzelhändler. Ebenso bei Getränken:
Bier gibt es bei uns nicht zum Abzapfen, sondern einfach wie

überall in Pfandflaschen. Gutes Bier. Alle Sorten haben wir persönlich getestet.

Der Rest der Ware, Produkte wie Reis, Nüsse oder Müsli, kommt in Großgebinden. Das sind Säcke aus Altpapier mit rund 25 kg Inhalt. Die Großverpackungen für Gewürze und Süßigkeiten sind etwas kleiner. Die meisten ebenfalls aus Papier, einige wenige leider auch aus Plastik. Also doch Müll. Wie können dann Unverpackt-Läden behaupten, nachhaltiger zu sein? Weil sie es sind. Es war zwar sehr frustrierend, zuzusehen, wie nach all der Arbeit trotzdem Müll übrig bleibt, aber: Die Menge ist nicht vergleichbar mit den Unmengen an Müll, die ein normaler Supermarkt produziert. Es ist viel, viel weniger. *Wie viel* weniger haben wir ein Jahr später in einer Ökobilanz messen lassen. Aber auch eine Milchmädchenrechnung erklärt das Prinzip: Wenn man im konventionellen Einzelhandel 500 Gramm Reis kaufen möchte, entsteht dabei folgender Müll: die Plastikumverpackung (die sogenannte Primärverpackung), die Kartonverpackung, die zehn dieser 500-Gramm-Tüten enthält (die Sekundärverpackung), und je nach Hersteller gibt es noch eine Tertiärverpackung aus Karton, die wiederum eine bestimmte Anzahl der Sekundärverpackungen enthält. Kauft man seinen Reis hingegen bei *OU*, kann man sicher sein, dass an Müll nur der eine Altpapiersack anfällt. Hochgerechnet auf 25 kg, die Menge eines solchen Sacks, würden im konventionellen Supermarkt allein fünfzig kleine 500-Gramm-Plastiktütchen anfallen, und dazu kämen noch die Sekundär- und Tertiärverpackungen. Also, es ist immer noch Müll da, aber viel weniger, und vor allem viel weniger Plastikmüll.

Sobald die Immobilie feststand, durften wir keine Zeit verlieren. Sara und ihr Freund Michael planten den Umbau und die Einrichtung. Michael ist Architekt. Er hatte zwar noch keine Erfahrung mit Supermärkten, war aber genauso heiß auf diese Herausforderung wie wir. Plötzlich musste alles auf einmal fertig sein, am besten schon gestern. Aber es dauerte seine Zeit, bis die Handwerker sich fanden und ihren Job erledigt hatten. Bis die Einrichtung angeliefert und eingebaut wurde. Bis die Lebensmittel kamen und wir sie abfüllen konnten. Es vergingen 3 Monate.

Ich wurde ungeduldig, und ich war nicht die Einzige. Im Mai war das Crowdfunding gelaufen, und im August hatten wir immer noch nicht eröffnet. Damals schrieb ich in unserem *OU*-Blog:

> *Wir sind dran und unterwegs. Um genau zu sein, sind wir fast da. Wir werden diesen Sommer eröffnen. Nach jedem Gang in die Neon-Licht-Hölle unseres Vertrauens, wo wir unseren Einkauf erledigen, nach jedem Spaziergang zur Mülltonne, nach jeder Familienpackung Frischkäse, die wir nicht aufbrauchen konnten und die im Müll landet, wissen wir, warum wir das machen. Nach jeder Doku, nach jedem Drücken des »Eco«-Buttons auf der Waschmaschine, nach jedem Mal Zugfahren statt Fliegen wissen wir, dass noch eine wichtige Sache fehlt. Aber wir sind dran.*

Während Sara sich um das Design und die Einrichtung kümmerte, war ich mit dem Versuch beschäftigt, das Gesundheitsamt zu beeindrucken. Leider war ich weit davon entfernt. Als Vorbereitung erstellte ich eine Präsentation, in der ich jedes potenzielle Pfandbehältnis darstellte und mit Maßen und Herstellerangabe sowie mit der Angabe beschriftete, für welches Produkt es verwendet werden sollte. Am Tag des Termins erwarteten mich nun gleich zwei Lebensmittelkontrolleure in ihrem Büro. Sie hatten schon in der Presse von uns gehört, waren neugierig, aber nicht abgeneigt. Ich beschrieb erst mal das Konzept: »Kundinnen können ihre eigenen Behälter mitbringen, sie leer abwiegen und dann selbst befüllen.« Sogleich kamen kritische Nachfragen: »Wer haftet, wenn der Behälter schmutzig ist? Wie werden die Lebensmittel aufbewahrt?« Das war mein Stichwort. Ich zeigte ihnen die ausgedruckten Unterlagen und führte sie durch die einzelnen Spendersysteme und ihre Funktion. Ich erwähnte immer wieder den »Spuckschutz« – der Spuckschutz ist wichtig und findet deshalb bei jedem Spender Verwendung. Und dann kam das erste schwierige Thema: die Käsetheke. Sie sollte gleich neben der Kasse sein, an derselben Theke. Dadurch könnte ein einziger Mitarbeiter sowohl die Kasse als auch die Frischetheke im Blick behalten. Wirtschaftlich gesehen praktisch. Gegenüber der Kassentheke war das Regal für Obst und Gemüse geplant. Da Obst und Gemüse aus der Erde kommen, draußen vom Walde, und nicht abgewaschen sind, gelten sie in hygienischen Maßstäben als »dreckig«. Alles, was sofort gegessen werden kann, ohne abgewaschen zu werden, wie Brötchen oder Nüsse, gilt als »sauber«. Saubere Lebensmittel dürfen nicht mit dreckigen in Berührung kommen. Das hatte mir eine Bekannte erklärt, die nur entfernt etwas mit Lebensmittelsicherheit am Hut hatte. Dabei schnappte ich den Begriff »atmosphärisch« auf. Den wollte ich jetzt unterbringen, um zu zeigen, dass ich vom Fach bin. »Der Käse wird atmosphärisch von Obst und Gemüse getrennt sein.«

»Er wird was?«

»Na ja, sie können nicht interagieren, wegen der unter-

schiedlichen Bakterien. Das bleibt alles getrennt. Atmosphärisch.«

Die Kontrolleurin war alles andere als beeindruckt. Sie machte sich weitere Notizen und schüttelte dabei langsam den Kopf. Ich wollte aber nicht aufgeben:

»Wir planen, ganz viele Waschbecken für die Handreinigung und -desinfizierung unterzubringen. Auch bei der Käsetheke.«

»Das ist ja toll, dass Sie sich bemühen, die Gesetze einzuhalten.«

Oh, hm, ja. So ganz genau kannte ich die Vorschriften dann doch nicht.

»Und ihr HACCP-Konzept?«

»Mein was?« Jetzt war ich es, die die Fragen stellte.

»Ihre Gefahren- und Risikenanalyse.«

»No Risk No Fun« wäre jetzt die falsche Antwort gewesen. Ich behielt sie für mich. Ich musste ehrlich zugeben, dass wir so ein Konzept gar nicht hatten.

»Hören Sie mal. Wir sind hier nicht zur Beratung. Dafür gibt es eine ganze Berufsgruppe von Menschen, die das machen.« Sie reichte mir eine Liste mit Namen von Leuten, die in der Lebensmittelsicherheit arbeiten. Die könnten mir sicher weiterhelfen. Ich atmete tief durch.

Auf der Liste fanden wir einen Ex-Lebensmittelkontrolleur, der uns später noch viel beibrachte, aber vor allem ein 1A Konzept erstellte. Das erste Treffen lief allerdings nicht gerade wie erwartet. Wir verabschiedeten uns, und ich bedankte mich. Ich hatte gerade einiges über Lebensmittelsicherheit gelernt, aber vor allem hatte ich gelernt, wie wenig ich wusste.

Der nächste Termin mit den Mitarbeitern des Gesundheitsamts fand dann direkt im Laden statt. Wir erklärten ihnen, welche Umbauarbeiten wir geplant hatten, wie die Lieferwege aussahen, wo die Reinigungsstation hin sollte, und stellten schließlich das HACCP-Konzept vor. Wir mussten gemeinsam durch den Laden gehen und wurden zu den schlimmstmöglichen Situation befragt: Der Kunde öffnet den Spender und kippt seinen gerade abgefüllten Inhalt wieder zurück – wie kann das verhindert werden? Eine andere Kundin hat ein schmutziges Gefäß, befüllt es mit unseren guten Lebensmitteln, kriegt eine Lebensmittelvergiftung – wer haftet? Ein Schreckensszenario nach dem anderen. So macht Gründen Spaß. Währenddessen war ich nur verärgert. Im Nachhinein bin ich aber beruhigt: Wir bereiteten uns auf das Schlimmste vor und waren so allzeit für alles gewappnet. Was mich besonders faszinierte: die strengen deutschen Vorschriften und Regeln – die haben ja alle immer einen Grund, kaum zu glauben. Inzwischen bin ich Hygienevorschriftenprofi, habe ein Seminar zur Lebensmittelhygieneverordnung bei der IHK besucht und kann in den meisten Falafel-Läden in Neukölln schon von außen mindestens drei Verstöße aufzählen. Sollte irgendwas in meiner Karrierelaufbahn schiefgehen, ich könnte immer noch Lebensmittelkontrolleurin werden und hätte meine Freude daran. Das ist ein sehr beruhigendes Gefühl.

Sobald das Hygienekonzept stand, konnten wir mit denselben Unterlagen (und noch ein paar mehr) die Bio-Zertifizierung beantragen. Das war am Ende wie eine Art mündliche Prüfung. Ich musste das Konzept vorstellen und auf knifflige Fragen antworten. Mündlich war ich schon immer besser als schriftlich, also bestanden wir und erhielten wenige Wochen später die grüne Eintrittskarte in die Bio-Händler-Welt. Wenn man Lebensmittel ohne Verpackung verkauft, muss man nämlich zertifiziert sein. Wir könnten ja sonst Konventionelles untermischen und es als Bio teurer

verkaufen. Deswegen gibt es Zertifizierungsstellen, die die
Lieferkette strengstens begutachten. Auch hier wieder: viel
Bürokratie und Papierkram – aber so weiß ich, dass da zu-
mindest immer jemand ein Auge drauf hat.

»Möchtest du mit uns das Einkaufen revolutionieren? Dann
bewirb dich jetzt!« Wir suchten und wurden gefunden. Es
flatterten Bewerbungen ein, und ich stellte diejenigen ein,
die Erfahrung hatten oder sich beim Vorstellungsgespräch
nicht allzu ungeschickt anstellten. Meine Fähigkeiten im
Personalmanagement waren damals eher bescheiden bis
nicht vorhanden. Das sieht man daran, dass vom damaligen
Verkaufsteam noch genau eine Person dabei ist – sie hält den
Laden zusammen: Ivan. Er fing als Verkäufer an, wurde später stellvertretender Filialleiter und ist seit Frühjahr 2016 Filialleiter. Und auch das habe ich *Veganz* zu verdanken. Ivan
war dort nämlich vorher Verkäufer und scherzte viel rum.
Wir kannten uns kaum. Ein halbes Jahr nach meinem Ab-
schied bei *Veganz* bewarb er sich bei mir und blieb bis heute –
wofür ich unendlich dankbar bin.

Neben Ivan stellten wir auch eine fünfzehnjährige, zahn-
spangentragende Schülerin ein. Ich hatte sie nur eingeladen,
weil sie das beste Anschreiben von allen hatte. Die Kleine
(sie war größer als ich) haute mich um und war so intelligent,
dass ich sie einfach einstellen musste – ich bereute es nie.
Ihr Arbeitsvertrag musste sogar noch von ihren Eltern unterschrieben werden. Sie verließ uns erst nach dem Abi, als
sie wegzog. Außer den beiden gab es noch eine Reihe weiterer Aushilfen, die mit uns den Laden schmissen.

In der letzten Woche vor der Eröffnung schliefen wir so
gut wie gar nicht. Wir arbeiteten Tag und Nacht – tagsüber

das Team aus dem Büro und freiwillige Helferinnen, und nachts ... genau das Gleiche. Ich twitterte und startete einen Aufruf bei Facebook: Wir brauchten Hilfe beim Streichen und beim Befüllen der Lebensmittel. Wir wollten auf Teufel komm raus pünktlich fertig werden – und der Teufel kam raus. In den späten Nachtstunden und vor allem, voller Erschöpfung, am nächsten Morgen. Die Stimmung war angespannt: wenig Schlaf, zu viel zu tun, die drückende Deadline, Missverständnisse und fehlende Kommunikation. Anstatt es zusammen durchzustehen, luden wir uns auf und ließen es aneinander aus.

Die letzten beiden Nächte schlief ich nur wenige Stunden und auch nur im Büro – die Etiketten, Schilder und Preise mussten gemacht und in den Rechner eingehackt werden. Am Tag der Pressekonferenz fuhr ich mit einem Taxi nach Hause, duschte, zog mir was Schickes an, klatschte alles verfügbare Make-up auf die Augenringe und fuhr wieder ins Büro zur Pressekonferenz. Für die Bahn oder gar das Fahrrad fehlte mir die Kraft. Die Pressekonferenz machte Spaß. Ich konnte wieder aufblühen. Sie war super organisiert, es gab ein kleines Catering, und alles war megaprofessionell. Zu Gast bei der Konferenz war auch Valentin Thurn – der Macher von *Taste the Waste*. Ich bin ein großer Fan von ihm, war aber zu müde, um aufgeregt zu sein und ihm peinliche Fragen zu stellen, wie ich das sonst immer mache.

Mit Häppchen in der Hand wanderten wir die fünf Minuten vom Büro in den Laden. Vor Ort führten wir die Gäste herum und ließen Fotos machen, vom Laden und von uns. Wir erklärten alles nach bestem Gewissen. Auch gerne zum zwanzigsten Mal. Nach dem letzten persönlichen Interview liefen wir nur noch auf dem Zahnfleisch. Schon wieder Taxi, schon wieder nach Hause. Powernap und klarkommen. Am

Abend sollte die private Eröffnungsfeier mit Freunden und Familie sein. Meine Eltern kamen aus Hannover, der Herr, der uns beim Crowdfunding mit 3000 Euro unterstützt hatte und später auch investieren sollte, Ulrich Essmann, kam dazu, ebenso Freunde, der Vermieter, Unterstützerinnen – alle waren sie da. Der Abend verschwimmt in meiner Erinnerung. Ich weiß, ich trank, ich lachte viel, ich hielt eine Rede und zeigte Fotos via Beamer auf einem gespannten Bettlaken: Fotos von uns in Saras Küche, auf dem Boden arbeitend, im Bett mit Notebooks – wir nannten das Bed-Office. Dann Fotos vom Team. Ich weiß, ich habe den Mitgliedern des Teams jeweils einzeln gedankt, aber im Nachhinein habe ich das Gefühl, da wäre noch mehr gegangen. Ich glaube, ich weinte auch irgendwann. Ich wusste nur noch nicht, dass das nicht das letzte Mal sein sollte.

NACH DER ERÖFFNUNG

Noch vor den ersten Kundinnen wartete bereits ein Fernsehteam von RTL vor der Tür, und wir waren noch immer nicht fertig. Die Kassen funktionierten nicht. Unsere Hochleistungsmegafancy-Kassen wollten einfach nicht! Wir öffneten trotzdem die Türen und begrüßten unsere ersten Kunden. Mehr als begrüßen und rumführen konnten wir nicht, denn ohne Kasse kann auch kein Einkauf getätigt werden. Wir entschuldigten uns, aber die Enttäuschung war groß. Einer der ersten Kunden war ein Kommilitone, er meinte: »Ihr könnt doch nicht jetzt schon aufgeben. Ihr habt doch gerade erst angefangen.« Er hatte recht. Statt weiterzumachen mit einem »Kieken, aber nix anfassen«-Geschäft, öffnete ich eine provisorische Excel-Tabelle, und wir legten los.

Wir improvisierten: Einer wog die Produkte auf einer Waage, eine rannte los, um die Preise herauszufinden, und ich tippte alles fröhlich in meine kleine Tabelle und berechnete den fälligen Betrag. Eine vierte Person kassierte. So schafft man Vollbeschäftigung.

Die Hoffnung, am ersten Tag ausverkauft zu sein, hat sich nicht erfüllt. Aber ich werde nie unsere erste Kundin vergessen – sie kaufte Müsli –, und auch nicht das Gefühl beim Feierabendbier im Kreise der Liebsten, äh, des Teams, als ich einfach noch nicht fassen konnte, dass wir es geschafft hatten.

Doch nach der Eröffnung war vor der Arbeit. Der Spaß fing gerade erst an. Das Konzept und die Vorbereitung für den Laden waren sozusagen die Verliebtheitsphase, wenn man die Gründung mit einer Beziehung vergleicht. Alles war neu und aufregend. Wir beschnupperten uns und konnten unser Glück kaum fassen. Die Idee. Der Supermarkt. Das Team. Alles passierte zum ersten Mal, und wir flogen höher und höher. Bis es nicht mehr weiterging. Die Einnahmen waren gut, aber die Ausgaben noch besser. Noch höher, und: Nach drei Monaten Betrieb musste ich das halbe Team gehen lassen. Das Team, das den Laden aufgebaut hatte. Wer wachsen will, muss schrumpfen. Und das haben wir dann auch getan.

Was war passiert? Die erste Regel beim Gründen ist: Kenne deine Zahlen. Die zweite Regel ist: Kenne deine Zahlen, verdammt noch mal! Die Regel ging mir ins Blut über. Ich schrieb den Finanzplan, ich schaute mir täglich die Entwicklung an: Wie viele Kunden sind gekommen? Wie groß war der durchschnittliche Einkauf? Wie groß war der Umsatz? Die Zahlen waren ähnlich wie vorher geplant, setzten sich aber anders zusammen als berechnet. Wir hatten viel mehr Kundinnen als gedacht, diese kauften aber leider viel weniger pro Kopf. Am Ende waren die Umsatzzahlen also ähnlich wie in den Prognosen. Das war eine Überraschung.

Die einzige Zahl, der ich keine Beachtung schenkte, war die der Ausgaben. Schließlich hatten wir die Gehälter der Mitarbeiter im Laden, die Materialkosten und die Ladenmiete zu zahlen. Hinzu kamen die Büromiete und die Gehälter der Mitarbeiterinnen im Büro. Wir hatten eine Office-Managerin, die die Bude zusammenhielt, eine Einkäuferin, die weiterhin neue Produkte suchte, und einen Mitarbeiter, der das Franchise-System plante, und schließlich Sara und mich. Irgendwann fiel uns auf, dass das etwas überzogen war. Wir wollten kein externes, neues Investment reinholen, sondern aus eigener Kraft wachsen. Leider gab ein kleiner Bio-Laden in Kreuzberg das nicht her. Große Überraschung. Um das Überleben zu sichern, mussten wir das ganze Büroteam und einige Aushilfen entlassen. Einen Tag vor Weihnachten. Am Abend vorher schrieb ich in mein Tagebuch:

Ich kann nicht anders. Ich bleibe ruhig. Ich merke, dass jegliche übertriebene Emotion jetzt am falschen Platz wäre. Lähmung würde alles nur schlimmer machen. Es ist nicht alles schwarz, was düster ist, es ist nicht alles Gold, was glänzt. Noch ist nicht alles in Ordnung, aber das ist noch lange nicht der Weltuntergang. Man kann das Ruder noch rumreißen.

Ich habe keine Angst. Weil jetzt das eingetreten ist, wovor ich Angst hatte. Erst wenn man alles verloren hat, ist man frei, alles zu tun. Für Freiheit müsste ich jetzt aufgeben, alles abgeben und verlieren. Ich möchte nicht aufgeben. Auch wenn es meine Art ist – ich habe immer alles aufgegeben. OU kann ich nicht aufgeben. Es ist eine Herausfor-

*derung. Eine neue Situation, auf die ich mich ein-
stellen muss. Das ist gut. Ich kann jetzt die Scher-
ben zusammenfegen und schauen, was ich Neues
daraus mache.*

*Langsam geht es mir besser. Ich habe fast Angst
davor, dass es mir zu gut geht und dass ich zu ruhig
reagiere. Ich habe das Gefühl, die Antwort ist ganz
nah. Und auch das Zugeständnis. Die Last, die von
einem fällt. Was ich gelernt habe: Businessplan einhalten, ganz besonders die Zahlen, ganz besonders
die Budgets.*

Am nächsten Morgen war es vorbei mit der Ruhe. Damit ich
mich dieser Situation nicht ganz allein aussetzen musste, war
unser Berater Bernd dabei. Wir trafen uns in unserem Parter-
rebüro in der Reichenbergerstraße: die Decken hoch und mit
Stuck, der Boden mit schönen alten Dielen – einfach original
Altbau. 90 Quadratmeter für fünf Leute. Zugegeben, es war
überzogen, aber wir nutzten einen Teil des Büros als Lager für
zu große Bestellungen und Lebensmittelproben. Dennoch war
auch das Büro ein großer Kostenfaktor.

Wir warteten, bis alle Mitarbeiter angekommen waren und
ich beginnen konnte, die Situation zu erklären und wie es so
weit kommen konnte. »Wir haben einen schönen Businessplan geschrieben, aber uns nicht an ihn gehalten. Wir haben
mehr Leute eingestellt, als vorgesehen war. Wir haben zu früh
mit der Franchising-Planung angefangen, ohne eine finanzi-
elle Absicherung zu haben. Wir haben einen Fehler gemacht.«
Ich korrigierte mich. Ich war diejenige, die immer die Zahlen
gemacht hatte. »Ich habe einen Fehler gemacht.« Die Mitarbeiter hatten es schon geahnt, aber jetzt, wo es offiziell war, war
es doch schlimm. Sie packten ihre Sachen zusammen und gin-

gen. Was hätte man an so einem Tag sonst noch machen sollen? Nachdem sie gegangen waren, verschloss ich die Büro-
tür, und dann konnte ich auch nicht mehr. Die Tränen kamen
langsam, dann immer schneller. Ich lief nach Hause, mein
Fahrrad schiebend, weil ich vom ganzen Weinen nichts sehen
konnte. Ich blieb nur immer wieder kurz stehen, um mir die
Nase zu schnäuzen und mir Vorwürfe zu machen. Ich beging
einen Fehler, andere mussten gehen. Das war nicht fair. Noch
schlimmer aber wäre es, den Laden zu schließen. Alles musste
getan werden, um das abzuwenden. Und trotzdem. Versagen
fühlt sich ganz schön scheiße an.

Ich lernte, was Verantwortung bedeutet: nicht einfach nur,
ein bisschen mehr zu arbeiten und diszipliniert zu sein, sondern Verantwortung bedeutet, dass meine Worte und Hand-
lungen auch Konsequenzen für andere haben. Auch negative.
Und dass ich dafür geradestehen muss. Die Entlassungsge-
spräche führen, jedem Einzelnen die Situation erklären, wieder Vollzeit im Laden stehen und nebenbei die Buchhaltung,
das Personalmanagement und das Marketing stemmen. Wir
konnten gerade so alle Rechnungen und Gehälter bezahlen.
Das eigene Gehalt fiel dann allerdings hinten weg. Einen Teil
des Büros vermieteten wir bis zur Kündigungsfrist unter. Am
Wochenende schlief ich bei Freunden oder im kalten Büro auf
dem Sofa, damit ich meine Wohnung über Airbnb untervermieten konnte. Ab und zu fuhr ich auf Konferenzen und hielt
Vorträge, die zusätzliche Einnahmen brachten. Das Start-up-
Life hatte ich mir glamouröser vorgestellt.

Es war eine Scheißzeit, aber es wurde besser. Das Laden-
team kam mit den Kürzungen klar und auch damit, dass einige der Aushilfen gehen mussten. Ich hatte allen signali-
siert, dass wir auf jeden Fall weitermachen würden, und wie
das zu schaffen war. Die Umsätze waren super, die Kosten

aber eben leider auch. Die mussten wir in den Griff bekommen. Alles irgendwie optimieren. Denn: Die unverpackte Show must go on!

Der TED-Talk

Etwa zu der Zeit, als die Stimmung kippte, aber noch vor den Kündigungen, durfte ich einen TED-Talk über OU halten. TED ist ein Veranstaltungs- und Video-Format aus den USA. Menschen, die auf ihrem Gebiet Pionierarbeit geleistet haben, werden eingeladen, über ihr Projekt, ihre Forschung, ihr Leben zu sprechen. Der Vortrag dauert maximal 20 Minuten und wird aufgezeichnet und anschließend auf YouTube von oft Millionen von Zuschauern angeschaut. TED stand für mich für den Traum von einer Bühne mit einem roten, runden Teppich und einem Publikum, das bereit für meine Geschichte ist.

Für die Vorbereitung eines solchen Talks werden einem ausführliche Handbücher und ein Coach zur Verfügung gestellt. Ich wusste, worauf es bei einem TED-Talk ankommt: In weniger als 20 Minuten präzise einen Mehrwert an Wissen für die Zuschauerinnen zu generieren. Und der Mehrwert ist enorm. Motivation und Inspiration ziehe ich an langweiligen Samstagnächten nicht aus dem Berghain oder intellektuellen Diskussionen darüber, ob die Abbildungen vom Brandenburger Tor perspektivisch korrekt an den Fenstern von öffentlichen Verkehrsmitteln angebracht sind, sondern aus TED-Talks. Innerhalb kürzester Zeit wird eine Geschichte erzählt, oft eine persönliche, und am Ende erhält man einen kleinen Ausblick in die wissenschaftliche Forschung und versteht die Welt ein kleines bisschen besser. Der

Talk ist meist nach zwanzig Minuten vorbei, aber das Gefühl
der Dankbarkeit und der Aufklärung darüber, was die Welt
im Inneren zusammenhält – das bleibt. Entsprechend wichtig war dieser Talk für mich.

Ich bereitete mich vor, denn ich wollte so viel Wissen wie
möglich über Müll in den Meeren und die Lebensmittelindustrie vermitteln und natürlich klarmachen, warum ein
Unverpackt-Laden gerade jetzt als Alternative und Leuchtturmprojekt so wichtig ist. Drei wichtige Punkte also. Leider
stellte sich raus: Je wichtiger der Punkt, desto langweiliger
war er. Ich langweilte mich beim Recherchieren, ich langweilte mich beim Aufschreiben, ich langweilte mich beim
Proben. Und Langeweile ist wirklich ein schlechter Indikator.
Aber nach 13 Jahren Schule mit andauernden langweiligen
Episoden (Integralrechnung, wirklich: Ich wusste, ich werde
sie nie brauchen, und ich habe sie bis heute nicht gebraucht –
und eigentlich will ich diese Lebenszeit zurück!), zweieinhalb Jahren Ausbildung (Funktionen von jeglichen Druckmaschinen müsste ich eigentlich alle aufzählen können, aber
es interessiert Gott sei Dank niemanden, am wenigsten mich
selbst) und vier Semestern Studium (da habe ich keinerlei
Beschwerden, bis auf Statistik war wirklich alles spannend,
aber Statistik … ach, lassen wir das), hatte ich gelernt, Langeweile auszuhalten. Unser ganzes Leben wird uns eingetrichtert, dass wir mit langweiligen Informationen zu leben
haben. Das nennt man dann preußische Disziplin und gut
ist. Leider endete meine Disziplin dann ganz ADHS-typisch
mit Schlafen und Ablenkung. Aber wie wäre es mit einer Geschichte? Geschichten lassen uns zuhören und alles miterleben, als wären wir selbst dabei gewesen. Also brauchte ich
auch eine Geschichte. Ich wollte aber nicht eine beliebige,
die einfach nur gut klingt und ein Happy End hat, sondern

eine, die mich wirklich bewegt. Eine, die mich zu dem macht, was ich heute bin.

Meine beste Eigenschaft, aber auch meine größte Schwäche ist meine Impulsivität und dass ich Dinge einfach mache, ohne darüber nachzudenken. Das war nicht immer so, das fing erst an, als ich etwa 13 Jahre alt war. Das war meine Geschichte. Also schrieb ich sie nieder und schickte sie dem TED-Coach. Der fand sie passend, und so wurde sie zum Aufhänger meines Talks. Ich studierte sie ein, lernte sie auswendig. Etwas, was ich nie mache – normalerweise schreibe ich mir ein paar Stichwörter auf und gut ist. Dann vertraue ich einfach auf mich. Das ist meine Materie – ich rede los und denke einfach währenddessen. Tagein, tagaus. Diesmal machte ich es anders und lernte die Rede wirklich auswendig. Die Formulierungen. Die Pause. Ich war so unecht, dass ich mir selbst unangenehm wurde – aber ich versuchte, einer Erwartung zu genügen, die nicht meine eigene war. Das war das erste und letzte Mal, dass ich diesen Fehler beging.

Am Abend vor dem Event in München gingen wir zum Speakers Dinner. Das Restaurant war teils Café, teils Buchhandlung. Ich war aufgeregt und zog mich von den Menschen zurück. Auch wenn ich über misslungene Dates twittere und euch hier wirklich alles offenbare – ehrlich, ich bin sehr introvertiert. Ich lade meine Batterien auf, wenn ich alleine bin. Dazu empfehle ich sehr den TED-Talk »Die Macht der Introvertierten«. Ich stöberte mich also so durch die Bücher. Es waren vor allem Sachbücher – Bücher wie »Warum wir Hunde lieben, Schweine essen und Kühe anziehen« von Melanie Joy. Die Namen der Autoren kamen mir bekannt vor. Ich versuchte, mich zu erinnern, und schließlich fiel es mir ein: Das waren die anderen Speakerinnen. Die anderen, die wenige Meter von mir entfernt standen. Ich reali-

sierte, wo ich stand, drehte mich um und nahm wieder teil,
wurde wieder eine von ihnen. Manchmal braucht es so einen
Wink, oder eher einen Schlag mit dem Zaunpfahl, um zurück zum Weg zu finden. Die Erinnerung an den Abend ist
eine verschwommene Mischung aus guten Gesprächen, gutem Essen und einigen Freundschaften, die entstanden und
bis heute bestehen.

▶ Die Aufzeichnung des TED-Talks ist online abrufbar. Einfach auf YouTube nach »Supermarkt der Zukunft« suchen!

Filialleitung spielen

Nach dem TED-Talk kam ich wieder zurück nach Berlin,
und kurz darauf begann die Entlassungswelle. Die Umstruk-
turierung hatte zur Folge, dass ich fast alle Aufgaben der ehe-
maligen Büromitarbeiterinnen übernehmen und zusätzlich
im Laden mit anpacken musste. Ich kümmerte mich um die
Buchhaltung, das Finden von neuen Produkten, Kleinkram
(Handwerker finden, Büro untervermieten), Qualitäts-
management, On- und Offline-Marketing, und beschäftigte
mich vor allem mit der Überlegung, wie es in Zukunft weitergehen sollte. Das Franchising war zwar fast fertig entwickelt, aber leider war das Konzept noch nicht rentabel, und
wir brauchten wesentlich bessere Zahlen, bevor an eine Um-
setzung auch nur zu denken war. Damals schrieb ich im Blog:
»Die erste Erkenntnis: Es ist zu früh für ein Franchising des
Pilotladens. Wir lernen ja selbst noch. Wie soll man da den
tausend Anfragen aus In- und Ausland nachkommen? Die
zweite Erkenntnis, erneut festgestellt: Der Tag hat nicht genug Stunden.«

Aber immerhin musste ich nicht alles allein erledigen, denn ich hatte endlich einen Filialleiter eingestellt. Je länger der Laden eröffnet war, desto mehr wurde mir klar, wie wenig Ahnung ich von der Arbeit des Filialleiters hatte und wie dringend wir Hilfe brauchten. Ich schrieb die Stelle aus und fand einen jungen Mann, der vorher schon Erfahrung bei einer großen Supermarktkette gesammelt hatte. Er brachte Prozesse rein, ordentliche Dienstpläne, bessere Stammdatenpflege, und organisierte die überfällige Inventur. Er machte Dinge, von denen ich nicht mal wusste, dass wir sie machen mussten. Ich war sehr zufrieden mit ihm. Der Laden entwickelte sich gut, wir hatten bessere Zahlen, ich konnte mich ganz langsam wieder beruhigen, und sein üppiges Gehalt war es mir wert, weil ich wusste, dass er Grundsatzarbeit leistete und ich mich auf ihn verlassen konnte.

Leider war ich auch da wieder zu vertrauensvoll: Mit der Zeit merkte ich Unmut im Team. Es gab Beschwerden, er wäre zu gemein zu den Leuten. Ich gab ihm das Feedback weiter und hoffte auf Besserung. Eines Tages kam ich zu meiner Nachmittagsschicht in den Laden. Ich zog mich um, wusch und desinfizierte mir die Hände und begab mich wieder vor zur Theke, wo mich ein ungewöhnlicher Anblick überraschte. Wir führten Himbeeren. Das Ungewöhnliche daran ist: Das taten wir am Tag zuvor noch nicht – bisher gab es nur Erdbeeren und Heidelbeeren in kleinen recycelten Kartonschälchen sowie lose Heidelbeeren in Drei-Kilo-Mehrwegkisten zum Selbstabfüllen –, aber Himbeeren in Pappschälchen hatten wir bisher keine gefunden. Ich konnte es nicht fassen. Ich war hocherfreut und wunderte mich auch kaum über die weißen Pappschälchen, in denen sie lagen – die Art von Pappschälchen, die für Pommes gedacht sind. Meine Freude hielt aber nicht lange an. Der Mitarbeiter, den ich ablösen sollte, und der sich schon öfter über den Filialleiter aufgeregt hatte, beschwerte sich erneut.

»Milena, ich kann so nicht weitermachen.«<space style="display:inline-block;width:3em"></space><space style="display:inline-block;width:1em"></space><space style="display:inline-block;width:1em"></space>**49**

»Was ist denn jetzt schon wieder?«

»Das sind nicht wir, das ist fake. Um ehrlich zu sein, ich glaube, das ist sogar Betrug.«

Ich hatte keine Ahnung, wovon er sprach. »Geht es um die Lohnabrechnung? Hat er sich bei den Stunden verzählt?«

Er schaute mich verdutzt an. »Du weißt nicht, worum es geht? Ich dachte, das ist mit dir abgeklärt!«

Langsam wurde ich ungeduldig. Was sollte mit mir abgeklärt sein? Ich wusste nicht, was ich sagen sollte.

»Komm mal mit!«, sagte er, und wir gingen gemeinsam ins Lager. Er öffnete den Obst- und Gemüsekühlschrank, und wir schauten beide rein. »Ist das eine Fehllieferung? Hat er das dem Großhändler schon gemeldet?«, fragte ich ihn. Mir war immer noch nicht klar, was los war, aber ganz langsam schlich sich eine Ahnung ein. Vor mir befand sich eine kleine Mehrwegkiste, und diese war voll mit Himbeeren – in kleinen Plastikverpackungen. Ich schluckte. Das bemerkte der Mitarbeiter: »Ich dachte wirklich, das sei mit dir abgesprochen. Die kamen heute früh an, und ich habe es heute auf seine Anweisung hin in die Pappschälchen umgefüllt.«

Wow. Ich war platt. Das war nicht nur falsch und Betrug gegenüber den Kunden, es war auch ein Betrug mir gegenüber. Dieser Typ, unser Filialleiter, sollte doch am besten unsere Philosophie und den Gedanken dahinter verstehen. Plötzlich wurde mir alles klar. Ich schimpfte immer wieder über Coffee-to-go-Becher, die ich im Müll entdeckte und deren Ursprung unklar blieb. Bis jetzt. Schon wieder eine falsche Wahl getroffen. Den Falschen eingestellt. Die Qualifikation passte. Aber nicht die Werte. Verdammt. Ich schaute im Vertrag nach und war überrascht. Er befand sich in der Probezeit, und ich konnte ihm zum nächstmöglichen Zeitpunkt ohne Probleme kündigen. Ja, er hatte einen guten Job als Filialleiter gemacht, hatte die Zahlen im Griff, war zuverlässig, arbeitete viel und diszipliniert, aber die Werte stimmten leider vorne und hinten nicht. Es folgte ein unangenehmes Gespräch, die Entlassung, dann die Übergabe an mich – und da stand ich wieder Vollzeit im Laden und durfte Filialleiterin spielen.

Ich kam mir oft vor, als würde ich nur Theater spielen. Nachdem sich die Aufregung nach der Eröffnung legte und ich so im Laden stand, kassierte, mit den Kundinnen schnackte, fühlte ich mich oft wie ein Kind beim Kaufladen spielen: »Das macht zehnfünfzig, bitte. Mit Bon oder ohne? Hab noch einen schönen Tag und bis bald.« Und das war noch der beste Teil des Jobs. Ich bin faul, körperliche Arbeit mag ich nicht, im Lager zu stehen und die Bins aufzufüllen war ein Graus. Ich brauchte irgendwas für den Kopf. Ich fühlte mich nicht erfüllt, nur gestresst. Ich konnte nichts Neues lernen und war abends oft sogar zu erschöpft, um ein Buch zu lesen. Das war kein Zustand, aber zum Glück kam bald die Erlösung, und zwar in Form eines Zufalls: Der war blond, hatte eine hohe Stimme, einen tollen Style und war immer gut drauf.

In einem Café traf ich zufällig eine alte Kommilitonin. Wegen eines Auslandsaufenthalts hatte sie ein Jahr ausgesetzt, und nun setzte sie ihr Studium, im Gegensatz zu mir, weiter fort. Wir umarmten uns überschwänglich, und sie erzählte mir von ihrem neuen Jahrgang, welche Seminare sie belegt hatte und was sie von ihren Profs hielt. Aus meiner Freude wurde Neid. Genau das hätte ich zu diesem Zeitpunkt auch gern wieder gehabt: mich nur um Klausuren und Hausarbeiten sorgen zu müssen, statt um Kreditzinsen und Kündigungen. Lernen und Feiern. Das gute Studentenleben.

Sie sah meinen Stimmungsumschwung und meinte, ich solle doch auch wieder anfangen. »Das geht nicht, das Se-

mester ist ja schon fast um.« Sie aber redete auf mich ein und
bot mir ihre Hilfe an. Diesem strahlenden Gesicht konnte
ich nicht widersprechen. Einen Tag später fuhr ich in die
Uni, und plötzlich war ich mittendrin. Kurz vor Ende des
Semesters saß ich brav in jedem Seminar, machte bei Projekten mit und schrieb auch wieder Klausuren. Die Schichten im Laden passte ich an meinen Stundenplan an. Ich versuchte einfach, beides zu wuppen. Und es funktionierte. Ich
konnte also doch beides haben. Lernen, Studentenpartys
erleben UND im Laden arbeiten. An Ostern nahm ich mir
sogar zwei Wochen Urlaub und fuhr mit einem Interrail-
ticket durch Europa. Es lief alles wie am Schnürchen. Ich war
glücklich und ausgeglichen, es konnte alles nicht besser laufen, und dann brach ich zusammen.

In der U-Bahn auf dem Weg von der Uni zum Laden genoss
ich es, wenn ich die Augen schließen und den kurzen Moment der Pause genießen konnte. Ich hörte keine Musik, ich
las nichts, ich mied bekannte Gesichter. Ich wollte Ruhe haben. Solche Momente gönnte ich mir viel zu selten. Ich hörte
nicht auf meinen Körper, sondern nur auf meine Kalender
und To-do-Listen. Auch an diesem Tag im Frühjahr: Ich
wollte nach der Uni in das leere Büro fahren, um endlich die
Übergabe mit dem Makler zu erledigen – dann gäbe es endlich ein Problem weniger. Probleme hatte ich nämlich gerade zur Genüge. Neben der wirtschaftlichen Situation von
OU, die sich zwar langsam zu stabilisieren begann, aber eben
noch nicht sicher war, meldete sich plötzlich mein Gleich-
gewichtssinn – mir wurde schwindelig. Immer wieder, wie
aus dem Nichts, drehte sich alles um mich herum. Zunächst
nur einmal am Tag, für die Dauer eines Herzschlags. Nach
einigen Tagen passierte es dann schon öfter und länger. Ich

musste immer wieder stehen bleiben und mich irgendwo ab-
stützen. Dieser Zustand war mir fremd. Ich weiß, was ich bei
einer Erkältung machen muss: Ingwer-Zitrone-Tee trinken.
Bei einem gebrochenen Zeh kneife ich die Zähne zusammen
und binde ihn ordentlich ab. Bei einer Mandelentzündung
gehe ich zum Hausarzt. Aber was mache ich, wenn ich komplett die Kontrolle über meinen Körper verliere? Wer war
dafür zuständig? Ich wusste es nicht und ich hatte auch keine
Zeit, es rauszufinden. *The show must go on!* Ich dachte, wenn
ich es nur lang genug ignoriere, wird es schon wieder weg-
gehen.

Der letzte dieser Vorfälle ereignete sich nach einer Pro-
jektarbeit in der Uni. Nachdem ich mich mit Kommilitoninnen zur Arbeit getroffen hatte, beeilte ich mich, die Treppen
herunterzukommen, um es pünktlich zur Büroübergabe zu
schaffen. Und da war es wieder: Von einer Stufe zur anderen
blieb mein Fuß in der Luft hängen, mir wurde schwindelig –
ich stolperte einige Stufen hinunter und schaffte es gerade
noch, mich instinktiv mit einer Hand am Geländer festzu-
halten, was den Absturz verhinderte. Das war zu viel. Ich verstand meinen Körper nicht mehr. Ich wusste nicht, was ich
machen sollte. Aber ich redete mir wieder ein, dass es nicht
so schlimm sei – ich hatte doch keine Zeit fürs Krankenhaus.
Ich eilte zur U-Bahn, die sofort lostuckerte. Sonnenstrahlen
tanzten auf meinem Gesicht, und endlich herrschte Ruhe.
Ich schloss die Augen und genoss den Moment.

Dann drehte sich alles. Es ging schon wieder los. Das konnte
doch nicht sein! Es war doch alles in Ordnung. Es musste in
Ordnung sein! Ich öffnete die Augen und fing an zu weinen.
Mein Atem wurde schneller und ich weinte noch mehr. Vor
wenigen Sekunden war ich noch pünktlich und organisiert,
und plötzlich saß ich da und hyperventilierte, alles drehte sich

und ich weinte und weinte. Je mehr Zeit verging, desto weniger verstand ich die Situation. Ich versuchte mit dem Weinen
aufzuhören, in ein Taschentuch zu schnäuzen, durchzuatmen
und den Schockmoment zu beenden. Aber es ging nicht, ich
weinte noch immer. Die Bahn war fast leer, und da die Berline-
rinnen an wirklich alles gewöhnt sind, von rappenden Bettlern
bis zu lautem Beziehungsstreit und eben auch Zusammenbrü-
chen, nahmen sie mich nicht wahr und ich sie auch nicht.

Nach drei Stationen musste ich raus: Görlitzer Bahnhof.
Auf dem Bahnsteig endlich frische Luft, aber immer noch zu
schnelle Atmung. Ich konzentrierte mich. Langsam durch die
Nase ein- und ausatmen. Das klappte. Aber die Tränen blieben, und ich hatte Angst, es würde nie mehr aufhören. Ich
fühlte mich wie eine Computerspielfigur. Mein Kopf gab Be-
fehle, die mein Körper ausführte: Vorwärts gehen! Vorsicht,
Treppe! Rote Ampel, stehen bleiben! Zu mehr war ich nicht
in der Lage. Ich dachte nicht, sondern war ausschließlich mit
Überleben beschäftigt.

Vor dem Laden angekommen, sah mich ein Mitarbeiter
durch das Fenster. Er kam sofort raus und sah, wie aufgelöst
ich war. Ich stammelte, dass ich ins Büro müsse. Die Übergabe mit dem Makler, das war wichtig! Ich konnte den doch
nicht da stehen lassen. Und ich wollte endlich dieses gott-
verdammte Büro abgeben! Der Mitarbeiter aber hatte meinen Zustand bemerkt und schüttelte nur den Kopf. Er rief
mir ein Taxi, setzte mich rein und sagte dem Fahrer, er solle
mich ins Krankenhaus fahren. Und so saß ich schluchzend
im Taxi. »So ein hübsches Mädchen braucht doch nicht zu
weinen!«, sagte der Taxifahrer. Ich hielt für eine Sekunde
mit dem Schluchzen inne – das war so unpassend und sexistisch, auch wenn es nicht böse gemeint war, und wirklich
das Letzte, was ich hören wollte. Im Krankenhaus verstand

der Arzt sofort, er gab mir eine Tablette und redete ruhig auf mich ein. Ich sollte jemanden anrufen, der mich abholen würde. Also rief ich die erste Person an, die mir einfiel: Jan. Der vegane Kampfsportsachenhersteller und inzwischen guter Freund, der zu diesem Zeitpunkt zu Besuch aus Hamburg war und auf meinem Sofa wohnte. Die Tablette wirkte: Ich konnte wieder halbwegs sprechen. Ich sagte Jan, es sei alles in Ordnung, allerdings sei ich im Krankenhaus und wollte heute mal früher nach Hause kommen. Jan verstand sofort und versprach, direkt zu kommen. Anscheinend tat er das auch, aber unter dem Einfluss weiterer Tabletten bekam ich den Weg nach Hause und ins Bett nicht mehr mit.

Irgendwann wachte ich auf und versuchte zu verstehen, was passiert war. Es ging mir gut, emotional und körperlich. Ich schien gesund zu sein. Doch dann versuchte ich aufzustehen und merkte, wie meine Beine versagten. Ich hatte absolut keine Kraft mehr. So müssen sich alte Menschen fühlen, dachte ich. Langsam und mit viel Mühe ging ich ins Bad, um mir Wasser ins Gesicht zu spritzen. Ich wollte aufwachen, fit sein, weitermachen, funktionieren. Menschmaschine Milena! Aber ich konnte nicht. Ich verstand die Welt nicht mehr. Das war er also, der Nullpunkt. Ich dachte, der wäre bereits im Dezember gewesen, nach den Entlassungen, aber nein – es ging noch tiefer.

So ist das manchmal: Wenn man denkt, es kann nicht mehr schlimmer werden, dann denkt sich das Leben, »Das glaubst DU«, und zeigt einem, wie kreativ es ist. Sehr kreativ, mich von ganz oben so tief herunterzustürzen. Ich war sauer auf mich und meinen Körper. Meinem Kopf ging es gut, aber mein Körper gab 'nen Dreck darauf. Der hatte sich vom Kopf entzweit und machte, was er wollte. Muskeln und Kraft waren anscheinend Feiern gegangen und hatten sich auf dem

Rückweg verlaufen, während der Kopf und die leere Hülle voller Sorgen zu Hause saßen und sich fragten, ob sie je wieder zurückkommen würden. Aber sie kamen zurück, und sie hatten etwas mitgebracht.

Ein guter Plan

Das Erste, was ich verstehen musste, war, dass mein Körper und mein Kopf ein Team sind. Ich konnte nicht immer den einen fördern und den anderen fordern. Sobald einer der beiden vernachlässigt wurde, brach das ganze System »Milena« zusammen. Damit ich wieder auf die Beine kam, aber auch, damit sich langfristig etwas ändern würde, mussten Ideen her. Jan (der immer noch bei mir wohnte und fleißig für mich kochte) und ich unterhielten uns täglich. Zum wiederholten Mal gab es Gemüsesuppe zu Abend. Wir saßen am kleinen Holztisch unterm Altbaufenster. Draußen dunkel, drinnen hell, ich eingekuschelt in die Decke, aber immer noch kraftlos, und der Appetit war auch noch nicht da. Ich stocherte in meiner Suppe herum.

»Ich will auf jeden Fall die Uni weitermachen. Das ist gerade das Einzige, was mich irgendwie reizt.«

»Du wirst auf gar keinen Fall die Uni weitermachen.«

»Doch«, trotzte ich zurück. Er hatte mir gar nichts zu sagen.

»Nein.« Jan war älter und wusste es besser. »Wenn du so weitermachst, könntest du für immer krank, schwach und bettlägerig bleiben«, führte er weiter aus.

»Mit für immer meinst du für die nächsten Wochen?«

»Mit für immer meine ich für immer.«

»Oh.« Daran hatte ich noch gar nicht gedacht. Langfristige Folgen. Mein Körper und ich hatten aber ja noch was vor.

Da war ja noch was mit meinem Kreuzzug gegen den Müll. »Okay, dann also keine Uni. Was mach ich denn dann?«

Ich war ratlos. Es gab gerade wenig, was mich wirklich glücklich machte. Ich nahm einen Zettel und schrieb oben hin: Uni. Daneben einen traurigen Smiley. Dann schrieb ich weiter: »Ich mag Snowboarden. Ich mag Lesen. Ich mag nicht von Termin zu Termin hetzen. Ich mag nicht, dass ich nie das Gefühl habe, zur Ruhe zu kommen.« Das war doch schon mal ein Anfang. Dann erzählte mir Jan von der Dankbarkeitsübung. Wenn man alles aufzählt, was man hat und wofür man dankbar sein kann, dann schüttet der Körper eine unendliche Menge an Glückshormonen aus. Wie ein kleiner MDMA-Trip. Voll schön. Ich fing also an: »Ich bin dankbar, dass ich so einen tollen Kumpel habe, der auch noch so gut kochen kann.« Jan zeigte sich unbeeindruckt von meinem Geschleime. »Ich bin dankbar für das Dach über meinem Kopf. Für meinen weichen Pyjama. Für einen Job, den ich mir selbst ausgesucht habe. Einen, den ich mir geschaffen habe.« Es funktionierte. Da war einiges, was gut war in meinem Leben.

Wir recherchierten weiter nach ähnlichen Übungen und Fragen, die einem helfen, klarzukommen. Wir packten das alles in ein Buchkonzept und nannten es »Ein guter Plan«. Ein halbes Jahr später war das Buch fertig, wir starteten ein Crowdfunding und druckten in zwei Auflagen mehr als 12 000 Bücher. Scheinbar hatten wir einen Nerv getroffen. Ich war nicht die Einzige, die mal nicht weiterwusste. Nicht die Einzige, die lernen musste, auf ihren Körper zu hören. Nicht die Einzige. Alles würde gut werden.

Der erste Geburtstag des Supermarkts. Das erste Mal innehalten und das Jahr Revue passieren lassen. Das erste Mal durchatmen und wieder feiern. Die 365 Tage, die wir seit der Eröffnung am Start waren, waren einfach nur verdammt harte Arbeit, und die sollte gebührend gefeiert werden. Die Feier war nicht nur für die Kundinnen und das Team. Die Feier war vor allem für mich. Wenige Wochen vorher war meine Partnerin Sara ausgewandert und hatte *OU* verlassen. Ich war dabei, mir ein neues Team zusammenzustellen, und arbeitete fast so viel wie vor dem Zusammenbruch.

Ich brauchte eine Pause, aber vor allem brauchte ich jemanden, der mir auf die Schulter klopfte und sagte: »Hey, du hast das überlebt! Du hast das gut gemacht – der Laden steht noch!« Nicht jemanden, der *OU* als simples Projekt sieht, sondern jemanden, der verstand, was ich aufgeben musste: mein Studium, einen Teil meines Privatlebens, meine Nerven – und wie viel ich geschuftet hatte in diesem Jahr. Das schien aber bisher niemand verstanden zu haben, nicht das Team, nicht mein damaliger Freund, niemand. Als Chefin führt man Feedbackgespräche, man kritisiert und lobt Mitarbeiterinnen. Aber kein Mitarbeiter würde sich jemals anmaßen, der Chefin und Inhaberin, also mir, zu sagen, dass ich etwas gut gemacht habe. Und das fehlte mir. Ich musste mich also selbst belohnen, mit einer kleinen Feier mit Essen, Livemusik, Alkohol und einer nackten Frau.

Seitdem wir unseren Namen hatten – *Original Unverpackt*, wie originalverpackt, nur eben nicht verpackt –, musste ich mir sexuelle Wortwitze anhören. Nicht, dass ich das schlimm gefunden hätte, aber sie bezogen sich doch immer auf das Gleiche – das Entpacken. Und das wollte ich jetzt auch. Ich fragte rum und fand eine Burlesque-Tänzerin. Eine normale Stripperin wäre mir dann doch zu plump und sexistisch gewesen. Ich wollte es ästhetisch halten und die Frau nicht nur auf ihren Status als Lustobjekt reduzieren.

Ich fand also eine junge Dame, die bereit war, im Laden zu tanzen. Zuerst wollte ich sie auf dem Mitteltisch im hinteren Raum performen lassen, aber dann fiel mir auf, dass sie mit dem Kopf an die Decke stoßen könnte. Probleme großer Menschen, dachte ich. Also verrückten wir den Tisch leicht nach vorne, sodass hinten im Raum genug Platz war, gleich vor dem Gewürzregal. Wir räumten die Tischplatte leer, sodass die Gäste auch darauf sitzen konnten. Für den richtigen Sound hatte ich eine kleine Anlage, die wir an das iPhone der Tänzerin anschließen konnten, und mit roten Scheinwerfern versuchten wir, die richtige Atmosphäre zu erzeugen. Leider war das mitten am Tag etwas schwierig. Vom Hinterhoffenster kam grelles Tageslicht rein, und das Publikum – vor allem Freunde, ein paar Stammkundinnen und das Team – war auch noch ziemlich nüchtern.

Wir versuchten trotzdem, das Beste draus zu machen. Die Tänzerin zog sich hinten im Lager um, ich machte die Musik an, und dann kam sie raus. Es erklangen russische Melodien, und passend dazu hatte sie eine russische Tracht mit weißem Blüschen und knallig gefärbtem Röckchen an. Eine Art roter Sarafan in unanständig. Sie tanzte, aber arbeitete auch viel mit Mimik und Gestik. Es war wie ein Theaterstück, bei dem sich die Darstellerin auszieht. Sie entledigte sich ihres Oberteils, dann des Rocks, dann des Haarschmucks und schlussendlich zog sie auch den dekorativen BH aus. Die ganze Show dauerte insgesamt keine fünf Minuten, aber endlich hatte ich, was ich wollte: Zum ersten Mal eine Burlesque-Tänzerin erlebt und etwas Freude, Ablenkung, Albernheit. Etwas, was ich sehr lange nicht mehr gespürt hatte.

DIE ZUKUNFT DER »UNVERPACKT«-BEWEGUNG

Der stationäre Handel – also all die kleinen, lokalen Läden, aber auch die großen Ketten – hat es immer schwerer. In den Siebzigern kamen die ersten kleinen Bio-Läden auf. Genau diese sind dabei, jetzt zu schließen. Teils aus Altersgründen, aber vor allem, weil sie nicht mit den großen Bio-Ketten mithalten können, die ihnen die Kunden und Kundinnen wegschnappen, mit einer größeren und besseren Auswahl. Man kann den Ketten aber kaum böse sein. Denn die können so eine Bewegung schneller vorantreiben und mit niedrigeren Preisen mehr Menschen erreichen. Doch: Wenn man bei den Produktionskosten an allen Ecken und Kanten spart, wer zahlt dann am Ende drauf?

Aber auch für die großen Ketten wird es nicht leichter. Immer mehr Menschen bestellen online und lassen sich die Produkte liefern. Wer bei der Digitalisierung nicht mitgeht, kann eigentlich schon einpacken. Das gilt nicht nur für Lebensmittel, sondern auch für alle anderen Produktgruppen. Deswegen sucht der stationäre Handel nach Ideen, wie er sich vom Online-Handel unterscheiden kann – und das ist eigentlich nur möglich, indem man ein Erlebnis schafft. Das haben wir mit unserem Konzept des Einkaufens ohne Verpackungen erreicht, weshalb wir auch zahlreich kopiert wurden und werden.

Die kleinen Unverpackt-Läden, von Dresden bis nach Schwäbisch Gmünd, machten uns teilweise bis ins kleinste Detail nach. Von den »Dankeschöns« bei der Crowdfunding-Kampagne bis zur Sortimentsgestaltung und dem Marketing-Claim »Ich mag's unverpackt«. Und selbst das war okay für uns. Denn ein Unverpackt-Laden in Hintertupfingen ist keine Konkurrenz, sondern verbreitet die Idee und bringt die Bewegung voran. Aber es blieb nicht bei Hintertupfingen. Japan, Brasilien, überall auf der Welt entstanden kleine Zero-Waste-Shops. Warum ich mir einbilde, diese inspiriert zu haben? Weil sie es uns gesagt haben. Wir kriegen wöchentlich E-Mails von Personen, die selbst einen Laden eröffnet haben. Leute kommen vorbei und erzählen uns, sie hätten über uns in ihrer lokalen Zeitung gelesen und jetzt werde in ihrer Heimat auch bald ein Unverpackt-Laden eröffnet. Meist sogar von ihnen selbst. Von einer solchen Ankündigung bis zur tatsächlichen Eröffnung können Monate, wenn nicht sogar Jahre vergehen, aber irgendwann erreicht uns dann die Nachricht: »Wir haben eröffnet!«

Als Erste in Deutschland gab ich Seminare, bei denen ich an einem Wochenende den Teilnehmenden erklärte, wie so ein Laden funktioniert und wie sie auch selbst einen eröffnen können. Die erste halbe Stunde eines jeden Seminars führte ich Argumente auf, warum sie keinen Laden eröffnen sollten. Ich wollte die Leute nicht erschrecken. Oder vielleicht doch? Sie sollten begreifen, auf was sie sich einlassen. Wie wenig romantisch es ist, so einen Laden zu führen, und wie anstrengend und risikoreich es hingegen tatsächlich ist. In den letzten zweieinhalb Jahren haben nach uns fast vierzig Unverpackt-Läden im deutschsprachigen Raum eröffnet. Fünf davon mussten bereits wieder schließen. In Deutschland scheitern rund 30 Prozent der Gründungen. Insofern ist 5 von 40 noch eine erstaunlich niedrige Quote. Gleichzeitig weiß ich, wie hart man daran arbeiten muss, dass es eben nicht passiert. Die ersten Jahre bei einer Gründung sind die schwersten und kritischsten. Das wollte ich vermitteln, und das tue ich bis heute bei einem Online-Kurs über

die Eröffnung und erfolgreiche Führung eines Unverpackt-
Ladens auf *ou-kurs.de*. Einen Laden eröffnen kann jeder. Dafür muss man keine Seminare besuchen. Aber damit Erfolg zu haben, sich grundlegendes Handelswissen zu erarbeiten und imstande zu sein, dieses bei einem Unverpackt-Laden auch anzuwenden, das schaffen nur die wenigsten.

Jetzt versuchen auch die großen Ketten, das Erlebnis zu bieten, das wir geschaffen haben. Ob bio oder konventionell, alle versuchen sich am Verkauf ohne Verpackungen. Das ist gut für die Bewegung und schlecht für die kleinen Unverpackt-Läden. Diese bieten schließlich mehr als nur ein paar Nüsse und Bohnen zum Abfüllen. Sie leben die Idee, die sich im gesamten Sortiment widerspiegelt, und setzen sie in allen Bereichen des täglichen Bedarfs um. Wenn jedoch der Kundenstamm wegbricht und zu den Ketten wechselt, dann haben die Unverpackt-Läden die Welle zwar ausgelöst, aber bis zum Strand werden sie es nicht schaffen.

Seit 2016 versuchen sich die Läden nun zu einer Organisation zusammenzuschließen. Im Juli gaben wir den Startschuss und luden alle Unverpackt-Läden aus dem deutschsprachigen Raum nach Berlin ein, um zu netzwerken, uns auszutauschen und gegenseitig zu helfen. Nach mehreren Treffen wurde eine Genossenschaft gegründet, initiiert von *Unverpackt Kiel, Unverpackt Karlsruhe* und *Tante Olga* aus Köln. Das Ziel der Genossenschaft ist neben der gemeinsamen Öffentlichkeitsarbeit auch, Lieferketten mit weniger Verpackung zu gestalten sowie intern den Wissenstransfer zu ermöglichen und so die Unverpackt-Läden zu stärken.

Seitdem wir damals mit unserer Schnapsidee gestartet sind, hat sich unverpackt im Einzelhandel zu einem Begriff entwickelt. Es wurde viel erreicht, aber wir sind noch lange nicht da, wo wir sein können. Das Ziel: überall in Deutschland und darüber hinaus unverpacktes Einkaufen in allen Lebensbereichen möglich machen. Der Weg: Konventioneller, Bio- und unverpackter Einzelhandel organisieren sich besser, arbeiten zusammen, entwickeln gemeinsam Lösungen und setzen sie auch um. Wenn wir Einwegverpackungen und diese Wahnsinnsmüllberge bekämpfen wollen, können wir das schaffen. Dafür braucht es mehr als nur einen kleinen Laden in Berlin-Kreuzberg – aber mit Netzwerken und Genossenschaften sind wir genau auf dem richtigen Weg, um das zu erreichen.

▶ Am Ende des Buchs ist eine Liste mit Unverpackt-Läden im deutschsprachigen Raum zu finden!

MINIMALISMUS

Eine weitere Welle, die immer größer wird, ist der Minimalismus. Obwohl Welle eigentlich das falsche Wort ist, es
ist ein verdammter Tsunami! Egal welches Frauenmagazin,
ob *Edition F* oder die *Cosmo,* alle widmen sich dem Trend:
»Ausmisten für Anfänger«, »Minimalismus macht glücklich«, »Weniger ist das neue Mehr«.

Für viele ist Minimalismus ein Trend. Einer von vielen Wohn- und Kleidungsstilen. Wenn ich ganz ehrlich bin,
dann ist er es auch. Minimalismus ist ein Modewort, das genauso verschwinden wird, wie es kam. Ein freiwilliges Reduzieren auf das Wesentliche gab es schon immer, es ist ein
Privileg von uns Menschen in wohlhabenden Ländern. Erst
wenn wir alles bezahlen können, stellen wir fest, dass man
Glück nicht kaufen kann. Wir versuchen dann, den ganzen
Ramsch loszuwerden, den wir angehäuft haben, um uns auf
das Wichtigste zu beschränken. Daraus mehr als einen Lifestyle zu machen ist nur ein Weg, den Konsum, den Kapitalismus mit seinen eigenen Mitteln zu schlagen. Ich hoffe sehr,
dass der Trend vergeht. Ich hoffe noch mehr, dass die Ein-
stellung, sich auf das Wesentliche zu beschränken, bleibt. Sie
ist der erste Schritt auf meinem Müll-Kreuzzug in ein schöneres Zuhause und in ein besseres Leben.

In meinem Zuhause gab es so viel Zeug, das ich brauchte
oder auch nicht brauchte. Das ich liebte und nicht liebte. Ich
hatte mir ein kleines Nest gebaut. Ich durchstöberte Secondhandläden auf der Suche nach Möbeln, nach Lampen, nach
dem Glück. Ich fand Konsum, ich nahm ihn mit, was anderes gab es gerade nicht im Angebot. Dabei mag ich es, auszumisten und minimalistisch zu leben. Die Befreiung, die
Entscheidung selbst treffen zu können, ob ich eine Sache
behalten will oder nicht, welchen Platz und Stellenwert ich
ihr in meinem Leben einräume. Ich mache es immer wieder

gerne – um genau zu sein aber erst seit ich 17 bin. Ich zog gerade in meine erste eigene Wohnung. Eine Schulfreundin half mir beim Umzug, und wir trugen Stück um Stück die Tüten und Kartons meines Lebens in die neue Wohnung.

Meine erste eigene Bude. Meine eigenen vier Wände in Hannover. Das einzige Zimmer der Wohnung stand nun voll mit meinem Kram, und da standen noch nicht mal die Möbel. Meine Freundin ließ ihren Blick weniger neugierig als verächtlich über meine Kisten gleiten und fragte mich, was zum Henker ich in 17 Jahren eigentlich alles angesammelt haben könnte. Das war eine gute Frage – so gut, dass wir sie uns besser vor dem Schleppen gestellt hätten. Ich zuckte mit den Schultern, »weiß nicht«. – Ich öffnete die Kiste neben mir, und heraus kamen Schulbücher, Klassenarbeiten mit gefälschten Elternunterschriften, das Chinesisch-Lehrbuch aus der 9. Klasse und Notenblätter von Instrumenten, an denen ich nach ein paar Monaten das Interesse verloren hatte. Zusammen mit diesem Kram kamen auch Erinnerungen hoch. Schöne, aber auch nicht so schöne. Die Notenblätter der Gitarre etwa erinnerten mich an die Erwartungen meiner Eltern und an das Gefühl, es wieder nicht durchgezogen zu haben. Daneben Tennisschläger und Karateanzug – alles Hobbys, die irgendwie im Sand verlaufen waren, und mit ihnen die Erwartungen, die an sie geknüpft waren.

Da war nun also all das Zeug, das ich nicht brauchte, aber ich war bisher gar nicht auf die Idee gekommen, sie einfach auszumisten. Warum auch? Die Meinung zum Ausmisten im jüdisch-russischen Haushalt meiner Eltern: »Auf – gar – keinen – Fall – wegschmeißen!« Das war die größte Sünde. Steht ja so in der Thora. Wenn meine Eltern wüssten, wie viel sie mit anderen DDR-Eltern gemeinsam haben, die ich erst viel später kennenlernen durfte.

Meine Freundin und ich nahmen uns nun jede einzelne
Kiste vor. Heraus kamen wirklich wunderliche Dinge: eine
Zettelwirtschaft in Form von Tagebüchern, nie zu Ende ge-
schriebene Rapsongs, Pokémon-Stickeralben, Aktzeichnun-
gen und Diddl-Ordner. Nicht unüblich bei einer rebellieren-
den Kleinstadtgöre. Bis auf die Tagebücher durfte alles weg.
Dann die Bücher, dann die Klamotten und dann die CDs,
die ich mir von der lokalen Bibliothek ausgeliehen und sorgfältig gebrannt hatte. Sogar die Booklets hatte ich liebevoll
im Copyshop kopiert. All das wanderte in den Müll.

So ging es stundenlang weiter. Am Ende gab es mehr Kisten
mit aussortiertem Zeug als Kisten mit Dingen, die ich behalten
wollte. Und das war auch gut so. Denn ich ließ dadurch nicht
nur meine Kindheit hinter mir, sondern auch mein Eltern-
haus. Es war eine Zäsur, die vielleicht nur durch diese Lektion
ermöglicht wurde. Und so konnte ich also in mein neues pu-
bertäres Abiturientinnenleben starten, in einer eigenen Wohnung und mit so wenig Ballast wie möglich.

WARUM MINIMALISMUS?

Man braucht nicht viel, um glücklich zu sein. Im Gegenteil.
Weniger ist mehr. Besitz macht nicht glücklich. Konsum verspricht uns das, aber das Ergebnis ist eine volle Wohnung
und eine innere Leere. Minimalismus verspricht nicht, einen
glücklich zu machen. Es ist nicht wie bei einem Teleshop-
ping-Sender, der einem etwas andreht. Es ist eine einfache
Rechnung:

▸ Altes Zeug verkaufen = mehr Geld
▸ Weniger Zeug = weniger aufräumen
▸ Weniger aufräumen = mehr Zeit

Das minimalistische Leben hat viele Vorteile:

 ▸ Wenn man sich von überflüssigen Gegenständen befreit hat, sieht man, wie wenig übrig bleibt und was wirklich wichtig ist.
 ▸ Wenn man verreist und längere Zeit aus dem Koffer lebt, merkt man, wie wenig man braucht. Man ist mobil und unabhängig. Im Umkehrschluss kann man daraus folgern: Besitz bindet. Je voller die Wohnung oder das Haus, je mehr Verpflichtungen, gerade finanzieller Natur, desto eher hat man das Gefühl, im gleichen Raum und am gleichen Ort bleiben zu müssen.
 ▸ Wenn man nur noch wenig hat, kann man wenig verlieren. Solange man aber viel Besitz hat, muss man alles dafür tun, es nicht wieder zu verlieren. »Alles, was du besitzt, wird irgendwann dich besitzen«, hieß es schon in *Fight Club*.

Wer probiert, minimalistisch zu leben, weiß, wie viel es bewirken kann. Es befreit. In Wirklichkeit ist das Befreiende nicht der Lebensstil selbst, sondern das Ziel, minimalistisch zu leben. Viele Wege führen nach Rom. Nur ist unser Rom ein möglichst angenehmes, krempelfreies Leben. Das minimalistische Leben begründet eine Bewegung, die sich heutzutage von Ökoaktivisten bis zu digitalen Nomaden durch die Gesellschaft zieht. Minimalistisch leben ist mehr als ein Hobby gelangweilter Hausfrauen und -männer. Minimalismus kostet nicht viel Zeit, im Gegenteil, weniger Zeug bedeutet weniger Zeitverschwendung. Man lernt, sich auf das Wesentliche zu konzentrieren und herauszufinden, was das Wesentliche überhaupt ist.

Weitere Bewegungen bauen auf dem Minimalismus-Trend auf und entwickeln ihn weiter. Eine davon nennt sich »Rightsizing« oder »Downshifting«, und diese Namen sind Programm: Hierbei geht es nicht darum, so wenig wie möglich zu besitzen, sondern so viel wie nötig. Viele Leute merken beim Ausmisten plötzlich, mit wie wenig sie auskommen und dass ihnen, sobald sie auf Unnötiges verzichten, mehr Platz zur Verfügung steht. Wer keinen Hobbyraum, weniger Stauraum und vielleicht auch kein Büro mehr zu Hause braucht, benötigt vielleicht auch keine so große Wohnung mehr. Eine kleinere Wohnung kostet natürlich weniger. Theoretisch kann man dann auch den Job auf 20 Stunden die Woche reduzieren und in der neu gewonnenen Zeit anderen Plänen nachgehen.

Manche Menschen müssen gezwungenermaßen downshiften, weil ihre Stelle gekürzt oder sogar gestrichen wird. Sie müssen also mit weniger auskommen, ob sie wollen oder nicht. Was auch immer der Grund für den Verzicht ist: Viele Menschen stellen fest, dass auch ein weniger anspruchsvoller und teurer Lebensstil sehr reich sein kann – reich an Zeit. Die kann man in Hobbys, Projekte oder einfach in die eigene Familie und Freunde investieren, und das hebt den Lebensstandard. Es gibt eine Studie, die besagt, dass Menschen ab einem Einkommen von 60 000 Euro im Jahr nicht glücklicher werden, ob sie nun 61 000 Euro oder 70 000 Euro verdienen. Von den 60 000 Euro bin ich selbst aber noch weit entfernt.

Lasst die Spiele beginnen: Zuerst muss man Zeit für das Ausmisten einplanen. Es ist drastisch und viel auf einmal, und es kostet nicht nur mentale Kraft, sondern auch körperliche. Man muss Entscheidungen treffen und anschließend umsetzen. Der Rest, der bleiben darf, muss neu eingeordnet werden. Und das, was wegkommt, muss schließlich auch tatsächlich weggebracht werden. An einem Tag oder Wochenende ist das selten geschafft. Es hilft, wenn man eine bestimmte Zeit einplant und noch einen Tag mehr dranhängt, und sei es nur, um die Entsorgung fach- und umweltgerecht zu erledigen. Das Beste daran ist: Wenn man es einmal richtig macht, muss man es so schnell nicht wieder tun.

Die KonMari-Methode

Seit ich in meine erste eigene Wohnung gezogen bin, habe ich noch oft ausgemistet. Meist vor dem jeweiligen Umzug, manchmal auch erst danach, aber immer und immer wieder. Bis ich die *KonMari*-Methode entdeckte. Benannt nach ihrer Erfinderin, einer kleinen, zierlichen Japanerin, die Millionen Menschen erklärt, wie man richtig aufräumt. Marie Kondōs Technik besagt Folgendes: Schmeiß alles weg, was du nicht brauchst, und zwar am besten alles auf einmal. Damit erspare ich euch das Lesen von rund 200 Seiten. Gern geschehen.

Marie Kondōs Technik ist relativ leicht. Zunächst beginnt man mit einer Frage, die man sich ehrlich beantworten sollte, idealerweise schriftlich. Die Frage lautet: Warum möchte ich ausmisten und meinen Besitz reduzieren? Was erwarte ich

mir davon? Wenn man eine Antwort gefunden hat, die einem genügt, beginnt man mit der eigentlichen Arbeit. Dabei wird nach Kategorien vorgegangen und nicht etwa nach
Zimmern oder Schränken. Man führt alle Dinge zusammen,
die der jeweiligen Kategorie angehören. Nehmen wir als Beispiel die Kategorie Kleidung: Alle Kleidungsstücke aus dem
Keller, aus den Boxen unter dem Bett, aus dem Kleiderschrank und auch aus dem Wäschesack werden auf einem
Haufen gesammelt. Erst, wenn ausnahmslos alle Kleidung
auf dem Haufen liegt, wendet man sich der nächsten Kategorie zu. Erst dann wird man feststellen, wie viel man innerhalb einer Kategorie wirklich besitzt.

Wenn man sich dann mindestens einmal dramatisch in
diesen Haufen fallen gelassen hat (die *GlimMilena*-Tech-
nik), geht man ihn durch, nimmt jedes Teil einzeln in die
Hand und fragt sich: Mag ich das? Weckt es positive Ge-
fühle? Macht es mich glücklich? Wenn die Antwort Ja ist, behält man es, ist die Antwort Nein, kommt es weg. Jeder Ge-
genstand, den man behält, kriegt anschließend einen festen
Ort. Kleidung hat ohnehin oft ihren festen Platz im Kleiderschrank. Aber diese Regel gilt auch für Dinge wie den Schlüs-
selbund, die Mütze oder Objekte, die sonst einfach rumflie-
gen, weil sie kein festes Zuhause haben. Wenn die nämlich
ihren eigenen Platz haben, kehren sie immer wieder dahin
zurück, und man hat keine Unordnung.

So arbeitet man sich Stück für Stück durch seinen gesamten Besitz. Erinnerungsstücke, so Kondō, sollten zum
Schluss kommen, weil man dann geübter ist, eher Entscheidungen treffen und sich von den Dingen trennen kann. Für
Küche, Bad und Kleiderschrank gibt es noch zusätzliche
Tricks, auf die in den folgenden Kapiteln noch genauer ein-
gegangen wird.

Mir persönlich fiel es sehr schwer, meine Büchersammlung zu verkleinern. Bücher sind meine Erinnerungsstücke. Aber ich versuche immer wieder, nur die zu behalten, die mir was bedeuten oder zum Nachschlagen interessant bleiben könnten. Als ich ein Kind war, hatten meine Eltern immer viele russische Bücher zu Hause, die alle mit uns ausgewandert sind. Sie machen sich schön im Regal – und setzen Staub an. Wir hatten nicht viel Geld, und neue Bücher waren nicht im Budget. Wenn ich deutsche Bücher wollte, musste ich in die Bibliothek. Ich glaube, deswegen sind Bücher für mich heute viel mehr Statussymbol als ein protziges Auto. Mich von Büchern zu trennen ist schwer – deswegen kommen sie bei meinen Ausmist-Aktionen immer ganz zum Schluss.

Die Packaging-Party

Diese Technik wurde von den Jungs vom Blog *The Minimalists* erfunden. Man packt alles – auch Zahnbürste und Klamotten – also wirklich alles, was man besitzt, in Umzugskartons, als würde man umziehen wollen. Das ist tatsächlich wichtig, damit man nicht ständig kleine »Ausnahmen« macht. Aus kleinen Ausnahmen wird die Regel, und dann packt man halt gar nichts ein. Die Möbel bedeckt man mit einem Tuch oder mit Zeitungen. Und dann geht's los.

Wie? Man lebt einfach seinen Alltag. Immer wenn man etwas braucht, vorm Schlafengehen etwa Pyjama, Zahnbürste und Zahnpasta – packt man die benötigten Dinge aus. Am nächsten Morgen sind dann Shampoo und Duschgel dran, und so geht es immer weiter. Nach knapp einer Woche wird man merken, dass noch ziemlich wenig ausgepackt ist. Und was ist mit dem Rest? Wir sind mal nicht so hart. Wir geben uns einen Monat Zeit. Einen Monat lang aus Kartons leben ist machbar. Doch dann geht's ans Eingemachte. Den unberührten Rest unterteilt man in drei Kategorien:

1. Verschenken
2. Verkaufen
3. Als Müll korrekt entsorgen

Die Winter- und Sommersachen kann man ruhig aussortieren und behalten, oder etwa den Skianzug, den man nur alle zwei Jahre benutzt. Aber der Rest kommt weg.

Ich selbst war leider zu faul, alles abzudecken, und habe stattdessen Post-its auf die Möbel geklebt, was auch sehr gut funktionierte. Mir fiel auf, dass ich ein kleines selbst gebautes Regal gar nicht benutzte, auf dem nur Dekozeug rumstand – also weg damit. Alle Kartons, die noch voll mit Kram waren, und auch Sportgeräte kamen in die Abstellkammer. Wenn ich etwas aus der Kammer holte, durfte es bleiben, wenn nicht, kam es auf die schwarze Liste.

Wohin mit dem Rest?

Aussortierten macht Spaß. Bis zu dem Punkt, an dem man das Ausgemusterte tatsächlich loswerden muss. Ich kenne Leute – mich selbst, aber auch andere –, die monate-, wenn nicht jahrelang die aussortierten Sachen lagern, für den Fall des Falles. Aber dieser Fall wird nie eintreten! Und wenn man dann doch irgendwann emotional so weit ist und sich von den Dingen trennen kann, dann fehlt die Muße. Daher empfehle ich sehr, beim Ausmisten einen Extratag einzuplanen und sich darauf einzustellen, dass man das Haus verlassen und dann gegebenenfalls sogar mehrere Stationen einlegen muss. Kleidung, die man wirklich niemandem mehr zumuten möchte, kann man zerschneiden und als Lappen verwenden. Schöne Bettwäsche oder Ähnliches kann man zu Stoffbeutelchen umnähen, die perfekt für den Lebensmitteleinkauf sind (eine Anleitung dazu ist in der Facebook-Gruppe **Ohne Wenn und Abfall** zu finden). Was übrig bleibt, was man also gar nicht mehr verwerten kann, kommt in den Restmüll.

Kleider, Möbel, Bücher und alles, was sonst noch gut ist, den Aufwand des Verkaufs aber nicht mehr lohnt, wird zur Altkleidersammelstelle gebracht. Das könnte zum Beispiel ein gemeinnütziger Secondhandladen sein, oder die Bibliothek. Von Altkleidercontainern ist abzuraten, da die meisten illegal aufgestellt wurden. Die Kleidung wird ins Ausland verschifft, wo sie sortiert und gewaschen wird – erst dann wird sie in die lokalen Secondhandshops geschickt. Ziemlich unnachhaltig. Die Container, die man ohne Bedenken benutzen kann, sind mit dem Siegel »fairwertung« ausgezeichnet und lassen sich über die Standortsuche auf der Website des Dachverbands der Altkleidersammler finden.

Altkleider spendet man trotzdem am besten direkt an die Secondhandläden und Kleiderkammern. Doch auch hier gibt es Pros und Cons:

Pro: Die Spende ist gut für den Umweltschutz, weil die Kleidung so recycelt und wiederverwendet wird.

Contra: Die gespendete Kleidung wird oft in Entwicklungsländer verschifft, weil da das Sortieren und Reparieren der Kleidung billiger ist. Der Kauf und Verkauf von gebrauchter Kleidung konkurriert stark mit der lokalen Kleiderproduktion und beeinträchtigt diese. Die Menschen, die vor Ort produ- zieren, können ihre Kleidung schwerer verkaufen und haben weniger Einnahmen und Geld zum Leben. Gleichzeitig entstehen aber auch neue Jobs rund um die Altkleiderbranche.

Neben den Kleiderkammern freuen sich auch die Bahnhofsmission, die AWO und die Kirchen über Spenden von gut erhaltener Kleidung. Vor dem aufwendigen Hinbringen wird Nachfragen ausdrücklich empfohlen. Sozialkaufhäuser dagegen nehmen nicht nur gespendete Kleidung, sondern auch Einrichtungsgegenstände an. Das Gute an diesen Kaufhäusern: Man wird nicht nur seinen noch guten Krempel los, sondern unterstützt auch die Läden, die sie verkaufen und dadurch ihre gemeinnützige Arbeit finanzieren können – oder sie geben die Kleidung direkt an Bedürftige weiter. Man tut seiner Umwelt, der Natur und auch seinen Mitmenschen etwas Gutes.

▶ Was wo am besten aufgehoben ist, findet man auf der Website *wohindamit.org* heraus.

Es bleiben die guten Sachen, die noch einen Wert haben und daher noch verkauft werden können. Ein Flohmarktstand, der Klassiker, ist etwas aufwendig: Man muss sich anmelden, Freunde finden, die einen begleiten, und einen Tag im Regen und in der Kälte stehen – es regnet *immer,* wenn ich mal einen Stand mache. Das einzig Schöne am Flohmarkt: Man sieht direkt, wer die heiß geliebten alten Sachen mitnimmt. So fällt das Abschiednehmen leichter. Und man muss die Sachen nicht durch die ganze Republik versenden.

Wer den Aufwand nicht scheut, für den gibt es Online-Märkte und Apps, zum Beispiel eBay, eBay Kleinanzeigen,

Fairmondo, Amazon, Mädchenflohmarkt, Kleiderkreisel und Mamikreisel, und außerdem Facebook-Gruppen zu unterschiedlichsten Themen, die inzwischen auch eine Marktplatzfunktion haben.

▶ Eine Liste von Flohmarkt-Apps ist in der Facebook-Gruppe **Ohne Wenn und Abfall** zu finden.

Ich empfehle, noch hochwertige Elektronik nicht wegzuwerfen, sondern zu reparieren. Den zerbrochenen Handybildschirm kann man erneuern lassen, den kaputten MacBook-Akku kann man austauschen. Der kleine Aufwand lohnt sich – das Gerät funktioniert wieder, und falls man es dann doch verkaufen will, kriegt man am Ende mehr Geld dafür. Einfach wegschmeißen ist nicht, denn Elektrogeräte über den Hausmüll zu entsorgen ist verboten. Eigentlich ganz logisch. In jeglicher Technik sind wertvolle, aber auch giftige Metalle drin, die nichts in unserem Müll verloren haben.

Wohin also mit den alten Geräten? Für alte Laptops zum Beispiel gibt es das gemeinnützige Projekt *Labdoo*. Sie vermitteln gebrauchte Elektronik rund um die Welt. Man kann ihnen seinen Laptop oder sein Handy senden, und sie sorgen dafür, dass jemand Bedürftiges das Gerät erhält. Elektro- und Technikmärkte mit mehr als 400 m² Verkaufsfläche (bei Online-Shops 400 m² Lagerfläche) müssen kaputte Geräte wie Fernseher, Drucker, Waschmaschinen etc. wieder zurücknehmen, wenn sie diese verkauft haben. Große Geräte wie Kühlschränke oder Fernseher werden immer kostenlos entgegengenommen, wenn man bei einem Händler ein neues Modell erwirbt. Kleingeräte mit unter 25 cm Kantenlänge – Handys, Toaster, elektronische Zahnbürsten – müssen die großen Technikmärkte auch dann zurücknehmen,

wenn nichts Neues gekauft wird. So sieht es das Gesetz vor.
Also immer den Bon aufheben – auch, wenn die Garantie abläuft. Eine letzte Frage, die man sich stellen sollte: Was bin ich bereit zu bezahlen? Die Frage nach dem Preis ist am Ende auch eine Nachhaltigkeitsfrage. Geiz ist am Ende nicht geil und nicht billig, wenn man sich die gleichen Produkte immer wieder neu kaufen muss.

Wenn doch kein Weg um den Werkstoffhof herumführt, dann kann man sich die App *eSchrott* herunterladen. Die sagt einem genau, wo man seine Elektrogeräte entsorgen kann.

Und wenn man etwas benötigt, das man noch nicht selbst besitzt? Dann sollte man es sich nicht direkt kaufen, sondern leihen. Dinge leihen kann man nicht nur in der Nachbarschaft und von Freunden, sondern in einer der ältesten Institutionen: der Bibliothek. Da gibt es nicht nur Bücher, sondern auch DVDs, Musik, Spiele und noch viel mehr. Viele Apps und Plattformen helfen dabei, das Leihen auf ein neues Level zu heben. Das ist dann tatsächlich Sharing Economy. Man kann es aber auch ganz altmodisch machen und einen Zettel mit einer Tabelle im Hausflur aufhängen: In der linken Zeile kann man seinen Namen eintragen und rechts, was man besitzt und zur allgemeinen Verfügung stellt. Ein Beispiel: »Glimbovski, 1. OG Vorderhaus«, »Bohrmaschine, Leiter«. Wenn man die anderen Hausbewohner dazu motivieren kann, sich ebenfalls einzutragen, indem man einfach mal bei dem einen oder der anderen anklopft, bekommt man einen Überblick und weiß gleich, wen man fragen kann. Wem der Aufwand zu groß ist, der kann die Nachbarinnen auch direkt fragen. Das dachte sich auch mein glatzköpfiger und alleinstehender Nachbar letzten Samstagmorgen und fragte mich nach einem Fön. Da hatte wohl jemand Damenbesuch.

Nun heißt es durchhalten und keinen neuen Kram und Müll ansammeln. Das ist leichter gesagt als getan, zugegeben. Aber wie schafft man es trotzdem? Als Erstes sollte man den Müll, der weiterhin anfällt, und das aussortierte Zeug analysieren. Woher kommt das? Warum habe ich das? Wie kann ich verhindern, dass mir so was wieder ins Haus kommt? Bei mir sind es Kataloge und Zeitschriften, die ich kostenlos bei Messen erhalte – ich nehme mir vor, sie zu lesen, und tue es nie. Mein Vorsatz also: in Zukunft keine mehr mitnehmen. Ein weiterer Trick ist es, Sachen sichtbar aufzubewahren. Offene Regale sorgen dadurch für Ordnung, dass man ständig im Blick hat, was man besitzt, und weniger oft den Drang verspürt, etwas Neues hinzuzufügen. Und das Wichtigste: Man muss reflektiert konsumieren und sich bei jedem Kauf folgende Fragen stellen:

1. *Brauche ich das wirklich?*
Das sexy Mörderische-Krankenschwester-Kostüm für Halloween zum Beispiel: Ich ziehe es einmal an, und dann? Kann ich nicht wie letztes Jahr als sexy Hase gehen, mit dem Haarreifen mit Öhrchen drauf?

2. *Ist es mir das Geld wirklich wert?*
Wie lange müsste ich arbeiten, um mir das Wunschobjekt von meinem Stundenlohn leisten zu können? Wenn ich mir das bewusst gemacht habe, will ich es noch immer? Und habe ich dann überhaupt noch genug Geld für meine Miete und Netflix?

3. *Habe ich genug Zeit für die Nutzung?*
Halloween ist einmal im Jahr. Vielleicht bin ich am 31. Oktober aber gar nicht in Partylaune, schaue mir lieber einen

schlechten Horrorfilm an und gehe früh ins Bett. Auch
eine schöne Vorstellung.

4. *Wie lange werde ich es nutzen?*
Muss es wirklich das Billo-Ding für 'n Zwanni sein, was
schon beim ersten Tragen reißen wird, wenn ich versuche
zu twerken?

5. *Wie werde ich es wieder los?*
Sollte ich es jemals verkaufen: Will wirklich jemand ein
Kostüm mit Weinflecken und künstlichen Blutspritzern
erwerben?

Meine Entscheidung fällt hier sehr eindeutig gegen das sexy
Krankenschwesternkostüm aus. Ich leihe mir die Lederhose
und -jacke meiner Mitbewohnerin, bastele mir Katzenohren
und gehe als Catwoman. Immerhin eine Superheldin und
damit keine offensichtliche Objektivierung der Frau – na ja,
vielleicht ein bisschen. Minimalismus kann so schön sein.
Und keiner hat davon gesprochen, dass ich auf meinem Weg
in ein besseres Leben nicht gut aussehen kann.

ZERO WASTE

WARUM ZERO WASTE?

Wir kaufen in Unverpackt-Läden ein, machen unsere Zahnpasta selbst, und ohne unsere eigenen, personalisierten Coffee-to-go-Becher sieht man uns nicht. Wir, das sind die Zero-Waste-Helden und -Heldinnen aus aller Welt. Wir sind gemeinsam einsam auf unserem Kreuzzug gegen den Müll, auf der Suche nach Alternativen. Wir tauschen uns aus auf Instagram, wir bloggen, organisieren uns in Facebook-Gruppen, wir zwinkern uns zu an der Käsetheke, wenn wir die mitgebrachten Edelstahlbehälter des anderen sehen. Für uns ist jedes Nein zu einer Plastiktüte ein Ja für die Umwelt! Wir leben müllarm oder sogar plastikfrei, und wir werden immer mehr – und immer weniger blöd angeschaut.

Es geht nicht darum, das perfekte müllfreie Leben zu führen und bei jedem Strohhalm, der einem trotz Widerstand in den Drink gesteckt wurde, alles abzubrechen, sich aufzugeben und mit dem Lifestyle abzuschließen. Nimm den Strohhalm, trink den Drink aus, mache das Beste aus dieser Nacht. Morgen ist ein neuer Tag, ein neuer Anlauf für ein müllarmes Leben. Sobald man jedoch zu hohe Ansprüche an sich selbst und andere stellt, kann man nur scheitern. Dabei ist jede Plastiktüte, jeder Einweg-Kaffeebecher, den wir einsparen, einer weniger, der produziert werden muss und in den Weltmeeren landet. So einfach ist das.

Angefangen hat alles mit Bea Johnson. Bea, eine in den USA lebende Französin, schrieb das Buch »Zero Waste Home« und war die Erste, die das Thema Zero Waste in den privaten Bereich einführte. Bisher war dieser Begriff nur in der Industrie üblich. Sie sah den täglich wachsenden Müllberg ihrer vierköpfigen Familie und wollte ausprobieren, ob sie das in den Griff bekommen konnte. Und sie konnte! Sie sammelte ihre Erfahrungen und Tipps in ihrem Buch und ist seither die Urmutter der Zero-Waste-Szene.

Wenn Bea die Mom ist, dann ist Lauren Singer das Nachbarsmädchen, das in die Großstadt zog, um seinen eigenen Weg einzuschlagen. Die Carrie Bradshaw der Umweltretterinnen. Die New Yorkerin (Lauren, nicht Carrie) hat geholfen, die Bewegung international bekannt zu machen. Weltweit wurde über ihr müllfreies Leben berichtet und darüber, wie sie als Umweltwissenschaftsstudentin darauf kam. Sie beobachtete andere Kommilitonen und sich selbst, wie sie fleißig studierten, aber nicht bereit waren, ihr eigenes Verhalten bei so einem kleinen, alltäglichen Thema zu ändern. In fast jedem der Berichte über sie sieht man, wie sie frech in die Kamera grinst und dabei ein Drahtbügelglas voll mit Müll präsentiert. Besagtes Glas wird oft als Symbol genutzt, es sagt: »Schaut her, so wenig Müll habe ich in einem Jahr produziert!«. Viele Blogger weltweit eifern ihr nach. Das Wetteifern finde ich gut, nur dieses Glas stört mich. Ich habe lange überlegt warum, es ist ja nur ein Glas – es kann ja nichts dafür. Aber dieses Glas zeigt die genaue Müllmenge, und die ist so klein, dass man innerlich zusammenzuckt und entweder die Urheberin als Lügnerin abstempelt oder sich denkt: »Das könnte ich ja nie, das will ich erst gar nicht versuchen.« Die wenigsten sagen sich, »Verdammt noch mal, das kann ich auch!«. Dabei geht's genau darum. Sanft an das erste Mal herangeführt werden. Müll sparen ist nicht unmöglich, im Gegenteil, es ist leicht – es erfordert Zeit und Übung, hat aber auch Vorteile ohne Ende.

Selbstliebe. Das ist kein anderer Ausdruck für Masturbation. Selbstliebe ist, seinen Geist und Körper okay zu finden. Dazu gehört auch die herunterhängende Haut an den Oberarmen und das kleine »süße« Bäuchlein, das höchstens morgens im Liegen noch so flach aussieht wie in der Werbung. Trotz Emanzipation und Feminismus bin ich schließlich mit *Bravo* und *Glamour* aufgewachsen, und 27 Jahre von außen aufgesogenen Körperhass kann ich nicht einfach wegmeditieren. »End Bodyshaming and Lookism!« – aber das bitte bauchfrei, mit dezentem Sixpack und den neuesten Trends von der Stange.

Also, der Bauch. Wir haben uns angefreundet. Begleitet er mich doch schon länger. Mal kleiner und flacher, mal rundlicher und aufgeblasener – ich verfluche das ganze Glas Hummus, das einfach nicht aufhören wollte, gut zu schmecken. Aber im Ganzen sind mein Körper und ich Freunde. *Friends with Benefits*. Diäten will ich ihm nicht antun, und an Detox und Co. glaube ich nicht. Smoothies sind lecker – wenn ich anschließend was Richtiges zwischen die Zähne bekomme. Den einen Weg, langfristig und ohne viel Aufwand abzunehmen, habe ich erst durch Zufall mit der Eröffnung des Ladens und des Zero-Waste-Lifestyles für mich entdeckt. Dieser geheime und verrückte Trick wird euch umhauen: Ich fing an zu kochen.

Selber kochen hat den unglaublichen Effekt, dass man weiß, was in dem Essen drin ist, und dass man nur das reintut, was auch reingehört. Also keine Konservierungsstoffe, keine Geschmacksverstärker, keine unnötigen Fette und was weiß ich, was in diese Fertigessen noch so reingehauen wird. Wir hatten ja damals nichts im Laden. Kein Fertigessen.

Nur drei Sorten Fertigtomatensoßen, und, die Italiener in Ehren, aber Pasta ist nicht die Krönung der Geschmacksnerven. Ich musste also rausfinden, was ich mit Quinoa machen konnte, oder wie man dafür sorgt, dass Fenchel gut schmeckt. Was kann ich überhaupt mit einer begrenzten Auswahl an Lebensmitteln zubereiten, und das alles in einem ADHS-würdigen Zeitrahmen von zehn Minuten. Ich kann nach einem Zwölf-Stunden-Arbeitstag nicht abends auch noch eine Stunde mit Kochen verbringen. In dieser Zeit habe ich mir lieber eine Falafel geholt, erfahren, wie es der Familie des Falafelmanns geht, und mich mit seinem Sohn verlobt.

Schnelles Kochen sollte es also sein, und das jeden Tag, ohne fremde Hilfe und ohne Müll – und dahin gingen die Kilos. Dazu kam die körperliche Bewegung im Laden. Ab Januar 2015 übernahm ich wieder ordentlich Schichten, hatte Getränkekisten und 25-Kilo-Säcke zu schleppen und Behälter nachzufüllen, und es purzelten die Pfunde.

Gesünder essen mit Zero Waste

Meine Gesundheit ist ein Mysterium. Ich lag als Kind und Teenie fast jeden Monat mit einer gefühlt lebensbedrohlichen Erkältung flach. Nicht nur, weil ich keine Lust auf Schule hatte, sondern weil ich von morgens bis abends belegte Brötchen in mich reinschaufelte und erst zum Abend etwas Vernünftiges, meist ein russisches Gericht mit gut Fleisch und Gemüse, auf den Tisch kam. Als ich dann endlich auszog, wurde es nicht besser: Ich lernte nur, zwischen 5-Minuten-Terrine und 2-Minuten-Reis von Uncle Ben's zu unterscheiden. Regelmäßig plünderte ich die Süßigkeitenabteilung im Supermarkt. Stellt euch vor, ihr gebt einem achtjährigen

Kind eure Kreditkarte. Genau. So sahen meine Einkäufe aus.
Gesunde, ausgewogene Ernährung geht anders. In dem Moment, in dem ich mich für Zero Waste entschied, war das vorbei. Nicht nur, weil ich die gängigen Supermärkte mied, sondern weil ich lernte, selbst zu kochen – und zwar ohne Zutaten mit irgendwelchen Chemikalien, sondern bio und ganz einfach frei von Plastik und Weichmachern. Das Letzte kann ich weder spüren noch schmecken. Aber ich sehe den Unterschied: dass ich fitter bin und längere Zeit ohne Erkältung durchhalte. Mein Immunsystem verdient endlich den Namen Immunsystem.

Geld sparen mit Zero Waste

Es muss einen Grund dafür geben, dass es Deutsche waren, die Aldi und Lidl erfunden haben. Kaum eine westliche Nation gibt so wenig für Lebensmittel aus wie wir – rund 15,6 Prozent unseres Einkommens. Das sind 14 Prozent weniger als bei unseren Nachbarn in Spanien. Ist doch klasse, könnte man meinen, dass es so billige Lebensmittel in Deutschland gibt. Ja, total. Nur dass Lebensmittel ein Mittel zum Leben sind und entsprechend wertgeschätzt werden sollten. Je billiger sie sind, desto mehr geht das auf Kosten der Umwelt, auf die der Produzentinnen und am Ende auf Kosten unserer eigenen Gesundheit. Trotzdem muss gutes Essen nicht teuer sein. Teuer sind Fertigessen und Spontaneinkäufe. Preiswert dagegen ist es, einen guten Kochplan zu erstellen, lose, also ohne Verpackung, nur die Menge einzukaufen, die man braucht, und viele Produkte selbst herzustellen. Lose Produkte sind je nach Warengruppe 10 bis 30 Prozent günstiger als verpackte Produkte – und das bei gleicher Qualität.

WAS IST ZERO WASTE?

Zero Waste ist Rebellion.

Der Teenager in mir jubelt. Ich darf weiterhin rebellieren! Gegen den Müll, gegen den Kapitalismus, gegen das System. Indem ich meine eigenen Kosmetik- und Reinigungsprodukte herstelle, umgehe ich die üblichen Firmen und damit die Abhängigkeit. Ich unterstütze nicht weiter große Marken und die Industrie, ich unterstütze die Herstellerin, die hier in Deutschland produziert. Ich unterstütze die kleine Apotheke nebenan und die Rezeptbücher bestelle ich beim Bücherladen um die Ecke. So gehe ich sicher, dass das Geld im Kiez bleibt. Beim *Do it yourself* vertraue ich auf wenige Bestandteile und mache mein eigenes kleines Chemielabor auf. Willkommen bei »Breaking Waste«.

Zero Waste ist Zero Waste.

Am Ende des Tages sparen wir nicht nur Verpackungen. Wir sparen Ressourcen, die für die Herstellung und den Transport der Ware notwendig sind. Verdammt, wir sparen sogar die Ware selbst. Wenn ich mich mit abwaschbaren Schminkpads abschminke, spare ich mir Kilos an Wattebäuschen pro Jahr. Diese müssen erst gar nicht produziert werden, sie landen also auch nicht in meinem Müll, in der Deponie oder im Meer.

Dabei muss ich gar nicht so weit denken. Das Meer, das ist so weit weg, das sehe ich höchstens einmal im Jahr. Viel realer ist für mich der Müll vor der eigenen Haustür. Zigarettenschachteln, Falafelpapier, fliegende Plastiktüten – fast so

schön wie in *American Beauty*, aber ohne die passende mu-
sikalische Untermalung. All der Müll, der uns täglich begegnet, in der Stadt, in der Bahn, in der eigenen Wohnung. Am
Ende des Tages sparen wir einfach Müll.

Zero Waste hat viel mit Vorbeugen und Nachdenken zu
tun. Bea Johnson hat in ihrem Buch folgende Regeln (die
»Five R's«) aufgestellt, die einem dabei helfen.

Refuse (Ablehnen)

Wenn ich alt bin, werde ich sicherlich nicht zurückschauen
und mich freuen, dieses eine paar Schuhe erworben zu haben. Es wird eher die Erinnerung sein, wo ich überall mit ihnen rumgestöckelt bin, und die Momente, in denen ich im
Gullydeckel festhing oder betrunken meinte, ein paar Kids
beweisen zu müssen, dass ich skaten kann. Auf High Heels.
Die Ollies klappten immer. Aber die Schuhe waren ruiniert.

Ich kaufte Dinge, die ich wollte, aber nicht brauchte. Besser wäre es gewesen, viele dieser Dinge erst gar nicht anzuhäufen. Mich auf das zu besinnen, was ich wirklich benötige.
Wenn ich jeden Tag in Sneakers ins Büro fahre und mich einmal im Monat in Stöckelschuhen aus dem Haus traue, dann
brauche ich nicht mehr Stöckelschuhe als Sneakers. Eigentlich eine logische Rechnung. Und je weniger ich anhäufe,
desto weniger muss ich irgendwann entsorgen. Auch hier
muss man kein Mathegenie sein, um die Logik nachvollzie-
hen zu können.

Öfter mal Nein sagen. Zu unnötigen Einkäufen, aber auch
zu Freebies: dem Werbekuli auf der Messe oder der Visitenkarte bei einem Businessmeeting, wenn man die Kontakt-
daten doch schon hat. Diese Tradition verstehe ich eh nicht.
Wir stehen doch schon im Kontakt, warum dann noch die
Visitenkarte? Ist das ein »American Psycho«-Remake, in

dem wir darum kämpfen, wer die hochwertigste Karte hat?
Wenn ja, dann bin ich im falschen Film gelandet. Also: Nein,
danke.

Reduce (Reduzieren)

Aussortieren, ausmisten, reduzieren: mein Lieblingshobby.
Doof ist nur, dass wenig zum Aussortieren bleibt, wenn man
es regelmäßig macht. Ich besitze mit der Zeit immer weniger
und kann meinem Hobby deshalb gar nicht mehr so ausgiebig nachgehen. Es geht darum, sich auf das zu beschränken,
was man wirklich braucht. All die Dinge, die bei mir so rum-
liegen, mit denen ich aber selbst wenig anfangen kann, könnten von jemand anderem gut genutzt werden. Sie bräuchten
keine neuen Sachen kaufen, keine neuen Ressourcen verbrauchen, wenn sie meine alten Sachen haben könnten.

Reuse (Wiederverwenden)

Wir müssen uns von dem Begriff »Einweg« und dem dahin-
terstehenden Prinzip verabschieden. Die Einwegzeiten sind
vorbei – allen voran die der Einwegkaffeebecher und des
Plastikbestecks. Wann wurde es hip, Coffee-to-go-Becher zu
benutzen oder generell alles, was man schon hat, auch noch
in Form von Einwegprodukten zu verbreiten? Das gibt es in
allen Bereichen: von Einwegkameras und Regencapes über
Papier- und Plastikteller bis zu Grills.

Sobald Dinge mehr kosten, wissen wir sie mehr zu schät-
zen. Wir schmeißen sie nicht weg. Wir hocken uns in den
Hof, holen das alte Werkzeug raus, das uns die Vormieter
vererbt haben, suchen das passende YouTube-Video und
wechseln den kaputten Reifen des Fahrrads aus. Man kann
sich ja nicht gleich ein neues kaufen! Wir rufen den Handwerker, der zu spät und schlecht gelaunt vorbeikommt, aber

tatsächlich die Waschmaschine repariert, die rumgezickt hat.
Für die Höhe der Rechnung hätte man zwar fast eine neue
kaufen und die alte entsorgen können, aber das wäre noch
umständlicher gewesen.

Bei günstigeren Dingen hingegen sind wir nicht so für-
sorglich: Wenn die Hose ein Loch hat, kommt sie oft sofort
auf den Müll. Wenn die Kapsel-Kaffeemaschine nicht mehr
will, dann kommt halt eine neue ins Haus, kostet ja nur einen
Fuffi. Wenn das Handy langsamer wird, verschwindet es in
einer Schublade und taucht nie wieder auf. Dabei können so
viele Dinge einfach repariert werden. Das ist nicht nur preiswerter, sondern vor allem nachhaltiger. Es ist immer besser,
etwas Altes weiterzubenutzen, als sich sofort etwas Neues zu
holen. Das Gefühl des Stolzes darüber, dass man etwas selbst
repariert hat, ersetzt das schnell verflüchtigte Kaufrausch-
Gefühl um ein Vielfaches.

Recycling

ist einer dieser Begriffe, die ich gerne recyceln würde. Also,
eher wegschmeißen und gleich ganz neu erfinden. Recycling
wird oft als Erklärung und Ausrede für so viel Einwegmist
verwendet: »Das ist ja halb so schlimm, das wird schließlich recycelt.« Es ist ein bisschen wie Mülltrennung: vor allem fürs Gewissen gut – in Wirklichkeit aber nicht die ulti-
mative Lösung.

Ein paar Fakten zu Anfang: Ja, Metalle, Glas, bestimmte
Plastikarten und auch Papier können recycelt werden. Aber
sehr selten zu hundert Prozent. Unter hohem Energieaufwand für die Trennung und noch höherem für das tatsächliche Recyceln wird der Sekundärwertstoff (ein anderes
schönes Wort für Abfall) so verarbeitet, dass am Ende immer
nur ein Teil wirklich wiederverwendet wird. Das bedeutet:

- ▸ Schrott wird zu 45 bis 50 Prozent recycelt, Weißblechdosen können sogar zu 100 Prozent recycelt werden
- ▸ Glas: 85 Prozent, hoher Energieaufwand – jedes Glas besteht zu 60 Prozent aus altem Glas, bei grünem Glas sogar zu 90 Prozent
- ▸ Plastik: 20 bis 50 Prozent
- ▸ Papier: 88 Prozent

Man muss allerdings aufpassen, etwa beim Glas. Denn Glas ist nicht gleich Glas: Glühbirnen, Brillengläser und Vasen aus Bleikristall gehören nicht in den Altglascontainer, da sie andere Schmelzpunkte haben und zu viel Blei enthalten. Energiesparlampen und Neonröhren gehören in den Sondermüll, da sie bei 1600 °C eingeschmolzen und mit Kalk, Sand und Soda zu neuem Glas verarbeitet werden. Auch Papier ist eine Herausforderung und nur etwa siebenmal recycelbar. Bei jedem Mal wird die Faser kürzer und das Papier weniger reißfest, weshalb bei Recyclingpapier ein kleiner Anteil Frischfaser beigefügt wird. Trotz alledem ist dies immer noch ökologischer als Papier, das ausschließlich aus frisch gefälltem Holz besteht.

Und der Restmüll? Der wird verbrannt. Thermische Müllverwertung heißt das. Dabei entweichen folgende Gase in die Luft, je nachdem, welcher Müll in welchem Verhältnis vorhanden ist: Kohlendioxid, Wasser, Kohlenmonoxid, Schwefeloxide, Stickoxide, Salzsäure, Flusssäure und Quecksilber. Einige dieser Gase (Kohlendioxide und Stickoxide) absorbieren Wärme, tragen zur Klimaerwärmung bei und sind daher bekannt als Treibhausgase. Aber auch die anderen Gase sind nicht ganz ohne und können sich negativ auf unsere Gesundheit auswirken. Müllverbrennungsanlagen haben natürlich Rauchgas-Reinigungsanlagen, die dafür sorgen, dass die Schadstoffe in den Gasen unter den gesetz- lichen Werten bleiben.

Einfache Hausmülldeponien sind seit 2005 verboten. Das Konzept der Müllkippe – »Alles drauf und Gedanken machen wir uns später« – ist nicht mehr. Die bisherige Deponierung von unbehandelten Abfällen führte dazu, dass giftige Substanzen ins Trinkwasser gelangen konnten.

Wir lernen also, Recycling allein ist nicht die Lösung, aber ein wichtiger Schritt, damit der Müll, der entsteht, so umweltfreundlich und korrekt entsorgt werden kann, wie das heutzutage möglich ist. Idealerweise müsste aber gar nicht recycelt werden, wenn wir einfach auf Müll verzichten könnten.

Rot (Kompostieren)

Und das Beste zum Schluss: Kompostieren. Das passiert in Deutschland auf Komposthaufen, in Biogasanlagen und auch in sogenannten Wurmkisten. Auf dem Kompost bzw. in der Biotonne können Nahrungs- und Küchenabfälle wie Eierschalen, Tee- und Kaffeesatz, Brotreste, verdorbene Lebensmittel, Frucht- und Gemüseschalen, Nussschalen, aber auch Gartenabfälle wie Unkraut, Laub, Erde und Zweige gesammelt werden. Was wir in der Biotonne entsorgen, wird in Biogasanlagen abgeführt. Mithilfe von Mikroorganismen entstehen daraus Kohlenstoffdioxid und Methan. Diese werden in ein Blockheizkraftwerk geleitet und zur Strom- und Wärmeerzeugung genutzt. In Berlin zum Beispiel wird das Gas aufbereitet und ins städtische Gasnetz eingespeist. Die halbe Müllfahrzeugflotte der Berliner Stadtreinigung wird mit dem Gas betankt, wodurch pro Jahr 2,5 Millionen Liter Diesel gespart werden.

Nicht in die Biotonne dürfen Bioplastiktüten, zum

94 Beispiel aus Maisstärke, im Prinzip aber alle Plastiktüten, egal welche Farbe sie haben und wie »bio« und »kompostierbar« sie sind: Sie zersetzen sich nicht und müssen mühsam aussortiert werden. Die Tüten lösen sich in Biogasanlagen nicht auf und sind in den üblichen Zeitrahmen der Anlagen nicht kompostierbar. Besser sind Papiertüten mit verstärktem Boden oder selbst gebastelte Tüten aus alter Tageszeitung, die normalerweise frei von Giftstoffen sein sollten – hier gilt natürlich: öfter leeren, bevor das Papier durchweicht.

Eine Alternative zu Biotonne und Komposter stinkt nicht, spart Zeit und bringt kleine Mitbewohner mit sich, die wenig Aufmerksamkeit brauchen: der Wurmkomposter für zu Hause. So eine Wurmkiste besteht aus mehreren Ebenen mit Erde und kleinen Würmern, die euren Biomüll zerfressen und zu Erde und Dünger verarbeiten. Man kann sie sich online bestellen oder nach einer der zahlreichen Anleitungen preiswert selber bauen.

▶ Links zu solchen Anleitungen finden sich in der Facebook-Gruppe mit dem Titel **Ohne Wenn und Abfall**.

BESUCH IN DER MÜLLTRENNUNGSANLAGE

Müllsortieren ist der Deutschen Lieblingssport. Wir sind Müllweltmeister. Aber auch Recyclingmeister. Hauptsache Meister.

Idealerweise hat jeder deutsche Haushalt sechs Mülleimer. Sechs? Richtig, ganze sechs Eimer. Wofür? Papier, Wertstoffe (gelber Sack), Bio, Restmüll, Altglas und Sondermüll (wie

etwa Batterien), der beizeiten korrekt entsorgt werden muss.
Papiermüll, Biomüll, Altglas und auch Sondermüll sind leicht zu trennen. Schwieriger wird es dagegen bei der Wertstofftonne. Da eine korrekte Trennung vorzunehmen, erfordert gefühlt einen Bachelor in Müllmanagement. Ich habe bis heute Momente, in denen ich nur verwirrt vor der gelben Tonne stehe und versuche zu entziffern, was mir die Zeichen auf der Tonne eigentlich sagen wollen.

Dabei ist es wichtig, dass man korrekt trennt. Je korrekter die Trennung, desto sortenreiner der Müll, desto eher wird er recycelt – und desto billiger ist es für Hauseigentümer und Mieter. Denn die Abholung der Restmülltonne, in die alles, was übrig ist – oder alles, was nicht getrennt wird –, reinkommt, kostet Geld, und das spiegelt sich in Miete und Nebenkosten wider. Wenn man aber korrekt trennt und entsprechende Tonnen verwendet, fallen weniger Kosten an, denn die Aufstellung und Abholung der Wertstofftonne ist umsonst. Die Betreiber der Mülltrennungsanlage verkaufen den getrennten Müll als Rohstoff für Firmen, die diesen aufbereiten. Das heißt, wenn die eigene Vermieterin noch nicht überzeugt ist, Tonnen für die Mülltrennung bereitzustellen, kann man einfach den finanziellen Vorteil für sich sprechen lassen. Diese Sprache ist universell verständlich.

Das Mülltrennungsmysterium beschäftigt mich, seitdem ich in WGs lebe. Irgendwann kommt immer die Diskussion darüber auf, was wo reinkommt. Der eine hat gehört, Brillengläser gehören nicht zum Altglas, ein anderer sagt, dass eh alles egal ist, weil am Ende nur eine Müllabfuhr kommt und den Müll aus allen Tonnen zusammenkippt. Ich wollte es genau wissen und suchte die Mülltrennungsanlage der ALBA in Berlin auf.

Die Öffentlichkeitsmitarbeiterin der Anlage bietet Führungen an, und ich hätte sogar meine eigene exklusive Führung haben können, wurde aber krank und musste meinen Besuch verschieben. Der nächste mögliche Termin war weniger exklusiv, ich musste mir ihre Zeit mit zwanzig Studierenden teilen. Exklusivität in einer Müllanlage gehört jetzt nicht gerade zu meinen Lebenszielen, daher nahm ich das Angebot dankend an und freute mich darauf, meinem Müll mal ganz nah zu sein.

Dinge, die ich vorher nicht bedacht hatte: Es würde stinken, es würde laut werden, und die Welt würde nicht auf mich warten. Denn ich kam zu spät, ich hatte meinen Bus verpasst und musste zu Fuß laufen. Zwanzig Minuten durch die Walachei. Viele leer stehende Geschäfte, ein bisschen Industriegebiet, hier und da ein Bestatter. Wie man sich den Osten vorstellt, nur dass wir halt noch in Berlin waren. Der Kulturschock stimmte mich schon mal auf das ein, was mich erwarten würde: große, graue, hässliche Lagerhallen und Berge von ordentlich zu Würfeln zusammengepresstem Müll. Was ich nicht erwartet hatte: einen blauen Himmel und Möwen, die über dem Müll kreisen. Wenn man sich den Gestank wegdenkt, könnte man meinen, man sei am Meer. Zwei Mitarbeiter gaben mir noch den klugen Hinweis, die Anlage nicht ohne Helm und Warnweste zu betreten. Ähm, ja, habe ich natürlich immer dabei.

Am Eingang des Gebäudes, einer typischen Lagerhalle mit grauen Metallwänden und riesigen Toren, dahinter Maschinen und Lärm, stand ich nun und wusste nicht weiter. Meine Führungstruppe hatte nicht auf mich gewartet und war längst in die Welt hinter dem Tor eingetaucht. Ich nahm meinen Mut zusammen und betrat allein die riesige Halle. Sie ist locker so groß wie ein Fußballstadion. Auf dem Bo-

den lagen überall Müllwürfel. An den Seiten waren in einer
Höhe von etwa vier Metern kleine Treppen und Gänge angebracht, mit denen man die Halle überqueren konnte. Unter den Gängen sah ich lauter Förderbänder und Maschinen.
Auf ihnen, unter ihnen, neben ihnen, in ihnen: Müll.

Gleich rechts neben dem Tor entdeckte ich eine Treppe,
die hoch führte und wenig einladend erschien. Aber noch
weniger einladend wäre es gewesen, allein durch die Halle
und vorbei an den Maschinen zu schlendern. Ich ging die
Treppe hoch, und gleich vom obersten Absatz sah ich einen Haufen leuchtender Warnwesten in der Ferne. Diese
hässlichen Dinger bringen doch etwas. Ich schloss mich der
Gruppe von Studis an, die wirklich gar keinen Bock hatten, dort zu sein. Die Kopfhörer im Nacken, kauten sie Kaugummi und waren gelangweilt von sich und der Welt. Die
Führerin gab mir eine Weste und Kopfhörer und machte einfach weiter mit ihrer Tour.

Als Teil einer Gruppe stieg sofort das Klassenfahrtsgefühl
in mir auf, ich fühlte mich wieder wie 16 und wollte rebellieren, aus Prinzip. Ich hatte keine Zeit, groß in meine neue Rolle
zu schlüpfen, denn sobald ich die Kopfhörer aufzog, hörte ich
die Stimme der Führerin, wie sie Dinge erklärte: zum Beispiel,
dass alle Förderbänder in der Anlage insgesamt zwanzig Kilometer lang sind. Oder, dass unsere Videokassetten nicht in die
Wertstofftonne gehören, weil das Band sich verfängt. Ich sah
zum Teil fragende Gesichter bei den Studis, die in ihrem Leben
vermutlich noch nie eine Kassette gesehen hatten.

Wir gingen langsam durch die Anlage, und sie erklärte
uns die einzelnen Abschnitte. Sobald ein Stück Müll durch
den Eingang und auf das Band gelangt, dauert es ganze 15
Minuten, bis es am Ende als Müllwürfel wieder rauskommt.
Die korrekte Trennung ist wichtig, denn dieser Würfel muss

zu 90 Prozent aus dem gleichen Material bestehen, damit er verkauft und recycelt werden kann. Wenn er dieser Anforderung nicht entspricht, kann der Käufer ihn zurücksenden. Aus den weiterverkauften Müllwürfeln kann zum Beispiel ein Granulat erzeugt werden, mit dem wiederum Baumaterialien oder eben recyceltes Plastik produziert werden.

Wir gingen weiter durch die Halle, und ich bekam immer mehr das Gefühl, dass man dort richtig gut einen umweltkritischen James-Bond-Film drehen könnte. Die ganzen Treppen und Stege und Laufbänder wären ein ideales Setting für Action-Szenen. Ständig sieht man ein Laufband voll mit Müll, und dann passiert etwas Aufregendes damit. Zum Beispiel gelangt der Müll in eine Maschine, die so groß ist wie eine Sauna und ein Guckloch hat. In dieser Maschine wird er herumgewirbelt, bis sich bestimmte Müllsorten voneinander trennen. Zentrifugalkraft wirkt. Dann gibt es eine Maschine mit mehreren Magneten, die aus dem Müll entlang des Laufbands Metall herausfischt. Ein Infrarot-Trenner sortiert Getränkekartons, Papier und Pappe.

All dies geschieht am einfachsten, wenn wir als Konsumentinnen auch unseren Müll zu Hause so gut wie möglich trennen. Also, die Alufolie abziehen vom Joghurtbecher. Dann können die Roboter ihren Job machen. Größtenteils sind in der Mülltrennungsanlage nur Maschinen am Werk. Wir sahen keine weiteren Menschen, bis wir einen neuen Teil der Anlage betraten. Ein großer Raum, schätzungsweise 160 m², mit drei Fließbändern auf Hüfthöhe. Diese erinnerten mich ein wenig an die Gepäckbänder am Flughafen. Der Müll wird aus einem großen Etwas an der Wand ausgespuckt und auf einem der Laufbänder in die Mitte des Raumes geleitet. An beiden Seiten des Laufbands stehen Menschen und sortieren manuell den Müll durch. Denn sie sehen, was die

Maschinen nicht sehen können. Hinter ihnen befinden sich
farbige Tonnen, in die der Müll einsortiert wird.

Das überrascht mich. Ich hätte nicht gedacht, dass bei der
Mülltrennung im 21. Jahrhundert noch irgendwas manuell gemacht wird. Also von Menschen, die acht Stunden am Tag da
stehen und unseren Müll durchwühlen. Sie fischen die Ku-
ckucksuhr raus, die alten Fußballschuhe und viele Bonbon-
verpackungen. Dazu ertönt nervtötende Musik, die man von
all den Radiosendern mit Werbesprüchen wie »Hits der Acht-
ziger, Neunziger und das Beste von heute« kennt. Da stand ich
mit der Führungsgruppe, leicht peinlich berührt von der Ge-
samtsituation. Das nächste Lied ertönte durch die Lautspre-
cher: Christina Aguileras »Dirty«. Es wurde Zeit zu gehen. Wir
verließen den Raum durch die nächste Tür, stolperten eine
Treppe runter und waren plötzlich wieder im Freien. An der
inzwischen wohlduftenden Luft. Alles ist relativ.

Ich hatte noch viele individuelle Fragen – die hatten sich
im Laufe der letzten Jahre angesammelt, und wann würde
ich je wieder die Chance haben, eine Profi-Mülltrennerin zu
treffen? Ich wartete geduldig, bis die Studitruppe abgezogen
war, verfolgte die Führerin bis zu ihrem Büro und begann
mit meinen angestauten Fragen: »Kommen oft Menschen
her und fragen nach Führungen, und wenn ja, wer und vor
allem warum?« Ich war immer noch begeistert, dass ein
ganzes Seminar von Studierenden dabei gewesen war. Sie
erzählte mir, dass das Interesse gestiegen sei und sie jedes
Jahr mehr Anfragen bekäme. Angefangen bei Schülerinnen
ab der 7. Klasse, und natürlich Studenten, in diesem Fall waren es Verpackungstechniker – der Feind also. Es kommen
aber auch Interessenten aus der Wirtschaft, Wohnungsbau-
gesellschaften mit Hausmeisterinnen und Hausfrauenverbände.

Ich stellte mir vor, wie ich meinem *OU*-Team verkündete, dass als Hauptattraktion für die nächste Weihnachtsfeier eine Führung in der Mülltrennungsanlage geplant sei. Das klingt nach Spaß. Erstaunlich viele Delegationen aus dem Ausland meldeten sich bei ihr, erzählte sie. Sie wollten sehen, wie wir, die deutschen Recyclingmeister, das so machen.

»Und was hat es mit diesen Hausfrauenverbänden auf sich?« Ich traute mich nicht, nachzufragen, was Hausfrauenverbände überhaupt sind. Ich traute mich hier auch nicht, zu gendern und Hausmännerverbände draus zu machen. Sie erzählte mir, die wollten halt verstehen, wie Dinge funktionieren und was sie in ihrem kleinen Haushalt besser machen können. Das verstehe ich. Genau das will ich ja auch. Manche aber seien etwas übereifrig, erzählte sie mir weiter, die packten ihre Plastikjoghurt- und Quarkbecher in die Spülmaschine, bevor sie sie entsorgten. Das sei aber Wasser- und Zeitverschwendung, denn sie werden in der Anlage eh durchgespült. Meine Faulheit bisher war also ökologisch. Klasse!

Dann hatte ich noch viele Sonderfragen – was war mit Zeitschriften, alten Büchern, Briefumschlägen, Kassenbons? Von meinem Gefühl her gehörten sie in die Wertstofftonne. Sie protestierte – das sei alles Altpapier, und das gehöre auf gar keinen Fall in die gelbe Tonne. Zeitschriften müsse man zwar sehr aufwendig aufbereiten, aber trotzdem: Papiermüll. Genauso bei Büchern. Briefumschläge seien größtenteils aus Papier, daher auch hier: Altpapiertonne. Und Zeitungen auch. Es gebe Aufbereitungsmaschinen, die den Druck, also die Chemie entfernen.

»Und was ist mit Kassenbons, Kontoauszügen und Fahrkarten?«, fragte ich. »Die gehören in den Restmüll«, antwortete sie. Sie werden nämlich auf Thermopapier gedruckt, das könne man zwar auch recyceln, aber dann gelangen eventuell enthaltene Giftstoffe in den Altpapierkreislauf. Deswegen sollte man lieber alle Bons im Restmüll entsorgen, um in einer Müllverbrennungsanlage verbrannt zu werden.

Ich bedankte mich sehr für die Führung und die Beantwortung meiner Fragen, entschuldigte mich für meine Aufdringlichkeit und erklärte ihr, wie ich zu leben versuchte. Sie fand es spannend, gab mir aber noch folgende Info mit: Es ist gesetzlich vorgeschrieben, eine Hausmülltonne zu haben. Sobald man auf sie verzichtet, verhält man sich gesetzeswidrig – auch wenn man Zero Waste lebt und gar keinen Müll produziert.

EXKURS: OBSOLESZENZ

Manche Dinge muss man öfter reparieren als andere – und zufälligerweise geht das Gerät genau dann kaputt, wenn die Garantie abgelaufen ist. Ich setze mir gern den Erklärbär-Aluhut auf und erzähle, wie das sein kann:

Es gibt etwas, das nennt sich »geplante Obsoleszenz«: ein technisch gewolltes Verfallsdatum. Obsoleszenz kommt nicht von obszön, auch wenn es das ist. Es gibt die Geschichte von einer Glühbirne in Kalifornien, dem »Centennial Light«, also »Hundertjährigen Licht«. Sie wurde 1890 hergestellt und in Betrieb genommen – und sie leuchtet bis heute. Glühbirnen können das also. Aber warum halten sie heute nicht mehr so lange? Warum gibt es kaum noch Dinge und Geräte, die gefühlt ewig halten?

1924 kamen die weltgrößten Hersteller von Glühbirnen zusammen und gründeten ein Kartell – das Phoebuskartell. Sie bestimmten, dass eine Glühbirne maximal 1000 Stunden leuchten können darf, und wo sie schon mal dabei waren, teilten sie auch noch den Weltmarkt untereinander auf. Glühbirnen wie das Centennial Light werden daher heute nicht mehr hergestellt.

Hersteller können aufgrund von langen undurchsichtigen Lieferketten ihre Produkte so bauen, dass sie nicht lange halten. Kleine Fehler können eingebaut und Bestandteile von minderer Qualität können bewusst verwendet werden. Der Markt ist gesättigt, und um neue Produkte auf den Markt bringen zu können, müssen alte gehen. Wir brauchen theoretisch nicht alle zwei Jahre einen neuen Laptop. Der alte tut seinen Job auch noch. Wenn er aber anfängt, langsamer zu werden und öfter abzustürzen, und wenn dann auch noch der Akku durchbrennt – dann holen wir uns halt einen neuen, noch ehe wir überhaupt versuchen, ihn reparieren zu lassen. Das wissen die Hersteller. Sie wissen auch, dass die Kundinnen neue Geräte mit besserer Leistung wollen. Am Ende entscheidet also der Kunde, ob er diese Herstellungspolitik unterstützt oder nicht.

Neben der geplanten Obsoleszenz gibt es die modische Obsoleszenz. Diese ist vor allem in der Modeindustrie beheimatet. Kleidung wird so designt, dass sie nur für eine Saison *in* und in der nächsten wieder *out* ist und deshalb im Schrank verschwindet, obwohl sie noch in einem gutem Zustand ist.

Das Umweltbundesamt veröffentlichte 2016 eine Untersuchung, bei der festgestellt wurde, dass die Obsoleszenz unterschiedlichste Ursachen haben kann: »Dabei wirken werkstoffliche, funktionale, psychologische und ökonomische Obsoleszenzformen zusammen und erzeugen ein hochkomplexes Muster.« Aber vor allem wurde festgestellt, dass die Nutzungsdauer von Geräten früher länger war als heute. Geräte haben also eine immer kürzere Lebensdauer. Ein

Laptop hätte früher also hypothetisch noch fünf Jahre lang gehalten, eine neuere Version ist dagegen vielleicht schon nach drei Jahren unbrauchbar, so die Studie.

Offiziell gibt es diese geplante Obsoleszenz nicht – sie wäre verboten. Aber offiziell sind noch ganz andere Dinge verboten, die trotzdem existieren und stattfinden. Graskonsum. Wisst ihr, wo man in Berlin Gras kaufen kann? Ich auch nicht.

PLASTIKMÜLL – EIN GUTER GRUND FÜR ZERO WASTE

Immer wenn ich von *Original Unverpackt* erzählt habe, dem Supermarkt ohne Einwegverpackungen, hat jeder nach einem Satz begriffen, worum es geht. In vier Jahren hat nicht einmal jemand gefragt: »Warum machst du das eigentlich?« Aber auch dumme Fragen verdienen Antworten. Deswegen dieses Kapitel.

Vor der Produktion von Plastik

Ich bin keine Chemikerin, keine Naturwissenschaftlerin, keine Erdölraffineriebetreiberin. Ich habe von wenigen Dingen weniger Ahnung als davon, wie Erdöl gewonnen wird und wie daraus am Ende des Tages Plastik entsteht. Ich weiß aber, dass Erdölraffinerien die Natur und Lebensräume um sie herum zerstören, ich weiß, dass Erdöl endlich ist und in den nächsten Jahrzehnten aufgebraucht sein wird. Und ich weiß, dass es Alternativen gibt.

Plastik ist das gängige Wort für Kunststoff. Kunststoffe sind chemische Verbindungen und stellen vor allem für die Umwelt ein Problem dar. Der Part, der der Gesundheit schadet, sind die zugesetzten Weichmacher. Phthalate werden am häufigsten als Weichmacher eingesetzt. Sie werden dem Kunststoff zugegeben, damit er elastisch und weich wird. An sich sind die meisten Kunststoffe nämlich hart und spröde. Kunststoffen wie PVC, PS, PC und TPU werden fast immer Phthalate zugesetzt. PE und PP dagegen nicht.

Es gibt unterschiedliche Phthalate mit unterschiedlich gefährlichen Auswirkungen auf den menschlichen Körper. Die EU stuft die Phthalate mit den Abkürzungen DEHP, DBP und BBP als fortpflanzungsgefährdend ein und hat daher Grenzwerte für diese Zusätze festgesetzt. In einigen Produkten wurde der Zusatz gänzlich verboten. Bisher alles schön und gut. Die EU hat alles auf dem Schirm und versucht, uns Bürgerinnen und Konsumentinnen zu schützen. Das Problem ist nur: Oft wird nicht nur ein Phthalat eingesetzt, sondern gleich mehrere. Die EU kann nicht einschätzen, welche Folgen es hat, wenn zum Beispiel beide Stoffe im menschlichen Körper interagieren. Hinzu kommt, dass die Wirkung der Phthalate sich summieren könnte. Die EU sollte dabei klare Grenzwerte nicht nur für einen Stoff, sondern für die ganze Gruppe als solche festlegen.

Aber was genau machen diese Phthalate in unserem Körper, und wie gelangen sie da rein? In Produkten für Babys, Spielzeug für Kinder und einigen Kosmetika sind sie bereits vollständig verboten. Oft sind sie aber in weichen Plastikfiguren, Erotikartikeln und eben auch Lebensmittelverpackungen enthalten. Allen voran in den Dichtungsringen von Einmachgläsern. Das Problem hierbei ist, dass Phthalate nicht fest an den Kunststoff gebunden sind und einfach in die Luft entweichen können. Das kann beispielsweise bei PVC-Böden passieren. Besonders leicht wird es den Phthalaten durch Flüssigkeiten und Fette gemacht. Sie lösen die Phthalate heraus und erleichtern die Aufnahme in den menschlichen Körper.

Diese Gefahr ist auch dem Bundesinstitut für Risikobewertung bekannt. Es empfiehlt, Beschichtungen, Folien und Tuben mit Phthalaten von fetthaltigen Lebensmitteln fernzuhalten. Trotz allem ist die Gefahr für Erwachsene gering. Schwieriger wird es hier bei Babys und Kleinkindern. Die Kleinen nehmen die Weichmacher nicht nur über Essen auf, wie ihre Eltern, sondern über Dinge, die sie sich in den Mund stecken – und über den Hausstaub. Die Folgen können sein: gestörte Geschlechtsentwicklung, Zeugungsunfähigkeit, schädigende Wirkung auf Leber, Niere und Brustdrüsen.

Eine weitere bekannte Chemikalie, die sich in Kunststoffen befinden kann, ist Bisphenol A, kurz BPA. Bei der Aufnahme dieser Chemikalie ins Blut kann die Fruchtbarkeit beeinflusst werden und sich die Anfälligkeit für Krebs erhöhen. BPA ist aber nicht nur in Plastikverpackungen, sondern auch auf Konservendosen und Thermopapier wie Quittungen enthalten. Da BPA von immer mehr Verbrauchern boykottiert wird, setzen Hersteller zurzeit oft Bisphenol S als Ersatz ein. Für dieses Bisphenol gibt es bisher keine Daten, die bestätigen könnten, dass es tatsächlich weniger gefährlich oder gar gefahrlos ist. Als eines von wenigen Ländern hat Frankreich BPA in Lebensmittelverpackungen im Jahr 2015 verboten. Die Frage ist, wann dieses Verbot auf Deutschland oder gar die ganze EU ausgeweitet wird.

Das war jetzt kompliziert, oder?
Kurze Zusammenfassung:

- ▸ Plastik ist Kunststoff.
- ▸ Phthalate sind eine häufig eingesetzte Gruppe von Weichmachern.
- ▸ Phthalate machen Kunststoff weich.
- ▸ DEHP, DBP und BBP sind gefährliche Phthalate.
- ▸ BPA ist Grundbestandteil von Kunststoff. BPS ist eine Alternative für BPA.
- ▸ BPA ist ein gefährlicher Kunststoffbestandteil. Niemand weiß, wie gefährlich BPS ist.

Bioplastik

»Bioplastik« klingt gut und ökologisch. Das ist es nur teilweise. Man spricht von Bioplastik, wenn es zu hundert Prozent aus pflanzlichen Stoffen wie Mais oder Kartoffelstärke produziert wurde. Das Problem dahinter: Die Pflanzen werden genetisch verändert, es werden riesige Plantagen mit Monokulturen bepflanzt. Das ist nicht nur schlecht für den Boden, sondern besetzt Felder, die für Lebensmittelproduktion verwendet werden könnten. Auf dem Etikett von Bioplastiktüten steht, sie seien kompostierbar – aber das stimmt leider nur unter bestimmten Bedingungen, die in deutschen Biogasanlagen nicht zutreffen.

Mikroplastik

Als ob Plastik an sich nicht schon schlimm genug wäre, hat uns die Menschheit auch noch das sogenannte Mikroplastik beschert. Kunststoffe werden dann als Mikroplastik bezeichnet, wenn sie aus Teilchen bestehen, die im Durchmesser kleiner als 5 mm sind, bis in den Nanometerbereich – also

oft so winzig klein, dass man sie mit bloßem Auge nicht sehen kann. Mikroplastik findet sich unter anderem in Kosmetik wie Zahnpasta, Duschgel oder Peelings als Schleifmittel,
Bindemittel oder Füllstoff. Aber auch Kleidung, gerade aus
recycelten Materialien oder Polyester, ist betroffen. Besonders übel sind Fleeceprodukte.

Beim Waschen in der Waschmaschine werden die Mikro-
plastikteilchen durch das Schleudern herausgelöst und gelangen über den Umweg der Kläranlage ungefiltert in Flüsse
und Meere. Im Wasser angekommen, wirken die Teilchen
wie Schwämme, ziehen Öl, Pestizide und Chemikalien an
und werden von Fischen gegessen. Wir essen die Fische,
und da haben wir den Salat. Auch Seehunde, Muscheln und
andere kleine Organismen nehmen Mikroplastik mit ihrer
Nahrung auf, wodurch ihre Lebenserwartung drastisch verkürzt wird.

Was tut sich? Beispiel: Plastiktütenverbot

Jährlich werden rund 240 Millionen Tonnen Plastik produziert. Das Umweltprogramm der Vereinten Nationen schätzt,
dass 6,4 Millionen davon im Meer landen. Rund die 16-fa-
che Menge davon schwimmt bereits im Meer und ist auch
bekannt als »Great Pacific Garbage Patch«. Der Großteil des
Mülls wird vom Land ins Meer geweht. Dazu gehören auch
Plastiktüten. Immer mehr Länder, die sich sonst wenig um
Umweltschutz kümmern, nehmen dieses Problem inzwischen wahr und verbieten die Verwendung von Einwegplastiktüten komplett. Dazu gehören Südafrika, Uganda, Soma-
lia, Ruanda, Bangladesch, Indiens Hauptstadt Neu-Delhi
sowie der US-Bundesstaat Hawaii.

Dass es auch ohne Plastiktüten geht, habe ich in Marokko gesehen. Im Frühjahr 2016 war ich noch durchs Land gereist und musste auf den Märkten mit meinem gebrochenen Französisch (das sich vorher nur auf »Voulez-vous coucher avec moi?« beschränkte) darum kämpfen, dass Obst und Gemüse in meine Jutebeutel gepackt werden. Beim Zuckerrohrsaftstand füllte der Verkäufer den Saft zunächst in einen Plastikbecher und erst dann in meinen mitgebrachten Becher. Die Idee von »Bring Your Own Container« war den Marokkanerinnen fremd. Marokkaner waren die Vizeweltmeister im Plastiktütenverbrauch mit 900 Stück pro Kopf pro Jahr. Das mach denen mal einer nach.

Fast forward. Frühjahr 2017. In dem kleinen Surferdorf, in dem ich wieder eingekehrt bin, um Berlin zu entfliehen, hatte sich irgendwas verändert. Erst am zweiten Tag kam ich darauf: Ich sah keine Plastiktüten. Kein Rascheln, keine zwei Tüten übereinander und allem voran viel weniger Müll am Straßenrand und in den Arganbäumen. Einige leere Plastikflaschen lagen am Straßenrand, aber es war ein Riesenunterschied zum Jahr davor. Mein Gott, es ist doch möglich. Der Saft wurde jetzt widerstandslos in meinen eigenen Becher gefüllt, und am Marktstand wurden die Datteln in Papiertüten gepackt, und für alles andere hatten die Leute nun auch eigene Tüten mitgebracht. Für die Vergesslichen wurden alte Reissäcke und Beutel verkauft. Mein Leben lang hatte ich mich auf diesen Moment vorbereitet, und so hatte ich genug Gemüsenetze und Jutebeutel dabei, um für eine marokkanische Großfamilie einzukaufen. Gewürze, Nüsse, trockene Früchte, Obst und Gemüse, alles gab es dort. Es war ein Paradies. Plastikfrei verließ ich den Markt mit der Gewissheit, dass die Dinge sich zum Guten verändern können. Doch wie war es dazu gekommen?

Die Marokkanische Regierung hatte im Sommer 2016 ein Plastiktütenverbot erlassen und Verstöße mit saftigen Strafen belegt. 5000 Marokkanische Dirham (MAD) für den Verkauf von Plastiktüten, das sind umgerechnet 500 Euro – für einen kleinen Marktstand ist das ziemlich viel. Die industrielle Fertigung von Plastiktüten wird mit einer Strafe von 50 000 MAD geahndet, und auch Importe wurden verboten. Das allein reicht natürlich nicht, um das Land in ein Zero-Waste-Wunderland zu verwandeln. Dazu bräuchte es noch eine Menge Geld für Aufklärungsarbeit. Marokko ist kein reiches Land, die Leute haben dort andere Sorgen als Weichmacher im Essen und Plastik in den Meeren. Aber es entgeht ihnen nicht, sie sehen die direkten Auswirkungen – die leidenden Tiere und den Müll an ihren Stränden, im Meer und am Straßenrand. Marokko gilt als eines der grünsten afrikanischen Länder und bemüht sich darum, den Kohlenstoffdioxidausstoß zu reduzieren und den Ausbau von Solarenergie voranzutreiben. Man ist also auf dem richtigen Weg. Aber: Einwegplastiktüten gibt es in Marokko ohnehin erst seit 15 Jahren. Vorher war Zero Waste dort quasi fast schon einmal der Standard, bevor es cool wurde. Na ja, nicht ganz. Aber was nicht ist, kann ja noch werden, und Marokko überholt die Deutschen als Recyclingweltmeister.

Die Zukunft des Plastikmülls

2050 wird es mehr Plastik im Meer geben als Fische. 2050 werde ich 60 Jahre alt sein. Meine Kinder werden das Meer ohne Müll und Vogelbäuche ohne Plastik nicht mehr kennen. Ich hoffe natürlich, dass überhaupt kein Kind aufgeschnittene Vogelbäuche kennt. Aber sie machen einen wesentlichen Teil von Umweltdokumentationen aus. Genauer der Moment, in dem eine Wissenschaftlerin einen bereits toten Vogel findet – zerfleddert, von der Sonne getrocknet, am Meeresrand liegend –, sich niederkniet, den Cutter aus der Tasche holt und mit ihm am Bauch des Vogels entlangfährt. Der Cutter gleitet durch die verklebten Federn und die Haut und ermöglicht den Blick in den Magen des Vogels. Und sofort kann man sich denken, was die Todesursache war: Plastik. Plastikdeckel, kleine Einzelteile. Alles in allem eklig auf gleich zwei Ebenen: Eklig, weil es wirklich kein appetitlicher Anblick ist, und eklig, weil ein Tier sterben musste, und zwar wegen von uns Menschen erzeugtem Plastik. Die einzige Möglichkeit, dem Schrecken ein Ende zu setzen, ist, auf den Müll im Alltag von vornherein zu verzichten.

ZERO WASTE ALLEIN, ZU ZWEIT ODER ZU DRITT?

Bevor mit dem Zero-Waste-Lifestyle losgelegt wird, muss noch eine Sache geklärt werden: Mit wem lebt man, und wer macht mit? Wie man Zero Waste umsetzen kann, hängt stark davon ab, wie sich die eigene Wohnsituation gestaltet. Ob allein, WG, Partnerschaft oder Familie – für jedes Umfeld gibt es eine Lösung und ein paar grundlegende Tipps für den Anfang.

Wohnt man allein, gilt wie sonst auch: einfach machen! Das ist wohl das Einfachste. Für alle anderen Wohnsituationen gilt: Alle Beteiligten müssen ins Boot geholt werden. Man kann natürlich erst mal anfangen, es für sich allein zu probieren – aber irgendwann kommt immer der Moment, in dem man frustriert den Müllberg der anderen Mitbewohner

und Mitbewohnerinnen sieht und sich fragt, warum man
selbst den ganzen Aufwand betreibt.

Ich habe alle drei Konstellationen schon mal durch. Ich habe allein gewohnt, bin dann mit meinem Exfreund zusammengezogen, was weniger erfolgreich war, und habe schließlich mit einer entfernten Bekannten eine Zweier-WG gegründet. Die Bekannte ist heute eine enge Freundin, und ihre Kapsel-Kaffeemaschine erlebt einen langsamen und staubigen Tod in der Abstellkammer. Wir haben unseren gemeinsamen Weg gefunden.

Meine Mitbewohnerin und ich lernten uns vor einigen Jahren bei einem Event kennen und verloren uns dann aus den Augen – aber nicht aus Facebook. Sie verfolgte mit, was ich so trieb, und wusste, auf was sie sich einließ, als sie mit mir zusammenzog. Als ich also nach einem entspannten Sonntagsfrühstück mit ihr über unseren Müll sprechen wollte, war das keine große Überraschung. Beim Thema Mülltrennung hatte ich ihr schon öfter gesagt, was wo hingehört. Immer freundlich und mit einem Witz, bloß nicht arrogant oder besserwisserisch. Ich weiß es zwar besser, aber der Ton macht die Musik, und ein hingerotztes »Du machst das falsch, du bist ein schlechter Mensch« hat noch niemanden zu einer Verhaltensänderung bewogen. Stichwort gewaltfreie Kommunikation.

Ich erklärte ihr, warum ich versuche, müllfrei zu leben, dass ich es nicht perfekt hinkriege und dass es mich sehr motivieren würde, wenn wir das gemeinsam angehen würden. Wir fanden einen Kompromiss, und der funktioniert – mal besser, mal schlechter. Anders lief das mit meinem Exfreund. Deswegen vielleicht auch Exfreund.

Aus meinen Erfahrungen aus diesen beiden Wohnsituationen kann ich für euch folgende Vorgehensweise ableiten:

Zunächst müssen alle Beteiligten an einen Tisch gebracht werden, die Mitbewohner, die Partnerin, die Kinder – vielleicht mit Vorankündigung, vielleicht spontan nach einem Feierabendbier oder -kakao. Aber ohne große Ablenkungen. Thema des Gesprächs: der gemeinsame Müll und die Frage: »Wie wollen wir wohnen und einkaufen?«.

Als Einleitung würde ich von der persönlichen Motivation erzählen, vielleicht in Form einer Geschichte, wie man damals beim Surfurlaub auf Bali all den Müll am Meer gesehen hat und sich dachte, das muss doch anders gehen. Anschließend sollte man erklären, dass auch jedes noch so winzige eingesparte Plastikteilchen einen Effekt hat. Wenn man bereits müllfrei lebt oder schon einen genauen Plan hat, sollte man die eigene Strategie erklären. Die Vorteile dieses Lebensstils sind für die anderen natürlich besonders interessant, also sollte man ihn schmackhaft machen, indem man davon erzählt, wie man so gesünder und sparsamer leben kann und dass es auch noch Spaß macht. Gerade für Kinder kann man das müllfreie Leben gut als Spiel oder Wettbewerb deklarieren: Wer den wenigsten Müll macht oder die meisten plastikfreien Alternativen findet, gewinnt. Es motiviert mehr und bereitet Freude, wenn alle mitmachen oder einem zumindest entgegenkommen. Deshalb ist es wichtig, die Hürde niedrig und die Komplexität gering zu halten.

Mögliche Reaktionen auf eure Ansprache könnten folgende sein:

1. »*Voll toll, ich bin dabei, wann stellen wir unsere eigene Zahnpasta her, und wollen wir nicht gleich unsere Zahnbürste teilen?*«
   Toll! Du hast alles richtig gemacht und musst deinem Mitbewohner oder deiner Partnerin nur noch grund-

legende Hygieneregeln beibringen, dann kann's gleich losgehen mit dem gemeinsamen Einkauf und der Um-stellung.

2. *»Klingt gut, aber der nächste Unverpackt-Laden ist zu weit weg, bei meiner Siebzig-Stunden-Woche bleibt mir auch so keine Zeit zum Einkaufen, ich lebe lieber weiter-hin von Falafel und Pizza.«*

Gut, das ist doch ein Anfang. In diesem Fall würde ich schauen, welche Produkte man sich bereits teilt – etwa Toilettenpapier, Reinigungsmittel, Salz und Öl. Biete doch an, dass du diese ab sofort für die WG einkaufst, wenn man sich weiterhin die Kosten teilt. Dadurch spart ihr bereits etwas Müll, und die Mitbewohnerinnen se-hen, was es alles gibt und wie wenig Aufwand das ist. Vielleicht kann man sich langfristig sogar noch mehr Produkte teilen, und vielleicht kommen sie irgendwann auch mal zum Einkaufen mit.

3. *»Haha, ich brauche meine dreifach verpackten Tomaten. Ich steh auf Plastik. Klimawandel und -erwärmung sind toll!«*

Führe getrennte Mülleimer ein! Deiner wird fast immer komplett leer sein, und du wirst sehen, wie wenig Müll du machst. Das ist der größte Motivator. Als ich al-leine wohnte, habe ich alle paar Wochen mal eine win-zige Menge Wertstoffmüll runterbringen müssen. Mehr nicht. Das war ein unglaublich befriedigendes Gefühl.

Wenn man in einer Familie lebt und seinen Partner über-zeugt hat, stelle ich es mir sogar noch einfacher vor, einen Zero-Waste-Haushalt zu führen. Ich habe noch keine Kinder, möchte aber irgendwann welche haben. Dann kann ich ih-nen beibringen, was wie funktioniert, und sie wachsen damit auf, dass wir plastik- und müllfrei leben – und dass das ganz selbstverständlich ist. Je kleiner die Kinder, umso eher kann man sie an die Umstellung gewöhnen. Ab dem Grundschulalter und gerade bei Jugendlichen wird es schwieriger, aber nicht unmöglich. Auch hier gilt: alle an einen Tisch holen und gemeinsam durchsprechen, warum man diesen Lebensstil gerne ausprobieren möchte und wer sich wie beteiligt. Das ist am fairsten und sichert ab, dass keiner das Gefühl hat, es werde mit Zwang durchgesetzt. Denn sobald ein Zwang im Spiel ist, wird rebelliert. In diesem Fall mit noch mehr Müll, und das will ja keiner. In dem Kapitel **Baby und Kind** widme ich mich genau diesem Aspekt im Detail.

Ein großes Thema sind auch Fertiggerichte und Lieferdienste. Als ich bei meinem Ex einzog, hatte er eine perfekt ausgestattete Küche mit Herdplatte, Kühlschrank und sogar einer Geschirrspülmaschine. Schon ein kleiner Luxus für eine einzelne Person. Der Kühlschrankinhalt war übersichtlich: zwei Flaschen Bier. Mehr nicht. Nicht mal Ketchup oder andere Soßen, die sonst immer übrig bleiben. Mit meinem Einzug wurde auch die Geschirrspülmaschine endlich in Betrieb genommen. Denn vorher gab es ein halbes Jahr nicht mal Geschirr, das man hätte spülen können.

Auf sein überzeugtes »Lass uns einfach schnell Sushi von gegenüber holen« ging ich widerstandslos ein. Aber statt anzurufen und zu bestellen, ging ich rüber und nahm einen großen Teller mit. Mit Sushi beladen kam ich zurück. Wenn das Essen ganz ohne Verpackung auf einem Teller dargeboten wird, ist es fast so, als hätte man selbst gekocht. Aber nur fast. Manchmal zog ich auch mit meinen Tiffin-Edelstahlboxen los und ließ mir das Essen darin einpacken. Alles im Namen der Vermeidung von Einwegverpackungen und des Beziehungsfriedens. Der Ex schaute sich das ohne mein Zutun ab und nahm öfter mal eine Tasse mit, wenn er sich einen Kaffee beim Bäcker holte. Nicht predigen, sondern einfach vorleben erwies sich hier als beste Devise.

Als Paar teilten wir uns viele Kosten, ich kaufte öfter für uns ein und sorgte so dafür, dass weniger Müll ins Haus kam. Die klassische Rollenverteilung machte in dem Moment sogar für mich als Feministin Sinn. Trotzdem wuchs der Müllberg und begrub die Beziehung unter sich. Das ist aber eine andere Geschichte.

Meine nächste und noch aktuelle Wohnsituation gestaltete sich schwierig. Die Mitbewohnerin kochte selbst und überließ mir nicht mehr den kompletten Einkauf – das wollte ich ja auch gar nicht. Nach einem Gespräch einigten wir uns aber darauf, welche Einkäufe ich übernehmen durfte, und wann ich doch mal was Unverpacktes für sie mitbringen sollte.

Die Lösung ist mittlerweile folgende: Wir haben ein gemeinsames digitales Notizbuch mit der *Evernote*-App angelegt. Für jeden Monat fügen wir eine neue Notiz hinzu, und auf diesen Notizen führen wir unser Haushaltsbuch. Alle gemeinsamen Ausgaben, also auch die müllfrei gekauften Produkte, werden eingetragen und am Ende des Monats verrechnet. Auf Quittungen und Belege verzichten wir, dafür vertrauen wir uns zu sehr. Sollte man sie aber einfügen wollen, bietet *Evernote* auch dafür ein Tool, mit dem man Fotos von Quittungen an der richtigen Stelle abspeichern kann. Das ist die Zukunft. Ein digitales Haushaltsbuch für einen gemeinsamen, müllarmen Haushalt.

Und was ist mit unerwünschten Gastgeschenken?

Das ist schwierig und hat mich des Öfteren in unangenehme Situationen gebracht. Am besten war aber der Exfreund, der mir unter anderem einen Schuhkarton voll mit den unterschiedlichsten verpackten Produkten aus dem normalen Supermarkt mitbrachte. Als ob das mein geheimer Traum wäre. War es nicht. Ich bedankte mich höflich und verschenkte viele der Produkte weiter, einige aß ich auch einfach auf, aber ich ärgerte mich trotzdem.

Bei Gästen würde ich ähnlich vorgehen. Bei der Einladung höflich den eigenen Lebensstil erwähnen und bitten, Verpacktes zu vermeiden, und wenn das nicht möglich ist oder einfach vergessen wurde, sollte man sich einfach bedanken und das Geschenk erst mal annehmen. Im Laufe des Abends kann man ja den Schenker, sollte er noch öfter kommen, freundlich darauf hinweisen, dass man versucht, ohne Müll zu leben, und sich daher freut, wenn das in Zukunft bedacht wird. Aber ein Geschenk von Bekannten gar nicht erst anzunehmen, das wäre sogar mir zu unhöflich.

Das Wichtigste ist, dass man einfach loslegt. Das hat auch Lauren Singer getan. Sie hat sich fast genau das gleiche Ziel gesetzt wie ich: müllfrei und möglichst nachhaltig leben – und dabei verdammt gut aussehen.

THE ZERO WASTE WAY OF GETTING WASTED

Lauren kam gerade noch rechtzeitig in das überfüllte Büro. Es war gut, dass sie zu spät gekommen war, sonst wäre sie die Treppe gar nicht hochgekommen. Da standen sie nämlich alle, überpünktlich, vom Erdgeschoss bis zum dritten Stock: junge Frauen und ein paar vereinzelte junge Männer.

Lauren Singer ist das Mädchen von nebenan aus den *Vice*-Artikeln, das seit Jahren ohne Müll lebt und auf dem Blog »Trash is for Tossers« darüber schreibt. Das bisschen, was sich doch noch anhäuft, sammelt sie in dem kleinen Bügelglas, das sie immerzu mit sich führt. Lauren tourte gerade durch Europa, hielt hier und da einen Vortrag und traf Freunde. Sie schrieb mir, dass sie in die Stadt käme, und ob wir nicht ein Event machen wollten. Und ob. Ich hatte da auch schon eine ganz konkrete Idee.

Sie kam also vom dunklen Flur ins Büro. Ich hatte meine Brille nicht auf, sah aber sofort, dass es Lauren war – keine sonst hat so schöne Locken, die auf und ab wippen, und diesen schwungvollen Gang. Auch mit fast -3 Dioptrien erkenne ich sie immer wieder. Wir gingen aufeinander zu – ich wollte sie leicht umarmen, aber sie packte mich, drückte mich an sich und war Herzlichkeit pur. Sie war gestresst, zu spät, aber strahlte, als ob das alles egal wäre. Und es war alles egal.

Ich führte sie in die Küche, wo sie kurz ankommen konnte, während ich alles zu Ende vorbereitete. Beamer lief, Musik lief, genug Sitzplätze, immer noch ein Wunder, alles lief. Bis zu dem Moment, in dem ich ihren Laptop sah. Einen Mac. Natürlich. Genau wie meiner. Und natürlich hatte ich keinen Adapter für den Beamer dabei. Wozu auch? Wer denkt schon bei einer Präsentation daran. Sie hatte ja auch nur zweimal erwähnt, dass sie einen Beamer braucht. Ich durchsuchte panisch das Büro und versuchte, einen alten Windows-Laptop anzuschließen. Aber der lief nicht. Nichts lief. Und dann, letzte Hoffnung, ich fragte die Gäste – und siehe da: Einer hatte den passenden Adapter. F**k dich, Apple! Wie viele Nerven mich die Adaptersuche in diesem Leben schon gekostet hat! Das glaubt mir kein Mensch. Ihr könnt vorrechnen, wie viel Lebenszeit ich spare, weil der Mac schnell hochfährt, aber wie viele Minuten Todesangst ich durchleben musste, weil in den wichtigen Momenten ein Adapter fehlte? Darauf gebt ihr 'n Dreck, Apple.

Es ging los. Lauren war genauso mitreißend wie erhofft. Sie erzählte, wie sie zu Zero Waste gekommen war, wie ihr Studium sie dazu inspirierte und wie sie so in New York lebt. Die Fragestunde dauerte doppelt so lang wie der Vortrag. »Lauren, Make-up ist am schwierigsten zu finden. Was benutzt du für deine Augenbrauen?« Sie überlegte kurz und antwortete charmant: »Das ist wohl genetisch bedingt.« Klingt arrogant, ist es aber nicht. Sie hat ihr Augenbrauen-Game nicht perfektioniert, sondern hat erst gar nicht angefangen, mitzuspielen.

Sie ging reizend auf die banalsten Fragen ein und blieb noch für Fotos, noch mehr persönliche Fragen und vor allem Selfies. Stars und Sternchen müssen sich an die guten Zeiten vor Fotohandys zurückerinnern, in denen man nach einem Autogramm weiter durfte. Heute muss man sich nah an die Fans kuscheln und lächeln. Ich mag Kuscheln. Ich mag Selfies. Aber das bin halt auch ich.

Als nächster Programmpunkt standen Cocktails zum Selbermischen ohne Müll an. Es hätte schlimmer kommen können. In der Küche hatte mein Team alles klein geschnippelt und kleine Rezeptkarten vorbereitet. Wodka und Gin standen in Edelstahlbehältern zum Abfüllen bereit. Verschiedene Säfte zum Mixen in Mehrwegflaschen. Eiswürfel in Mehrweggummibehältern. Frische Minze, die in kleinen Kübeln wächst, war bereit, gepflückt zu werden und ihren Lebensabend in einem Mojito zu verbringen. Ich war bereit, meinen Lebensabend mit diesem Mojito zu verbringen. Dann Schnitt.

Irgendwie haben wir es geschafft, das Büro zu verlassen. Das Team, einige Freunde und ich waren in die Bar gegenüber gestolpert. Lauren war mit ihrer Freundin weitergezogen. Wir verabredeten uns zum Frühstück für den nächsten Tag. In diesem Zustand sollte man keine Versprechen geben, vor allem keine, die frühe Uhrzeiten betreffen. Anfängerinnenfehler. Am nächsten Tag kam sie tatsächlich rum – anderthalb Stunden zu spät, aber wer bin ich, mich zu beschweren, dass ich ausschlafen durfte. Lauren erzählte von ihren Plänen, ihren Ideen. Davon, was alles möglich ist. Neben ihrem Blog und ihrem Leben als Vorzeigefrau der Bewegung hat sie auch eine eigene Firma gegründet: *The Simply Co.* – das Produkt ist ein einfaches Waschpulver in coolem Design, das die Gewässer weniger belastet und dessen Inhalte man als Normalsterblicher auch versteht. So einfach wie genial.

Wir haben viel gemeinsam: Wir haben beide unsere Firmen mit Crowdfunding gelauncht, wir leben das, was wir verkörpern, und vor allem glauben wir, dass Nachhaltigkeit sexy sein kann. Und das muss sie sein, wenn wir was bewegen und möglichst viele Menschen erreichen wollen. Zero Waste ist im Mainstream angekommen, um zu bleiben.

LEBENSMITTEL

Wer nach dem Zero-Waste-Gedanken leben will, beginnt oft mit dem, was den meisten Verpackungsmüll verursacht: unseren Lebensmitteln. Diese unverpackt einzukaufen ist der erste und nächstliegende Schritt, aber es gibt noch einige andere Aspekte, die man beim Thema Lebensmittel mit bedenken sollte. Schließlich geht es nicht nur darum, am Ende des Tages den Müll nicht runterbringen zu müssen, sondern vor allem darum, nach bestem Gewissen ökologisch zu leben.

IST BIO WIRKLICH BESSER?

Bio ist teurer als Konventionelles. Bio wirkt elitärer als Konventionelles. Bio ist nicht nährstoffreicher als Konventionelles. Aber:

▸ Bio-Bauern und -Bäuerinnen verzichten auf Pestizide, die dann auch nicht in unseren Körper gelangen. Die Wirkung der unterschiedlichen Pestizide auf den menschlichen Körper ist nicht erforscht. Pestizide sind unter anderem für das Bienensterben mitverantwortlich. Untersuchungen verschiedener Universitäten legen nahe, dass Pestizide krebserregend sein können sowie möglicher Auslöser für Parkinson. Sie können sich außerdem auf das Hormon- und Immunsystem auswirken.

▸ Bio-Lebensmittel sind um ein Vielfaches weniger mit antibiotikaresistenten Bakterien besiedelt, weil den Tieren auch viel weniger Antibiotika verabreicht werden.

▸ Bio-Landbau schont den Boden und die Gewässer: Durch Vermeidung von Anbau der immer gleichen Sorten, sogenannten Monokulturen, wird Pflanzenkrankheiten, Schädlingen und Unkräutern vorgebeugt.

Um gegen diese anzugehen, bräuchte es den Einsatz von Pestiziden.

▸ Bio-Landbau verzichtet auch auf chemische Dünger, die dann auch nicht das Grundwasser verunreinigen.

SAISONALITÄT UND REGIONALITÄT

Die beiden Wörter reimen sich nicht nur, sondern hängen auch stark miteinander zusammen. Für denjenigen, der saisonal und damit oft auch regional kauft, müssen die Produkte nicht durch die Weltgeschichte geflogen werden. Im Herbst ist zum Beispiel Kürbissaison, da hat man die Auswahl, je nachdem, was die eigenen Kochkünste zulassen. Im Winter ist Kohlsaison. Die Supermärkte sind voll von Kohlsorten, und ich habe das Gefühl, jeden Winter kommt eine neue dazu. Im Frühling ist der Spargel dran, und kaum etwas ist bekannter und leckerer als deutscher Spargel mit Sauce hollandaise. Aber halt nur frisch im Frühling. Und im Sommer haben wir Beeren. Frische Beeren, zu unmöglichen Preisen, aber das ist nun mal so bei Beeren. Diese Produkte kriegt man dann zum jeweiligen Zeitpunkt regional.

Warum noch mal Regionalität? Danke für die Frage. Regional heißt kürzere Lieferkette, heißt weniger CO_2-Ausstoß durch weniger Verkehrsaufkommen. Außerdem stehen regionale Produkte für die Unterstützung der lokalen Wirtschaft und die Sicherung von Arbeitsplätzen, eine umweltschonende Produktion und hygienischere und sicherere Lebensmittel.

Was aber ist wirklich regional? Discounter werben mit regionalen Produkten, dann wird aber Gemüse aus Bayern in Berlin verkauft. Für die heißt regional also innerhalb der Landesgrenzen. Dabei könnten die Gurken aus Polen eine kürzere Lieferkette haben. Bio-Händler sind da etwas strenger. Bei ihnen gilt eine Grenze, die bei einem Radius von 30 km liegt. Aber »regional« ist kein Siegel, es hat keine feste Definition – daher lieber genau auf dem Etikett nachschauen, wo das jetzt herkommt.

Bananen, Mangos und Ananas gibt es immer noch nicht aus Brandenburg. Sie sind lecker und gesund, allerdings haben Produkte aus Übersee einen elfmal so hohen CO_2-Fußabdruck wie regionale Produkte – wenn sie mit dem Flugzeug ankommen, ist er sogar 90-mal höher.

TIERE ESSEN

»Tiere essen« ist der Titel eines meiner Lieblingsbücher. Jonathan Safran Foer, ein Ami, der sonst Romane schreibt, widmet sich dem Thema Fleischkonsum. Er recherchiert und erzählt Anekdoten so, dass man mitfühlen kann. Auf dem Buchdeckel steht, ihm schmecke Wurst auch, er esse sie aber trotzdem nicht.

Ich war ein halbes Jahr Veganerin, dann hörte ich aus praktischen Gründen auf und war wieder Flexitarierin – also Fleischesserin, die stolz war, wenn sie mal was Vegetarisches im Restaurant bestellte. Und dann las ich »Tiere essen«. Da geht's gar nicht um dramatische Vorwürfe zum Konsum von Fleisch – der Autor stellt moralische Fragen und erzählt Geschichten. Von einem Moment auf den anderen hörte ich auf, Fleisch zu essen – ganz ohne Mühe. Es war so, als hätte sich ein Schalter umgelegt.

Einer der wichtigsten Aspekte im Buch war für mich die

CO_2-Bilanz. Ich wusste, dass Fleisch nicht gerade klima-
neutral ist, aber nicht, dass ein Kilo Steak so schlimm sein
kann wie 1600 Kilometer Autofahren. Das entspricht der
Strecke von Berlin nach Graz, Südösterreich, einmal hin und
zurück.

Ein Satz noch zum Ökokiller Sojabohne: Ja, Sojabohnen werden teils in Südamerika in unglaublichen Mengen
gepflanzt und geerntet und nach Deutschland importiert –
aber nicht, um Tofu daraus zu machen, sondern Futter für
Nutztiere, die gegessen werden sollen. Tofu aus Deutschland
wird meist aus Sojabohnen aus Deutschland, Österreich und
Frankreich produziert.

LEBENSMITTELVERSCHWENDUNG

Als ich früher allein lebte, habe ich oft Lebensmittel weggeworfen. Nicht aus Spaß, sondern weil mir die Portionen zu
groß waren – und weil ich nicht richtig kochen konnte. Richtig kochen heißt nicht, ein Drei-Gänge-Menü nach Rezept
zubereiten zu können und dabei jeden der dreißig einzelnen Schritte korrekt auszuführen. Richtig kochen können
bedeutet für mich, den Kühlschrank aufzumachen, die Reste
vom Vortag zu sehen und daraus ein neues Gericht kreieren zu können. Reste kochen. Im Kopf Rezepte abgleichen,
schauen, was möglich ist, vielleicht etwas Kleines dazukau-
fen oder von der Mitbewohnerin »ausleihen«.

Wenn ich mir einen Zucchini-Auberginen-Auflauf mit
Schafskäse mache, bleibt am nächsten Tag oft noch Schafskäse übrig. Wenn ich noch Rote Bete und Quinoa vorrätig
habe, koche ich zuerst die Rote Bete, dann das Quinoa auf.
Schnippele die Rote Bete und den Schafskäse, mische beides

in die Quinoa – etwas Olivenöl und Gewürze dazu, und fertig ist eine leckere, proteinreiche und fettarme Mittagsmahlzeit. Wenn ich keine Rote Bete habe, ersetze ich sie durch Pilze, Kürbis, Oliven oder durch das, was meine Speisekammer gerade hergibt.

Diesen Anspruch, alles zu verkochen, habe ich noch nicht lange. Das musste ich lernen. Ich wollte nicht mehr alles so lange im Kühlschrank lagern, bis ich zufälligerweise Lust drauf bekomme, nur um dann zu merken, dass es leider schon schlecht ist, weil ich zu lange gewartet habe, und ich es dann endlich guten Gewissens wegschmeißen kann.

Ich war mit dieser Wegwerfmentalität nicht allein. Ich wusste, es ist falsch, aber ich wusste es auch nicht besser. Natürlich kann Kochenlernen in Schulen eine Lösung von vielen sein, aber dafür, dass 21 Prozent der essbaren Lebensmittel in Deutschland weggeworfen werden, sind nicht allein wir Konsumentinnen verantwortlich, sondern die ganze Industrie und vor allem der Handel.

Zum einen werden nicht perfekte Lebensmittel, gerade Obst und Gemüse, oft zerstört oder einfach auf dem Feld liegen gelassen, obwohl viel Energie und Aufwand in ihre Produktion geflossen ist. Dann sind da noch die Händler. Wer viel bestellt, damit die Regale voll sind, der hat auch viel, was übrig bleibt und nicht mehr schön oder frisch genug für den Verkauf ist. Wenn der Apfel eine kleine Delle hat, der Brokkoli nicht mehr ganz so knallig grün ist oder die Bananen Punkte bekommen: Das ist ganz normal und nicht schlimm. Die Lebensmittel sind dann nicht weniger lecker oder etwa schon schlecht. Man kann sie guten Gewissens essen. Aber den Händlern sind sie ein Dorn im Auge. Auch Produkte, deren Mindesthaltbarkeitsdatum bald abläuft, dürfen mit einem Hinweis und mit reduziertem Preis noch einige Tage verkauft werden, aber die meisten Händler sortieren sie lieber früher als später aus. Dabei sind die Lebensmittel noch lange genießbar, denn das Mindesthaltbarkeitsdatum (MHD) ist auch nur zur Orientierung da. Die Milch wird nicht genau am angegebenen Datum zu der genauen Uhrzeit kippen. Händler sortieren sie aber aus und schmeißen sie weg.

Das geht aber auch anders, zeigt *Foodsharing* – ein Verein, der Lebensmittel rettet. Er holt sie bei Händlern oder auch Privatpersonen ab und verteilt sie über sein Netzwerk. Die *Tafel e. V.* macht zwar etwas Ähnliches, holt Lebensmittel kostenfrei ab und verteilt sie an Bedürftige, aber erst ab bestimmten Mengen. Für zwei Brote und ein Kilo Bananen kommt sie nicht vorbei. Aber viel mehr Läden haben kleine Mengen, die zusammen ganz schön große Mengen ergeben, und um diese kümmert sich *Foodsharing*. Früher gingen Menschen »containern«, fischten also in Müllcontainern von Supermärkten nach Essen – nachts, weil es illegal ist. Nicht, weil sie sich nichts leisten konnten, sondern weil sie es als falsch empfanden, dass Lebensmittel weggeschmissen werden. Einer von diesen Menschen, Raphael Fellmer, dachte sich, das muss doch auch anders gehen, und gründete *Lebensmittelretten,* das später zu *Foodsharing* wurde. Der Verein arbeitet bundesweit mit Supermärkten, Bäckereien und vielen mehr zusammen. Die Mitglieder organisieren sich alle selbst, offline und online, und holen die Lebensmittel, egal welcher Menge, bei den Partnerbetrieben ab. Sie konsumieren sie selbst oder verteilen sie an Freunde, Nachbarinnen und in Ortsgruppen. Bis zum heutigen Tag konnten von *Foodsharing* bundesweit mehr als 6 Millionen Kilogramm an Lebensmitteln gerettet werden.

Der Theorieteil ist geschafft. Ich bin geschafft. Bis hierhin
habe ich viel lesen müssen, viel verdauen, aber auch nachfragen und wirklich dumme Blicke kassieren, aber das alles
war erst der Anfang. Und auch nicht gerade der Teil, der mir
am meisten Freude bereitet. Ich mag es lieber, Dinge zu machen, zur Not auch falsch und dann beim zweiten Mal besser. Hauptsache, es geht irgendwie los, und jetzt geht es los
mit ganz konkreten Schritten, was man tun kann, in allen
Lebensbereichen, auf dem Weg zu einem müllfreien Leben.

KÜCHE & EINKAUFEN

Jedes neue Jahr gibt einem die Möglichkeit, viele wundervolle, sorgfältig geplante Vorsätze mit voller Wucht über Bord zu werfen. Die ersten zwei, drei Tage oder sogar Wochen klappen gut, aber schnell holt einen die Gewohnheit wieder ein. Wieder sehen wir das Fitnessstudio nur von außen, schnorren uns erste Zigaretten und haben genauso langweiligen Sex wie vorher. Deswegen bringt es nichts, gute Vorsätze bis Neujahr vor sich herzuschieben. Wenn wir sie eh wieder brechen werden, können wir ja genauso gut jetzt schon damit anfangen. Wenn wir jetzt voller Tatendrang beginnen, wenn wir noch viel Energie haben, schaffen wir es eher, die Vorsätze einzuhalten. Deswegen fangen wir jetzt an mit dem Zero-Waste-Lifestyle.

Ich hoffe, meine Mutter wird es mir verzeihen, aber sie kochte schrecklich. Das Kochen lernte ich nicht von ihr. Sonst würde es heute weiterhin nur halb durchgegarte Kartoffeln mit öliger Soße und matschigen Fischfrikadellen oder Reis mit Ketchup für mich geben. Vielleicht waren ihre Gerichte sogar sehr gut – für einen russischen Gaumen. Für mich waren als Kind Pommes mit Fischstäbchen, Mini-Pizza und Würstchenkette die hohe Kochkunst. Also alles, was es sonst nur auf den Geburtstagsfeiern der deutschen Kinder gab. Es gab aber natürlich auch russische Gerichte, die mir gefielen. Mein Lieblingsrezept habe ich Jahre später sogar mal vegan nachgekocht. Lang lebe das Internet für die Antwort auf alles.

Erst mal musste ich googeln, wie das Rezept heißt: Ei, Rote Bete, Kartoffeln, Hering, viel Mayonnaise. Bei allen Nichtrussen möchte ich mich hiermit für das entschuldigen, was ich gerade eurer Vorstellung antun muss. Für alle

Russen und Russinnen: Richtig, es handelt sich um Hering im Pelzmantel. Das ist ein Schichtgericht, ein bisschen wie eine Torte, aus den oben genannten Zutaten. Die russische Küche hält nicht viel von der Vorstellung, dass das Auge mitisst, daher gleicht das Gericht pinkem Erbrochenen – aber es ist wirklich sehr, sehr lecker.

Warum ich das alles erzähle? Ernährung, Kochen und Lebensmittel hatten nie eine große Relevanz für mich. Die Geschichte davon, dass man schon bei der Großmutter als Dreikäsehoch in der Küche gestanden und da die Liebe fürs Kochen entwickelt hat, stimmt bei mir leider einfach nicht. Die Küche und ich führten jahrelang eine reine Zweckbeziehung. Dabei kann sie viel mehr als das. In meiner WG ist sie Begegnungsstätte für meine Mitbewohnerin und mich. Die Küche ist das Wohnzimmer meiner Lebensmittel und meiner Gläser, die in Reih und Glied stehen. Meines kleinen blauen Kühlschranks, gefüllt mit leckeren Sachen, und der Kochbücher, die mir weiterhelfen, wenn ich Ideen brauche. Ich fühle mich wohl in dem Raum und ich weiß, ich tu mir was Gutes damit, viel Zeit in der Küche zu verbringen und mir was Einfaches, aber Gutes zu essen zu machen. Und das am besten jeden Tag. Doch: Nirgendwo produzieren wir, die Verbraucherinnen und Verbraucher, so viel Müll wie beim Kochen. Und deswegen ist der erste Schritt in unser Zero-Waste-Leben: die Verwandlung der Küche in die Zero-Waste-Küche.

KÜCHE AUSMISTEN

Die perfekte Zero-Waste-Küche ist an einem Tag zu schaffen. Aber es muss ein verdammt langer Tag werden. Deswegen sollte man wirklich viel Zeit, lieber ein ganzes Wochen-

ende dafür einplanen. Wenn man nicht allein wohnt, macht
es Sinn, den Vorgang mit den anderen abzustimmen, sodass
man es zusammen angehen kann.

Zunächst muss die Küche ausgemistet werden. Alles aus
allen Schränken muss auf einem großen Tisch oder auf dem
Boden ausgebreitet werden – alle Geräte, Besteck, Teller, Lebensmittel, Gewürze etc. Am besten ordnet man alles gleich
beim Ausräumen in entsprechende Kategorien, also alle
Konserven auf einen Stapel, alle Gabeln zum Besteck, auch
das süße Kinderset und die Plastikeinweggabeln vom letzten
Picknick. Wenn es zu eng wird, kann man Tisch und Stühle
rausbringen und den ganzen Boden nutzen, der einem zu
Verfügung steht. So hat man auch eine bessere Übersicht.

Folgende Fragen kann man sich stellen, um zu entscheiden, was man wirklich braucht:

▸ Wann habe ich es das letzte Mal benutzt? Kann ich mich
  daran überhaupt noch erinnern?
▸ Gibt es wirklich einen Mehrwert?
▸ Falls mehrmals vorhanden: Wie viele brauche ich davon?
▸ Brauche ich drei verschiedene Waffel- und Sandwich-
  eisen, wenn ich das Ganze auch mit der Hand machen
  kann?
▸ Ganz ehrlich: Wann habe ich das Muffinbackblech mit
  Penisformen, das ich zum 18. Geburtstag bekommen
  habe, jemals genutzt?

Wenn die halbe Küche aus Plastik besteht, macht man erst
mal eine Liste, was man alles hat und gern ersetzen möchte.
Diese Liste nimmt man mit in einen Secondhandladen oder
einen höherwertigen Küchenbedarfsladen. Im ersten gibt es
die gesuchten Dinge oft in der gleichen Qualität und nur zu

einem Bruchteil des Preises. Man wird natürlich nicht alles auf einmal ersetzen können – und das muss man natürlich auch nicht. Wenn man die Liste an den Kühlschrank heftet, erinnert man sich daran und kann die restlichen Dinge auch später noch ersetzen.

Der Pizzaschneider hat vielleicht nicht die größte Priorität. Beim Aussortieren der Tupperware braucht man hingegen dringend eine Edelstahlbox – und die sind nicht billig. Apropos Tupperware: Dieses eine Regalfach mit der Tupperware, die man ja noch so gut gebrauchen kann – und beim Öffnen der Tür fallen sie einem schon alle entgegen –, ist mir ein Dorn im Auge. Jeder hat so eine. Bei jedem zweiten Behälter fehlt der Deckel, und die, die vollständig sind, sehen wirklich nicht mehr gut aus. Aussortieren. Alle! Außer man hat eine, die mit einem Hinweis gekennzeichnet ist, dass sie BPA-frei ist. Der Rest kommt in die Wertstofftonne. Ich will ja nicht dogmatisch sein, aber hier schon. Denn in diesen Behältern wird Essen aufbewahrt und erwärmt, wobei BPA herausgelöst und direkt in unsere Nahrung und somit in unseren Körper gelangen kann.

Wir machen weiter mit den Lebensmitteln. Folgende Fragen kann man sich stellen:

▸ Ist es noch haltbar? Sieht es aus, als könnte man es essen? Wenn nein, entsorgen! Wenn ja:
▸ Werde ich es verwenden? Wann habe ich es zuletzt verwendet?
▸ Ist es ungesund? Will ich so was eigentlich essen?

Die Sachen, die man behält, sollte man nicht sofort wieder an den alten Platz zurückräumen, sondern erst mal nur zur Seite legen. Sie erhalten am Ende einen neuen Platz. Wenn

es so weit ist und man alles wieder einräumt, stellt sich die
Frage, ob die aktuellen Regale so geeignet sind, oder ob sie
zu groß oder zu klein sind und deshalb andere angeschafft
werden müssen. Ich bin eine große Freundin von offenen
Regalen. Folgende Gründe sprechen dafür:

▸ Ich sehe immer, was ich habe, vermeide doppelten Einkauf und finde schneller, was ich suche.
▸ Ich bin gezwungen, regelmäßig aufzuräumen, und
  fange nicht an, Dinge zu horten.
▸ Ich kaufe nur Dinge, die mir wirklich gefallen, denn ich
  kann sie nicht hinter Regaltüren verstecken. Ich muss
  sie immerzu sehen.

Beim Einsortieren sollte man versuchen, nach Kategorien zu
sortieren. Das erleichtert das Kochen, und viele machen das
bereits automatisch. Ich habe aber nicht nur Buchweizen neben Quinoa stehen, sondern auch Nudeln und Kidneybohn-
nen. Alle Beilagen beieinander. Dadurch sehe ich, was da ist,
und baue darauf mein Rezept auf. Das ist meine Vorgehensweise. Das heißt nicht, dass es die einzig richtige ist. Sie soll
nur zum Nachdenken darüber anregen, wie man kocht und
wie es entsprechend am meisten Sinn macht, die Lebensmittel anzuordnen.

Meine Backzutaten kommen auf ein Regalbrett. Alles für
das Müsli zum Frühstück, Haferflocken, Sonnenblumen-
kerne, Cornflakes, aber auch die Superfoods (Trend-Nah-
rungsmittel wie Chia-Samen und Gojibeeren mit angeb-
lichen Superkräften) für Smoothies kommen auf ein Brett.
Und so gehe ich auch mit allen anderen Lebensmittel-Kate-
gorien vor. Der beste Nebeneffekt: Man entdeckt Dinge, von
denen man gar nicht mehr wusste, dass man sie hat, und ist
inspiriert, diese auch mal wieder zu verwenden.

Nach dem Einsortieren widmen wir uns dem Übriggebliebenen auf dem Boden. Ich arbeite beim Aufräumen gern mit Kisten. Alles, was übrig bleibt, wird nicht einfach weggeschmissen, sondern gleich in die entsprechende Kiste geräumt. In der Küche können das folgende Kisten sein:

▸ *Foodsharing*-Kiste: Hier kommen alle Lebensmittel rein, die noch gut sind, die man aber in den letzten Monaten oder Jahren nicht angerührt hat und vermutlich auch nicht anrühren wird. Diese kann man von *Foodsharing* abholen lassen.

▸ Sozialkaufhaus-Kiste: Küchenutensilien und Geräte, die noch gut sind und die man spenden möchte

▸ Verkaufen: die Geräte und Utensilien, von denen man sich noch einen guten Verkaufspreis erhofft

▸ Verschenken: Diese Kiste würde ich gleich weglassen, denn wenn ihr darauf wartet, dass Freunde vorbeikommen und sich bedienen, wird das ewig dauern und die Freunde nehmen vielleicht auch nur aus Höflichkeit was mit. Im Sozialkaufhaus kaufen Menschen die Sachen hingegen nur, wenn sie sie wirklich brauchen oder etwas mit ihnen anfangen können.

Der Rest wird ordentlich getrennt und entsorgt. Alle Lebensmittel, die nicht mehr gut sind, Tupperware ohne Deckel und alle Geräte, die nicht mehr funktionieren: Weg damit.

Aufbewahrung und Transport

Der zweite Schritt für die Zero-Waste-Küche ist die Vorbereitung für die Aufbewahrung und den Einkauf von Lebensmitteln ohne Einwegverpackung. Denn eine Verpackung

brauchen sie natürlich schon, nur halt eine, die lang hält und
die Lebensmittel schützt. Dafür kommen die folgenden Behältnisse infrage.

Gläser

An die, die jetzt voller Enthusiasmus zu Ikea rennen und
alle Formen und Farben von Bügelgläsern kaufen wollen:
Stop! In the Name of Love. Stattdessen sollte man sich genau aufschreiben, wie viele Gläser man in welchen Größen braucht. Man muss sich natürlich nicht für immer und
ewig festlegen, denn im Laufe der Zeit macht man seine
eigenen Erfahrungen und kann das mit den Gläsergrö-
ßen anpassen. Folgende Größen können aber zunächst als
Richtwerte dienen:

- Reis, Hülsenfrüchte, Pasta, Mehl, Zucker: ab 1000 ml
- Trockenfrüchte und Müsli: ab 700 ml
- Süßigkeiten, Nüsse, Samen und Kerne: ab 300 ml
- Gewürze, Tee, Superfoods, Backzutaten: bis 300 ml

Bei Flüssigkeiten verwendet man am besten die Flasche weiter, in der man sie gekauft hat. Also, die Rapsölflasche einfach aufbewahren und beim nächsten Einkauf wieder mitnehmen. Zusätzlich ist es ohnehin immer praktisch, für die
Aufbewahrung von Gekochtem und anderen Dingen leere
Gläser bereitstehen zu haben. Schöne Gläser gibt es kostenlos dazu, wenn man eingemachte Lebensmittel wie Ge-
würzgurken oder Mais kauft, oder auch Smoothies. Wenn
man diese aufgegessen oder ausgetrunken hat, kann man
das Glas für die eigenen Zwecke nutzen. Manche mögen es
einheitlich und können beim Kauf der eingelegten Waren
darauf achten, nur eine Marke mit den gleichen Deckeln
zu nehmen. Wenn es schnell gehen soll und Einheitlichkeit

keine Rolle spielt, kann man auch bei Kleinanzeigen-Seiten im Internet fündig werden. In der Facebook-Gruppe **Ohne Wenn und Abfall** sind Links zu Gruppen und Tauschbörsen zu finden, in denen oft Gläser verschenkt werden. Es bringt auch viel, mal bei den Eltern und Großeltern nachzuhaken, ob die nicht noch einen Vorrat haben. Oft kommen dadurch alte, schöne Gläser zutage und vielleicht sogar viele andere Utensilien, die noch auf der Liste stehen.

Und wie richte ich die umfunktionierten Gläser so her, dass sie auch gut aussehen? Etiketten kriegt man gut ab, indem man die Gläser einfach in einem warmen Spülibad einweicht. Für die Entfernung von besonders hartnäckigen Kleberesten kann man Eukalyptus- oder Rapsöl benutzen.

Und wer doch lieber Bügel- oder Weckgläser haben möchte, und zwar am liebsten sofort, dem empfehle ich, noch vor dem Gang zu Ikea dem lokalen Unverpackt-Laden einen Besuch abzustatten. Die dort angebotenen Gläser sind oft regional oder zumindest in Deutschland produziert und haben eine kürzere Lieferkette. Mit dem Einkauf unterstützt man zudem keine große Kette, sondern den kleinen Laden nebenan, damit es ihn auch morgen noch gibt.

Stoffbeutel

Hier geht es nicht nur um den obligatorischen Baumwoll- oder Jutebeutel, den bis vor Kurzem alle als Handtaschenersatz missbraucht haben, sondern auch um die ganz kleinen Stoffbeutel mit Zuziehschnur. Diese ermöglichen spontanes unverpacktes Einkaufen, sind die beste Alternative zur Plastikeinwegverpackung und damit unsere neuen engsten Begleiter. In meiner Handtasche habe ich meist einen Baumwollbeutel dabei. Darin enthalten sind ein kleiner Zuziehbeutel und ein grünes Gemüsenetz. So habe ich auch für

spontane Einkäufe immer was dabei. Was ihr sonst noch
braucht:

- große Stoff-Tragetaschen mit Henkel zum Einkaufen, am besten aus Bio- und Fairtrade-Baumwolle oder -Jute und mit GOTS-Siegel, das die Lieferkette auf umweltfreundliche und soziale Kriterien prüft – Die gibt es oft als Geschenk bei Veranstaltungen oder preiswert beim Einkaufen in jedem Supermarkt.

- kleine Stoffbeutel ohne Henkel zum Zuziehen in unterschiedlichen Größen für den Transport von losen Produkten – Sie nehmen wenig Platz ein und sind leicht. Es gibt sie in allen Größen zu kaufen, in allen Unverpackt-Läden oder im Original-Unverpackt-Onlineshop, man kann sie aber auch ganz leicht aus alten Stoffresten selber nähen.

- Gemüsenetze aus recyceltem Plastik, zum Beispiel von *again & a-gain* und *ChicoBag* – sie eignen sich besonders gut für Obst und Gemüse, gerade für kleinere unverpackte Lebensmittel wie Pilze oder Spinat. Man kann durch die Maschen hineinsehen, sodass der Kassierer weiß, was drin ist. Das recycelte Polyester hat auch den Vorteil, dass es im Gegensatz zur Baumwolle keine Flüssigkeit aufnimmt. Auch solche Gemüsenetze kann man gut selber machen, etwa aus altem Tüll oder einem anderen grobmaschigen Stoff.

- Flaschentaschen für Gläser und Flaschen, die durch ihre vorgefertigten Fächer dafür sorgen, dass diese nicht aneinanderstoßen. Sie sind oft stabiler als normale Baumwollbeutel, sind aber kein Muss, sondern eher etwas für den besonderen Tragekomfort.

Und dann gibt es natürlich noch all die anderen Behälter, die nicht aus Glas und Stoff bestehen: Keks- und Kaffeedosen, Chips-Röhren und viele andere Dinge sammeln sich im Haushalt an, weil man sie als schön oder praktisch empfindet. Jetzt ist ihre Zeit zu glänzen. Keks- und Kaffeedosen können natürlich mit dem befüllt werden, wofür sie mal bestimmt waren. Chips-Röhren passen perfekt zu Spaghetti. Das haben sich die Macher sicher nicht so vorgestellt.

Neben den offensichtlichen Gebrauchsgegenständen können folgende wiederverwendbaren Utensilien deine Zero-Waste-Küche bereichern. Sie eignen sich zum Lagern, aber auch zum Herstellen von Lebensmitteln:

▸ Strohhalme aus Edelstahl, Glas oder Stroh, mit kleiner Bürste zum Reinigen

▸ Eine Flaschenbürste zum – na, wer errät's? – Reinigen von Flaschen. Nur diese speziellen Bürsten sind lang und rund genug, um eine Flasche ordentlich spülen zu können.

▸ Für die Kaffeetrinkerinnen unentbehrlich: eine Kaffeemaschine. Filtermaschine, Mokka-Kaffee, Frenchpress – Hauptsache keine Kapselmaschine. Wenn man sich von seiner nicht lösen kann: Es gibt Kapseln zum Wiederverwenden. Und wer noch nicht überzeugt ist: um die 20 Euro pro Kilo kostet einfacher Kaffee in Bio- und Fairtrade-Qualität, der in Kapseln dagegen 70 Euro pro Kilo.

▸ Als Alternative für Teebeutel, die oft einzeln verpackt sind, gibt es Tee-Eier oder kleine Teekannen.

▸ Backwaren lassen sich gut im Brotbeutel oder Jutebeutel und im Backofen aufbewahren. Dadurch bleiben sie länger frisch. Wenn man absehen kann, dass man das

Brot nicht rechtzeitig aufessen wird, kann man es in
Scheiben schneiden und einfrieren, bevor es verdirbt.
Beim Wiederverwenden können die einzelnen Schei-
ben getoastet werden. So bleibt das Brot ewig frisch.

▸ Ein guter Mixer ist kein Muss, aber sehr praktisch,
  und eignet sich hervorragend für die Herstellung von
  Milchalternativen, Pestos, Aufstrichen und natürlich
  Smoothies.

▸ Bei der Herstellung von Milchalternativen müssen aus
  der Flüssigkeit Nussstücke und andere grobe Teile he-
  rausgefischt werden. Das geht mit einem speziellen
  Netz.

▸ Statt Einweg-Küchentüchern und Papierservietten
  kann man sich Sets mit Geschirrtüchern und Stoffser-
  vietten anlegen.

Sollte es noch Schwierigkeiten dabei geben, Behälter und
Utensilien zu finden, sind in der Facebook-Gruppe **Ohne
Wenn und Abfall** einige tolle Online-Shops aufgelistet – na-
türlich auch der von *Original Unverpackt*.

Lagerung von Lebensmitteln

Lebensmittelverschwendung fängt bei einem selbst an. Jeder
von uns steht in der Verantwortung, Lebensmittel so zu lagern, dass sie möglichst lang frisch bleiben. Obst und Gemüse haben kein Mindesthaltbarkeitsdatum und auch keine
Bedienungsanleitung. Deswegen eine kleine Anleitung von
mir:

Äpfel strömen ein bestimmtes Gas aus, das dafür sorgt,
dass etwa Bananen schneller reifen, weshalb man diese nicht

in ihrer Nähe aufbewahren sollte, sonst werden die Bananen schnell braun. Dafür helfen Äpfel Avocados beim Reifen. Eine unreife Avocado gehört übrigens nicht in den Kühlschrank, sonst wird sie nie nachreifen können und bleibt gummiartig. Bananen bewahrt man am besten hängend auf und vermeidet so Druckstellen. Kartoffeln sollten im Dunkeln bei Raumtemperatur oder kühler gelagert werden, Zwiebeln hingegen luftig und trocken, zum Beispiel in Leinensäcken. Lauchzwiebeln bleiben im Kühlschrank länger frisch.

Folgendes Obst und Gemüse gehört nicht in den Kühlschrank: Südfrüchte wie Ananas, Bananen, Mango, Papaya, Cherimoya, Zitrusfrüchte, Melonen, Granatäpfel. Avocados erst, wenn sie reif sind. Tomaten verlieren ihr Aroma im Kühlschrank.

Da jetzt so viel Platz im Kühlschrank bleibt, packe ich alle angebrochenen Soßen, Aufstriche sowie Milch- und Saftflaschen in den Kühlschrank und schreibe mit einem Folienstift das Öffnungsdatum daneben, um neben meinen Sinnen einen zweiten Anhaltspunkt zu haben, ob das Produkt noch gut ist oder eher nicht.

UNVERPACKT EINKAUFEN

Unverpackt einkaufen ist meine kleine Rebellion, mein Reich, meine Alternative, mein Beweis, dass es anders geht. Immer, wenn ich selbst in meinen kleinen Laden gehe und meinen Einkauf tätige, freue ich mich, einen Ort und Anlaufpunkt für den Lebensstil zu haben, für den ich mich entschieden habe. Mein Lieblings-Unverpackt-Laden ist daher natürlich mein eigener.

Ich komme rein und grüße den Kassierer, greife zum Metallkorb und beginne, ihn mit Obst und Gemüse zu füllen. Meine Einkaufsliste schreibt mir vor, was ich brauche, aber ich weiß es besser und will erst mal alles nehmen, was ich sehe. Ich greife nach den Tomaten, sie duften, ich weiß, wie sie schmecken. Es sind gute, regionale Bio-Tomaten, aber sie schmecken nach Italien, Toskana, nach Sommerurlaub. Sie werden sich toll machen als Scheibe auf meinem Käsebrötchen. Ich lege die Tomaten in mein kleines Stoffnetz. Genauso gehe ich bei den Kartoffeln und Pilzen vor. Bananen, Gurke und Aubergine packe ich lose in den Metallkorb, ohne Plastikverpackung, ohne Papiertüte. Wozu sollte eine Verpackung auch gut sein? Zu Hause müsste ich alles nur wieder auspacken. Neben dem Gemüse stehen die Eier. Ich greife zu und fülle sie in meinen eigenen Eierkarton, den ich immer wieder benutze. Inzwischen sieht er auch so aus. Aber das interessiert hier keinen.

Am Kühlschrank greife ich zum Tofu im Wachspapier. Ich muss immer noch lachen über den Namen der kleinen Kreuzberger Manufaktur: *TofuTussis*. Die Mädels, die den Tofu machen, sind alles andere als Tussis, und der Tofu ist so gut, dass ich ihn sogar ungebraten essen kann. Ich nehme mir noch ein Stück in Papier verpackte Butter raus und schließe den Kühlschrank nicht, denn hinter mir wartet schon der nächste Kunde, der den *TofuTussis*-Tofu näher begutachten möchte.

Ich gehe durch den kleinen Torbogen in den großen Raum. Dahin, wo die Magie stattfindet. Da sind sie, 600 Produkte: Lebensmittel und Nicht-Lebensmittel. Fast alle Lebensmittel lose, und wenn doch verpackt, dann in Glas. Keine Spur von Einwegprodukten oder -verpackungen. Unter dem Torbogen steht die Waage, mit der ich meine eigenen leeren Gläser abwiegen könnte, aber ich kaufe hier so oft ein, dass alle Gläser schon mit den Stickern versorgt sind, auf denen das Leergewicht der Gläser steht. Die sind sehr hässlich und gehen schlecht ab – deswegen kleben sie an der Unterseite, wo ich sie mir nicht anschauen muss.

Das ist aber schon das Hässlichste an meinem Laden. Der Rest ist wirklich, wirklich schön. Die Deckenlampe besteht aus acht großen Einmachgläsern, in die Glühbirnen montiert sind. Sie ist ein selbst designtes Einzelstück von unserem Architekten und erleuchtet den Raum, der in angenehmem, warmem Licht erstrahlt. Die Spender und Behälter mit den losen Lebensmitteln sind links aufgereiht. Kürbiskerne mit Vanilleummantelung, vegane Gummibären, Bruchschokolade mit Nüssen aller Art (ein Albtraum für Nussallergiker), Reis, Pasta, Getreide, Müsli, Trockenfrüchte – das Sortiment nimmt kein Ende. Ich halte mein Glas unter den Spender, ziehe am Hebel und fülle mir so viel Milchreis ab, wie ich brauche. Ich gehe weiter nach rechts. Meine Zahnbürste ist etwas durch, ich greife also zu einer neuen Original-Unverpackt-Zahnbürste aus Bambus. Mit dem Firmenlogo drauf. Es ist ein bisschen Ego-Masturbation, sich morgens nach dem Aufwachen erst mal die Zahnbürste der eigenen Marke in den Mund zu führen.

Wenn ich wollte, könnte ich mich hier komplett neu eindecken, mit Haarseifen, Deo, den anfangs beschriebenen Zahnpasta-Tabletten, wiederverwendbaren Abschminkpads, Küchenutensilien … aber ich habe ja fast alles. Ich gehe weiter, vorbei an den Edelstahlbehältern mit Öl, in denen ich mich spiegele, und hin zu den Alkoholika, um mir dort Wein abzufüllen. Das dauert etwas, schließlich soll die Literflasche voll werden.

Der Korb wird langsam schwer, ich gehe zur Kasse und

stelle mich brav an. Keine Sonderbehandlung für mich – ein
bisschen schade. Es piept so, wie auch in anderen Supermärkten, wenn ein Produkt eingescannt wird, aber es ist ungefähr das Gegenteil von dem Gefühl, das man in einem konventionellen Discounter hat, in einer dieser Neonlichthöllen.
Der Kassierer unterhält sich mit der Kundin vor mir, er sagt
irgendwas – sie lacht. Er flirtet doch nicht etwa, oder? Ich
höre genauer hin. Es geht ums Kochen, und Liebe geht durch
den Magen, aber sie unterhalten sich nur. Er fragt: »Mit Bon
oder ohne?« Sie sagt: »Ohne«, hat alles zusammengepackt,
sagt Tschüss und geht, und ich bin dran. Das ging ja noch
mal gut. Wenn ich früher an der Kasse stand, war ich um einiges frecher. Den jungen Mann, der Gin abgefüllt hatte und
eine Packung Kondome kaufte, fragte ich grinsend, was er
heute Abend noch so vorhabe. Aber wenn man sich nicht ab
und zu kleine Späße oder Gespräche erlaubt, wäre Kassieren
auch schnell eine langweilige Angelegenheit.

Zurück in die Gegenwart: Ich unterhalte mich mit dem
Kassierer, er händigt mir das Brot aus – am liebsten das Es-
sener mit ganz vielen Kernen und Samen –, er kassiert, ich
packe ein und verabschiede mich. Eine halbe Stunde später
packe ich zu Hause alles wieder aus, und siehe da: Es bleibt
kein Müll übrig. Der Einkauf war dabei genauso unkompli-
ziert wie in einem normalen Supermarkt. Er war sogar noch
wesentlich entspannter, denn ich musste mich nicht durch
einen riesigen Laden quälen, zig Produkte vergleichen, ewig
an der Kasse stehen und dann halbherzig bedient werden.
Ich bin froh, diese Art des Einkaufens sowie den ganzen
Müll hinter mir gelassen zu haben.

Die Gretchenfrage nach der Hygiene

Wie man sieht, ist müllfreies Einkaufen im Unverpackt-Laden angenehm und problemlos möglich. Im konventionellen Supermarkt aber gilt: Ob die Metzgerin und der Käseverkäufer die mitgebrachte Tupperdose hinter die Theke nimmt, um das Produkt direkt reinzutun, entscheidet nicht er oder sie, sondern die Marktleiterin. Und das kann sogar innerhalb derselben Supermarktkette unterschiedlich sein. Was sich aber als Trick bei mir durchgesetzt hat: Ich lasse den Käse auf einer Papierunterlage abwiegen und anschließend mit einer Zange in meine Tupperdose hineinlegen, die ich vor der Theke halte.

Man sollte selbstbewusst auftreten, weil die Mitarbeiter oft gar nicht wissen, was man darf und was nicht. *Fake it 'til you make it!* Und den Kassierer, die Metzgerin, den Käsefachverkäufer sollte man einfach darum bitten, das Bestellte in das mitgebrachte Gefäß zu tun. Lösungsvorschläge anbieten, ganz konkrete Anweisungen geben und gern erklären, dass man versucht, Müll zu sparen. Manche kennen das schon, andere sind verwirrt – trotzdem lächeln, freundlich sein und drauf beharren.

Ein paar Regeln, die immer gelten:

Spuckschutz. Gilt nicht nur für Lamas. Gilt für alle Säugetiere, auch für uns. Heißt aber nicht, dass wir einen Mundschutz bekommen, sondern einfach, dass alle Lebensmittel, die vor dem Verzehr nicht gewaschen werden, wie Backwaren, Müsli oder schokolierte Erdnüsse, nicht offen rumstehen, sondern einen Deckel haben und so vor Spucke geschützt sind.

Lebensmittel, die konsumiert werden, ohne gewaschen zu werden, sollten auch nicht mit bloßen Händen angefasst werden. Ganz klar sollte im Unverpackt-Laden bei Nüssen oder Gummibären keiner in den Verkaufsbehälter reinfassen – das gilt aber zum Beispiel auch für Datteln, die oft spuckschutzlos bei Obst und Gemüse verkauft werden.

Wenn man eigene Behältnisse von zu Hause verwenden will, sollten diese auf jeden Fall sauber sein. Eigentlich ganz logisch, aber was habe ich schon an Behältern gesehen …

Schaufeln und Löffel sollten nicht untereinander getauscht werden, da so Allergene verteilt werden! Deswegen sind diese im Unverpackt-Laden auch mit einer Kette oder einem Magneten am jeweiligen Behälter befestigt! Daher: Unverpackt einkaufen und verkaufen ist hygienisch in Ordnung und sogar im strengen Deutschland möglich – bei Beachtung der oben genannten Regeln.

WO GIBT'S WAS?

Auch wenn man keinen Unverpackt-Laden in der Nähe hat, findet man alles, was man braucht, in verschiedenen Fachgeschäften. Doch wo bekommt man was, und wie plant man seinen Einkauf richtig?

Erst mal schreiben wir auf, was wir alles brauchen. Die meisten Menschen konsumieren immer die gleichen dreißig bis vierzig Produkte, also müssen sie auch nur für diese eine Alternative ohne Einwegverpackung finden – also im Glas, in Papier oder am besten lose.

Aber viele von uns haben keinen Unverpackt-Laden in der Nähe und möchten trotzdem auf so viel Müll und Verpackungen wie möglich verzichten. Auch hier der Hinweis: Zero Waste ist das Ziel, aber nicht unbedingt der Weg. Keiner kann seinen Müll sofort von hundert auf null runterfahren. Aber auch wenn man nur bei einigen Produktgruppen reduziert, tut man der Welt und sich selbst bereits etwas Gutes.

Unverpackt oder auch lose (»Bulk«) einkaufen kann man an viel mehr Orten, als die meisten Menschen denken. Man muss nur mit offenen Augen durch die Welt gehen, und schon entdeckt man täglich neue Quellen. Lose Ware gibt es konventionell, aber noch öfter bio. Und das Beste daran: Lose Bio-Lebensmittel sind meist preiswerter als verpackte Ware. Jedoch sollte man beim Preisevergleichen auch immer die Qualität berücksichtigen. Die handgemachte Pasta aus der Markthalle wird teurer sein als die verpackte Industriepasta im Supermarkt. Vor dem Einkaufen darf man allerdings nicht vergessen, immer die richtigen Behälter einzupacken, sonst muss man neue einkaufen, und der Preisvorteil geht flöten. Die eigenen Behälter kann man schon zu Hause oder in den Unverpackt-Läden vor dem Einkaufen leer abwiegen und die Angabe des Leergewichts mit Folienstift selbst draufschreiben.

Die folgende Liste ist nicht vollständig, sondern soll viel eher als Anregung dazu dienen, wo man überall nach Produkten ohne Einwegverpackung suchen kann. Fangen wir mit dem wichtigsten an – mit A wie Alkoholika:

Alkoholika Hochprozentiges gibt es zum Beispiel bei *Vom Fass* und direkt bei Brennereien

Aufstriche Frischetheke in Supermärkten, Markthalle, Wochenmarktstände

Backwaren Bäcker, Selbstbedienungstheke im Supermarkt (Waren in den eigenen Stoffbeutel einpacken lassen)

Backzutaten Bei Bäckereien, die selber backen, nach
Hefe, Backpulver usw. fragen

Eier Bio-Laden und Bauer

Eis Selber machen oder bei der Eisdiele um die Ecke
in der Waffel kaufen

Essig *Vom Fass, Oil & Vinegar*

Fisch Fischtheken in Supermärkten, Fischläden,
Feinkostabteilungen in großen Kaufhäusern, Wochenmarktstände, Markthallen

Fleisch Metzgerei, Fleischtheken in Supermärkten,
Feinkostabteilungen in großen Kaufhäusern, Wochenmarktstände, Hofläden, Markthallen

Getreide Getreidemühlen, Hofläden

Gewürze Feinkostabteilungen in Kaufhäusern,
Markthallen

Hülsenfrüchte Türkische Lebensmittelgeschäfte

Kaffee Röstereien, Cafés verkaufen manchmal ihre eigene Röstung

Käse Käsetheken in Supermärkten, Feinkostabteilungen in großen Kaufhäusern, Marktstände, Hofläden,
Markthallen

Milchalternativen (Sojadrink, Reisdrink, Mandel-milch)   Zum Selbermachen gibt es ein Rezept auf Seite 157!

Milchprodukte (im Mehrwegglas)   Bauer, Milch-maschinen, Bioläden, Supermarkt

Müsli   Aus Haferflocken, Nüssen und Trocken-früchten selber mischen

Nüsse   Türkische Lebensmittelläden

Oliven und Antipasti   Türkische Lebensmittelläden, Feinkostgeschäfte, Markthalle

Obst und Gemüse   Bio-Abokisten, Markthalle, Markt, Hofläden

Öle   Manufakturen, *Vom Fass, Oil & Vinegar* und andere Läden mit ähnlichem Konzept

Pasta   Manufakturen, Markthallen, Wochenmarkt-stände

Reis   Asia-Läden

Schokolade   Feinkostschokoladenläden, *Hussel,* Kauf-häuser

Süßigkeiten und salzige Knabbereien   Türkische Lebensmittelläden

Trockenfrüchte   Türkische Lebensmittelläden,
Feinkostabteilungen in großen Kaufhäusern

Tofu (sowie Seitan und Tempeh)   Asia-Läden, (manchmal) Markthalle

Wein   Kleine regionale Weinhersteller nehmen
Flaschen zurück, *Vom Fass*

Getränke   Wasser, Säfte, Limonade und Bier in Mehr-
wegglasflaschen gibt es in jedem Supermarkt in
Deutschland.

Und falls man Schwierigkeiten hat, bestimmte Sorten Obst
und Gemüse oder Kräuter zu finden: Einfach selber anpflan-
zen. Die wenigsten haben einen Garten, aber eher noch einen Balkon. Rucola gedeiht prächtig, und so habe ich morgens immer was fürs Brot.

Wenn jemand denkt, bei ihr in der Nähe gebe es keinen Verkauf von losen Lebensmitteln, dann weiß sie nur
noch nicht wo. Unverpackt einkaufen kann man in fast jeder Stadt und sogar auf dem Dorf. Um Geschäfte in der
Nähe zu finden, die Lebensmittel lose verkaufen, kann man
den *Bulk Finder* von Bea Johnson auf ihrer Website (unter
zerowastehome.com/app) aufrufen, um Orte in der Nähe zu
finden und selbst einzutragen.

Coops

Falls aber viele Produkte im Ort nicht auffindbar sind oder die nächste Einkaufsmöglichkeit zu weit weg ist, kann man Kaufgemeinschaften mit Nachbarinnen, Freunden und anderen Zero-Wastlern gründen. Im Ausland sind solche Coops (von englisch: »cooperations«) in ländlichen Gegenden nicht unüblich. Man kann sich als Verein oder Genossenschaft organisieren, ein Gewerbe eintragen und mit dem Gewerbeschein bei Naturkostgroßhändlern einkaufen. Ab einer Mindestbestellmenge von oft 200 bis 300 Euro liefern diese die Lebensmittel, die zum Einkaufspreis erworben werden können, direkt an. Solche Vereine funktionieren durch eine Mitgliedsgebühr, von der dann Lagerräumlichkeiten und eine Buchhalterin bezahlt werden. Falls eine örtliche Gruppe sich nicht leicht findet, kann man in Zero-Waste-Facebook-Gruppen wie **Ohne Wenn und Abfall** nach Verbündeten schauen.

Die Einkaufsliste

Vorbereitung sollte langsam ein Synonym für Zero Waste werden. Ohne geht leider nicht viel. Aber für kleine Listenfetischisten wie mich ist das perfekt. Meine Einkaufsliste entsteht nicht erst vor dem Einkauf, sondern im Laufe der Woche. Ich schreibe immer mit, wenn etwas aufgebraucht ist oder ich Lust auf ein bestimmtes Gericht oder Naschzeug habe. Meine Liste unterteile ich nach den Läden bzw. danach, wo ich was bekomme. Ein Beispiel für eine solche Liste, auf der die Zutaten für ein bestimmtes Rezept danach sortiert sind, wo ich sie bekommen kann:

> Kaffeelikör
> *Original Unverpackt*
> Mandeln
> Wodka
> *Nussladen*
> Gesalzene Pistazien

Wer kommt drauf, was das für ein Rezept ist? Richtig, ich plane White Russians. Aus den Mandeln mache ich Mandelmilch, dann kommen Wodka und Kaffeelikör dazu, und die Pistazien sind zum Snacken.

Neben der Liste habe ich aber auch einfach einen Korb, in dem ich leere, beschriftete Behälter sammle, damit ich beim nächsten Einkauf genau weiß, was ich nachfüllen muss, und nicht erst die entsprechenden Behälter suchen darf.

Was ich weiterhin verpackt einkaufe

Kondome, Medikamente und Nachos. Das sind die drei Dinge, ohne die ich nicht kann. Nein. Die drei Dinge, bei denen ich keine Kompromisse kenne. Kondome, weil jetzt ein unerwünschtes Kind wirklich unpassend wäre, Medikamente, weil ich immer wieder mal erkältet bin und Ibuprofen für die zwei Tage im Monat brauche, wenn die Regel kommt. Und Nachos – nun ja, weil industrielle Nachos einfach ungesund und voller Zusatzstoffe sein müssen und ich das mit den E-Stoffen beim Selbermachen einfach nicht hinkriege.

Für die Jetsetter und Bürotiere unter uns: Auch unterwegs ist ein Zero-Waste-Leben möglich.

Ich bin jeden Tag mindestens auf einem externen Termin, jede zweite Woche in einer anderen Stadt, und wenn ich unter der Woche morgens das Haus verlasse, komme ich vor 22 Uhr selten nach Hause. Deswegen habe ich folgende Dinge immer im Rucksack dabei:

▸ Meine Edelstahlbrotbox – um mir ein Gericht »to go« einpacken zu lassen
▸ Mein Sandwichbag – innen beschichtet, sodass die Tomate im belegten Brötchen nicht auslaufen kann
▸ Meine Edelstahlflasche, weil sie schön leicht ist und Flaschen aus Glas mir früher oder später brechen. Ich bin aber auch schussliger als andere. Die holen sich eine *Soulbottle,* eine hochwertige Glasflasche von einem deutschen Sozialunternehmen, und die hält, genau wie die Edelstahlflasche, ewig – oder bis man sie verliert.

Wenn ich verreise, kommt dazu:

▸ Mein Mehrweg-Kaffeebecher – gerade, wenn ich morgens zum Bahnhof eile und im Zug einen Kaffee zum Aufwachen brauche. Dieser Becher eignet sich auch gut für frische Smoothies.
▸ Mein kleines Camping-Besteckset und eine Stoffserviette

Wenn ich zu einem Imbiss um die Ecke gehe, in der Mittagspause oder nach einem harten Arbeitstag, nehme ich entweder eine Edelstahldose, aber noch viel öfter direkt einen Teller mit. Der hat ein größeres Volumen und die Kellner

wissen damit eher etwas anzufangen. Dann sage ich: »Bitte
auf den Teller, ich nehme das mit, ich wohne hier um die
Ecke.« Es hat noch nie einer Nein gesagt. Der Teller muss natürlich groß genug sein, um dem Essen und meinem Hunger
zu entsprechen.

Meine Küche umzustellen war das Größte und Aufwendigste von allem. Wenn das geschafft ist, wird es nicht unbedingt leichter, auch nicht schneller, dafür aber auch auf
keinen Fall lustiger. Nein, alles Quatsch. Alles andere macht
genauso viel Freude und ist ebenfalls Teil meines Kreuzzugs
durch meine Wohnung und mein Leben.

Soja-, Nuss- & Getreidedrinks REZEPTE

Bevor es weitergeht, gibt es jetzt die Rezepte, mit denen man
Soja-, Nuss- und Getreidedrinks ganz einfach selber machen
kann. Viel Spaß!

Sojadrink als Milchersatz

Zutaten
100 g geschälte oder halbierte Sojabohnen
1 l Wasser

Zubereitung
Sojabohnen mindestens zehn Stunden lang in Wasser einweichen, danach so gut es geht von der Schale
befreien, um den Geschmack zu verbessern. Dann
das Wasser und die eingeweichten Sojabohnen in den
Mixer geben und auf höchster Stufe mixen. Die Flüssigkeit durch ein Geschirrtuch oder einen speziellen
Nussmilchbeutel in den Topf sieben. Das Ganze im

Topf einmal aufkochen und dabei ständig umrühren. Den entstehenden Schaum entfernen oder unterrühren. Anschließend mit Agavendicksaft süßen und der Sojadrink ist fertig.

Wenn er etwas länger halten soll, kann man den noch heißen Drink in eine Flasche abfüllen und diese schnell in ein Becken mit kaltem Wasser legen. Darin hält sie sich ein bis zwei Wochen.

Das, was bei der Zubereitung übrig bleibt, also der Sojabohnenmatsch, der Okara genannt wird, kann man zu Bratlingen weiterverarbeiten (zum Beispiel für Burger).

Mandel- und Haferdrink als Milchersatz

(Anleitung kann auf andere Nuss- oder Getreidedrinks übertragen werden)

Zutaten

200 g blanchierte Mandeln
oder 80 g Haferkörner
1 l Wasser

Zubereitung

Mandeln oder Haferkörner mindestens acht Stunden in Wasser einweichen, das Wasser danach abschütten. Dann einen halben Liter Wasser und die eingeweichten Mandeln oder Haferkörner im Mixer auf höchster Stufe mindestens eine Minute lang mixen. Danach einen weiteren halben Liter Wasser dazugeben und wieder eine Minute mixen.

Die Flüssigkeit durch ein Geschirrtuch oder einen speziellen Nussmilchbeutel in den Topf sieben. Anschließend mit Agavendicksaft süßen und der Drink ist fertig. Der Nuss- oder Getreidedrink ist frisch bis zu drei Tage

haltbar. Wenn er länger halten soll, den Drink kurz aufkochen und in eine sterilisierte Flasche abfüllen. Diese
auf den Kopf stellen, sodass sich beim Abkühlen ein
Vakuum bilden kann. So ist der Drink im Kühlschrank
zwei bis drei Wochen haltbar.
Den Nuss- oder Getreiderest kann man auf einem Backblech trocknen und zum Backen verwenden.

WOHNEN

Es ist der dritte tote Efeu in diesem Jahr. Er liegt im Sterben, und ich bin nicht gewillt, die Wiederbelebungsversuche einzustellen. Fünf Sonnenblumen, eine halbe Wiese Rucola, Sprossen und Radieschen bevölkern meinen Balkon und meine morgendlichen Brötchen, aber dieser verschissene Efeu, der in meinem Wohnzimmer hängt, hat beschlossen, von mir zu gehen. Wir werden einfach keine Freunde, damit muss ich mich wohl anfreunden. Soll er mal sehen, wie er auf dem Biomüll zurechtkommt. Ohne mich.

Neben dem Efeu ist da noch die antike Staffelei in meinem Wohnzimmer, die zu mir spricht: »Milena, du wolltest doch wieder malen. Hobbys. Privatleben. Weißt du noch?« Ja, weiß ich. Nach meinem Besuch in der Pinakothek der Moderne in München war ich besonders beflügelt. Ich entdeckte die Staffelei beim Trödler, Acrylfarben habe ich sogar noch von früher, nur die Leinwand fehlte. Und die Muse. Die Staffelei stand dann lange in der Ecke und sah einfach nur gut aus. Jetzt steht eine Pinnwand drauf. Die zukünftigen Geschäftsfelder von *OU* stehen auf kleinen Zetteln, die wild auf die Pinnwand gepinnt sind. Wer wissen will, was in meinem Kopf vorgeht, muss nur mal das Chaos auf meiner Staffelei näher betrachten.

Rechts daneben stehen meine Bücher in zwei alten Ikea-Regalen, die ich seit mehreren Umzügen mit mir rumschleppe. Meine Bücher sind mir heilig. Müll hin oder her, aber die Bücher bleiben. Bücher hatten oft die Antworten inne, die ich nirgendwo anders fand. Bücher waren da für mich, wenn ich mich nicht raustraute, nicht weiterwusste. Bücher urteilen nicht. Bücher sind geduldig. Gegenüber am Fenster steht mein Sofa. Immerhin habe ich ein gebrauchtes Schlafsofa gefunden, das zu unbequem zum Schlafen ist, dafür aber furchtbar DDRig aussieht. Also, nicht der coole, bunte DDR-Style, sondern der spießbürgerliche. Man kann sich richtig vorstellen, wie Honeckers Bild drüberhing. Es hat einen Federkern. Das merkt man, sobald man draufsitzt. Liegen ist theoretisch möglich, aber an Schlaf ist nicht zu denken. Wenn ich das Sofa in einem Online-Kleinanzeigen-Portal einstelle, sollte ich mir vielleicht eine andere Beschreibung dafür einfallen lassen.

Der Schreibtisch, an dem ich hier sitze und dieses Buch schreibe, ist ursprünglich von Ikea. Er ging aber durch so viele Hände, Wohnungen und Büros, dass ich gerade nicht mal mehr zuordnen kann, wo ich ihn genau herhabe. Die Stühle – alte dänische Holzstühle mit schwarzem Lederbezug – sind das Designigste, was ich in diesem Haushalt habe. Neben ihnen sehen auch alle anderen Möbelstücke besser aus, und ich freue mich bis heute, ein Viererset so preiswert im Internet erwischt zu haben. Das war eine meiner wenigen guten Erfahrungen mit Kleinanzeigen-Portalen im Internet. Das ist nämlich eigentlich nichts für Ungeduldige und Leute mit etwas Designanspruch. Wenn ich Möbel oder andere Einrichtungsgegenstände brauche, schaue ich trotzdem immer erst mal bei Kleinanzeigen. Bisher habe ich da gefunden: mein ehemaliges italienisches Achtzigerjahre-Dancelli-Rennrad im Superzustand für knapp 250 Euro, ein furchtbar hässliches altes Ledersofa in Oranienburg (nicht zu verwechseln mit der Oranienburger Straße, wie es mir passiert ist – vierzig Kilometer Unterschied) und einen zuckersüßen kleinen Chihuahua-Welpen, der gar kein Chihuahua war, sondern eine Mischung aus Dackel und Jack Russell. Den Welpen schenkte ich meiner Schwester. Ihr Ehemann hat es mir bis heute nicht verziehen.

Die zig anderen Male, die ich versucht habe, ein Möbelstück privat oder fürs Büro zu erwischen, waren eine Horrorshow. Man fragt an, dann meldet sich keiner zurück, und dann gibt's doch eine Benachrichtigung, in der nur steht, dass die Anzeige gelöscht wurde. Fuck you! Einmal verabredete ich mich spätabends noch, um mir ein Fahrrad anzuschauen. Es befand sich auf der anderen Seite der Stadt, also locker eine 45 Minuten lange Bahnfahrt entfernt. Berlin ist so groß, dass es einem dann vorkommt, als würde man von seiner Stadt in die Nachbarstadt fahren. Das Fahrrad war also eigentlich zu weit weg, aber der Style, die Größe und der Preis stimmten, und ich war schon ein paar Tage fahrradlos und tieftraurig. Von meinem vorherigen Rad wurden mir nämlich einige Einzelteile geklaut. Das ist schlimmer, als wenn es ganz geklaut wird, weil man dann die Überreste des Diebstahls sehen kann, was einem echt einen Stich versetzt. Also, zumindest mir hat es einen Stich versetzt.

Ich begab mich also auf diese lange Reise, um kurz vor der Haustür des Anbieters eine SMS zu bekommen, das Fahrrad sei gerade weg, ein anderer Käufer sei mir zuvorgekommen. Das konnte nicht sein Ernst sein. Ich rief an. Keiner ging ran. Währenddessen ging ich weiter und kam bei der Haustür an. Ich klingelte. Vielleicht würde er mir eine Chance geben, und ich würde ihn überzeugen können, dass das Fahrrad in meinen Händen besser aufgehoben war. Ich pflege meine Fahrräder zwar schlecht, mache das aber mit viel Herz wieder wett. Doch nein: Der Verkäufer stellte sich tot. Ich klingelte noch mal. Immer noch nichts. Frustriert gab ich auf. Was sollte ich machen? Ich rief noch einmal an, doch der Typ drückte mich weg. Ich spielte mit seiner Klingel noch den Refrain von »Chabos wissen wer der Babo ist« nach und ging dann frustriert nach Hause. Was für ein Reinfall.

Das ist wahrscheinlich ein Berliner Problem. Die Nachfrage ist größer als das Angebot. Eigentlich super. Secondhand läuft. Die Leute kaufen sparsam und ökologisch ein – ob sie wollen oder nicht. Aber für mich und meine Ansprüche ist das dann doch manchmal ärgerlich. Daraus ergibt sich direkt die Frage: Gibt es beispielsweise überhaupt genug Secondhandmöbel für alle Menschen in Deutschland? Was wäre, wenn jetzt alle sofort aufhören würden, neue Möbel zu kaufen, und nur noch ihre alten reparieren oder secondhand einkaufen würden? Wo kämen die Möbel her? Würde der Preis dann steigen? Würden dann mehr Leute ihre Sachen zum Verkauf anbieten, statt sie nachts heimlich auf die Straße zu stellen? Was würde dann aus dem Neuköllner Motto »Ich beanspruche dieses Sofa für mich und stelle es an den Kanal, damit Kinder darauf rumklettern und Obdachlose darauf schlafen können« werden? Jede Entscheidung hat eine Konsequenz. Aber ich muss die Antworten auf solche Fragen nicht jetzt sofort haben. Wir können uns diesen Herausforderungen auch erst stellen, wenn sie eintreten. Bis dahin haben wir noch ganz andere Dinge zu klären.

Neben den Trödel- und Wohnungsauflösungsläden, die wirklich die günstigsten Möbel haben und auch für mich schon die schönsten Fundstücke bereithielten, gibt es natürlich noch Flohmärkte. Und auch da findet man Schätze. Die Händler sind oft professionell und zocken die Leute ab, wo es nur geht – vor allem auf den besonders hippen Flohmärkten. Wer in Berlin den Ring – also den Bereich innerhalb der Ringbahn – verlässt oder auch nur nach Schöneberg geht, kann schon wahre Wunder erleben. Das gilt wohl für jede Großstadt. Man muss sich nur die Zeit nehmen und ein paar Flohmärkte abfahren. Je ländlicher, desto preiswerter. Ein eigenes Auto braucht man für den Transport nicht unbedingt,

da gerade professionelle Händler oft liefern und auch Privat-
verkäuferinnen manchmal bereit sind, die Möbel für einen
kleinen Aufschlag direkt nach Hause zu bringen. Wer nicht
fragt, der nicht gewinnt!

Etwas, was ich von Freunden kenne: Die Dachböden von
Großeltern und Verwandten können Unmengen an Schät-
zen beherbergen. Besagte Verwandte freuen sich über den
Besuch, vielleicht gibt es sogar Kuchen, und ihr erleichtert
sie um alte Familienstücke, die damit in die nächste Generation wandern. Das Durchstöbern macht Spaß. Ein Designer-
sofa in einem Fachgeschäft kaufen kann jeder, der über das
nötige Kleingeld verfügt, aber die Geduld und das Gespür
für die Suche nach einem Vintage-Möbelstück legen die wenigsten an den Tag.

Möbel kann man aber nicht nur kaufen, sondern sich auch
selbst anfertigen. Im Internet gibt es viele Anleitungen, ganz
besonders Pinterest ist voll mit Ideen, was man alles aus Pa-
letten selber bauen kann. Besonders empfehlenswert ist auch
das Buch »Hartz IV Moebel.com« mit Anleitungen und einer tollen Online-Community rund um den Autoren und
Architekten Van Bo Le-Mentzel.

Wenn man fertig ist mit den Möbeln und dem Einrichten, kommt fast sofort die nächste Frage: Wie pflegt man die
Möbel jetzt? Und wie putze ich meine Wohnung am besten? Ganz ehrlich: Ich weiß es nicht, und dieses Nichtwissen
könnt ihr im nächsten Kapitel nachlesen.

SPÜLEN UND PUTZEN

Ich hasse Putzen. Ich hasse Putzen so sehr, dass sich alles in mir dagegen sträubt, dieses Kapitel zu schreiben. Manche finden es beruhigend, zu putzen, andere sehen es als Workout. Und dann gibt es diejenigen, die es wie ich abgrundtief hassen und einfach nur hinter sich bringen wollen.

Was mir jedoch Freude bereitet, ist das Herstellen der Reinigungsmittel: das Experimentieren, was funktioniert, und dann auch gezwungenermaßen mal selbst Hand anzulegen, um das Gemisch zu testen. Viele Produkte für den Haushalt sind einfach, ökologisch und vor allem günstiger selbst herstellbar, und das ist es, was mich daran fasziniert. Ich erhalte die Kontrolle darüber, was ich verwende, welche Wirkung es auf die Umwelt, meinen Haushalt und am Ende auf mich hat.

Eine Wirkung, die mir sofort auffiel, als ich von konventionellen Produkten zu selbst gemachten wechselte, war der Geruch. Nach dem Putzen riecht die Wohnung nicht mehr nach explodiertem Methlab, sondern einfach gar nicht. Und das ist angenehm. Es muss nicht nach Reinigungsmitteln stinken, damit ich weiß, dass es sauber ist. Dabei funktionieren die selbst gemachten Mittel auch noch und reinigen genauso gut wie die gekauften. Klar, es gibt immer Momente im Leben, da hilft nur noch Salzsäure, aber wie oft lässt man es so weit kommen?

Mit Reinigungsmitteln allein ist es aber oft nicht getan – gerade zum Spülen und Schrubben brauchen wir das entsprechende Handwerkszeug. Am besten plastikfrei und so, dass man es möglichst lange verwenden kann, damit man nicht weiter die Plastikindustrie befeuern muss.

Zum Spülen braucht man:

- ▸ Basics wie Küchenhandtücher, Spülbürsten aus Holz mit wechselbarem Kopf, Öko-Schwämme, die auswaschbar sind, Kupfertücher
- ▸ Muss nicht, aber kann: Flaschenbürsten, Topfbürsten und Grillbürsten aus Holz
- ▸ Alte Kleidung oder Handtücher kann man zerschneiden und als Lappen verwenden.

Für den Hausputz und sonstige Reinigungsarbeiten benötigt man einen Eimer aus Metall. Den gibt es zum Beispiel im Baumarkt oder im Secondhandshop. Einen Wischmopp und einen Besen mit Holzgriff, ein Kehrblech aus Metall und einen Handfeger aus Holz gibt es in Baumärkten, Drogerien und manchmal auch im Bio-Supermarkt des Vertrauens.

Die Bestandteile von Reinigungsmitteln und ihre Wirkung

Natron – wird in Europa chemisch aus Kochsalz gewonnen. Es ist auch bekannt als Backsoda, Speisesoda, Bullrich-Salz oder Kaiser-Natron. Ganz wichtig: Es ist kein Waschsoda und sollte mit diesem nicht verwechselt werden. Es wirkt desinfizierend, kalk- und fettlösend. Wir halten fest: Natron kann alles.

Waschsoda – darf nicht innerlich angewendet werden, also von Mund und Schleimhäuten fernhalten. Es verstärkt die Reinigungswirkung und ist gut als Waschmittel und Weichspüler geeignet – außer bei tierischen Stoffen wie Wolle und Seide. Es ist auch bekannt als Reine Soda. Man beachte: Soda ist als Gefahrstoff gekennzeichnet. Es sollte nicht eingeatmet werden und Augen- und Hautkontakt ist zu vermeiden.

Essig – riecht stark, aber immer noch weniger schlimm als konventionelle Reiniger. Essig wirkt auch für den menschlichen Körper wie ein Wundermittel: antibakteriell, entzündungshemmend und fiebersenkend. Für das Mischen eines Haushaltsreinigers nehme man vornehmlich Branntweinessig oder Tafelessig mit einem Essigsäuregehalt von 5 bis 10 Prozent. Zum Vergleich: Essigessenz hat 25 Prozent und müsste für die folgenden Rezepte entsprechend verdünnt werden.

Alkohol – ist Freund und Helfer. Alkohol gibt es in verschiedenen Formen. Mein Favorit ist guter Rotwein oder Wodka. Letzterer ist besonders gut für White Russians geeignet. Wenn man ihn nicht gerade trinken möchte, eignet er sich auch gut als Konservierungsstoff, Ergänzung für Wollwaschmittel oder Haushaltsreiniger.

Citronensäure – gibt es in trockener oder flüssiger Form. Sie besteht selten aus tatsächlichen Zitronen, wenn sie industriell hergestellt wurde (reiner Zitronensaft enthält 5 bis 7 Prozent Citronensäure). Sie eignet sich besonders gut zum Reinigen und Entkalken – außer bei Aluminium. Man beachte, dass Augenkontakt gemieden werden sollte. Das gilt nicht für den Blickkontakt. Der ist völlig in Ordnung.

Kernseife bzw. Olivenöl- oder Lorbeerölseife – die Letzteren sind palmölfrei, aber schwieriger aufzutreiben. Sie haben kein überschüssiges Glyzerin, Fett und Duft- oder Farbstoffe. Sie sind zudem alkalischer und härter und haben eine hö-

here Reinigungswirkung als normale Hautseifen. Kernseife
wird oft aus tierischen Fetten hergestellt und ist daher alles
andere als vegan. Das gilt nicht für die Seifenherstellung in
dem Film *Fight Club*.

Ein Buchtipp, der an dieser Stelle nicht fehlen darf, ist das
Werk des Blogs *Smarticular:* Es trägt den Namen »Fünf
Hausmittel ersetzen eine Drogerie« und enthält 300 Anwen-
dungen für Reinigungsmittel im Haushalt.

Putzmittel & Co. REZEPTE

Die wichtigsten Rezepte, wie ich sie selbst im Haushalt an-
wende, habe ich im Folgenden zusammengeführt.

Spülmittel
Zutaten:
   20 g geraspelte Kernseife bzw. Olivenölseife
   100 ml heißes Wasser
   500 ml Wasser
   2 TL Natron

Anleitung:
   Kernseife und heißes Wasser vermengen und umrühren, bis sich die Seife auflöst. Anschließend das Natron
   hinzufügen. Restliches Wasser und bei Bedarf ätherische Öle für einen angenehmen Geruch hinzufügen.
   Zum Schluss alles umrühren und in den Spüli-Behäl-
   ter umfüllen.

Flüssigseife

Feste Seife raspeln und mit Wasser abkochen. Abkühlen lassen und in einen Seifenspender abfüllen – fertig!

Allzweckreiniger (einfach)

Zwei Tassen Essig und eine Tasse Wasser vermischen, bei Bedarf ätherische Öle dazugeben. Die Mischung kann man in die alte Allzweckreiniger-Sprühflasche füllen.

Allzweckreiniger (komplexer)

Zutaten:

2 Tassen Wasser
2 EL Natron
2 EL geriebene Kernseife
bei Bedarf ätherische Öle

Anleitung:

Kernseife und Wasser in einem Topf erhitzen und die Kernseife einrühren, bis sie sich aufgelöst hat. Anschließend Natron dazugeben und zum Schluss für einen angenehmen Geruch ein paar Tropfen ätherische Öle hinzugeben. Die Mischung abschließend in die alte Allzweckreiniger-Flasche füllen.

Spülmittel für die Spülmaschine

Zutaten:

3 EL Natron
3 EL Citronensäurepulver
3 EL Soda
1 EL reines Kochsalz

Anleitung:

Alle Zutaten in ein trockenes Glas geben, dieses schließen und gut durchschütteln. Für einen Spülgang zwei Teelöffel des Pulvers statt eines Tabs in das dafür vorgesehene Fach der Spülmaschine geben. Bei zu starkem Schmutz kommt das Mittel allerdings leicht an seine Grenzen, und dann hilft nur noch Hand anlegen.

Klarspüler

Einfach Tafelessig statt Klarspüler verwenden. Es hat die gleiche Wirkung, reduziert Kalkbeläge von Gläsern und Besteck und beschleunigt die Trocknung.

Spülmaschinensalz

Spülmaschinensalz ist eigentlich reines Natriumchlorid, nur ist es hochgereinigt und grobgekörnt. Stattdessen lässt sich reines, grobkörniges Kochsalz ohne Rieselhilfen, Iodide oder Fluoride verwenden. Diese Zusätze würden den Ionentauscher, der für die Wasserenthärtung in der Spülmaschine zuständig ist, beeinträchtigen.

Fensterreiniger

Zutaten:

1 Tasse Wasser
1 Tasse Alkohol
2 TL Apfelessig

Anleitung:

Alle Zutaten vermengen und in eine alte Sprühflasche füllen – schon ist der Reiniger fertig.

Abflussreiniger
Eine Tasse Waschsoda in den Ausguss schütten, dazu
eine halbe Tasse Essig. Jetzt schäumt es und heißt ab-
warten. Danach mit Wasser alles ablaufen lassen.

Dielenbodenpflege

Nicht nur in Berliner Altbauten, sondern kreuz und quer
durch die Republik schmückt Holz unsere Böden und
bedarf etwas mehr Pflege, als der Allzweckreiniger bietet.
Zutaten:
2 Tassen Pflanzenöl
1 Tasse Essig
1,5 l Wasser
ätherische Öle

Anleitung:
Alle Zutaten vermengen. Mit der Mischung und einem
nicht zu nassen Mopp den vorher gesaugten Boden wi-
schen.

Waschen

Erst mal gilt: niedrige Temperaturen von 30 bis 40 °C
tun es meistens auch. Das schont die Kleidung und
spart Energie. Achtung, Soda kann tierische Fasern wie
Wolle und Seide negativ beeinflussen!

Waschmittelpulver für normale Wäsche

Zutaten:
3 Tassen geraspelte Kernseife
2 Tassen Soda
2 Tassen Natron

Anleitung:
Alles vermischen und bei Bedarf mit ätherischen Ölen ergänzen. Wenn man es richtig pulverig haben will, kann man es in einem Mixer noch weiter zerkleinern. Bei Weißwäsche eine Tasse Citronensäure zum Bleichen hinzufügen.

Flüssigwaschmittel
Zutaten:
2 EL Soda
2 EL geraspelte Kernseife
1 l Wasser
ätherische Öle

Anleitung:
In einem Topf ein Drittel des Wassers mit Soda und Kernseife aufkochen und verrühren, bis sich alle Zutaten aufgelöst haben. Anschließend stehen lassen und nach dem Abkühlen das zweite Drittel hinzufügen. Über Nacht stehen lassen, dann das letzte Drittel Wasser dazugeben und noch mal kurz aufkochen. Zum Schluss bei Bedarf ätherische Öle hinzufügen. Vor der Benutzung gut schütteln.
Bei dunklerer Kleidung Essig als Weichspüler verwenden – das beugt auch gegen Schlieren vor.

Weichspüler
Zum Waschen sind Weichspüler nicht wirklich notwendig. Gerade konventioneller Weichspüler kann sich sehr negativ auf Wasserorganismen auswirken, wenn es in Gewässer gelangt, und sollte daher vermieden werden. Wer aber seine Wäsche weich und gut duftend

mag, kann stattdessen eine eigene Mischung verwenden, für die man fünf Teelöffel Natron in einem Liter Wasser auflöst und das Ganze mit ätherischen Ölen verfeinert.

Tricks und Tipps

- Mit Citronensäure kann man Wäsche weiß machen, ohne Bleiche zu verwenden.
- Backpulver im Schuh wirkt gegen Gerüche – anschließend nicht vergessen, das Backpulver zu entfernen!
- Etwas Natron auf einem Teller im Kühlschrank wirkt gegen unangenehme Gerüche.
- Mit Essig kann man Geräte wie etwa Wasserkocher entkalken.
- Mit Essig kann man Kaugummis entfernen, indem man den Bereich rings um das Kaugummi damit einweicht und das Ganze einwirken lässt.
- Blutflecken auf Textilien sollte man mit kaltem Wasser nass machen, anschließend Backpulver draufgeben, trocknen lassen und warm waschen.
- Beim Entfernen von Stickern hilft ein mit Wodka befeuchtetes Tuch.
- Um Gerüche von Zwiebeln und Knoblauch an den Händen loszuwerden, kann man sie mit Salz und Essig einreiben.
- Bei Weinflecken sollte man den Fleck sofort mit Salz abdecken, einwirken lassen und dann mit kaltem Wasser abspülen.
- Fett- und Ölflecken kann man mit Speisestärke oder Backpulver abdecken und 20 Minuten trocknen lassen.

Mit einer Bürste kann der Fleck anschließend wegge-
bürstet werden.

▸ Alle anderen Flecken sollte man vor der Maschinen-
wäsche einfach mit Gallseife vorbehandeln.

KÖRPER-
PFLEGE

Die Haut ist das größte Organ meines 1,50 Meter großen
Körpers. Sie ist das größte Organ bei jedem Menschen, und
trotzdem behandeln wir sie nicht mit dem nötigen Respekt.
Wir schmieren sie mit Chemie voll und wissen oft gar nicht,
was wir uns da antun. Wir glauben an das Versprechen der
Werbung, dass wir mit dem richtigen Produkt die perfekte
Haut kriegen wie Kate Moss. Aber selbst Kate Moss hat nicht
wirklich eine so perfekte Haut, wie in ihren Werbeanzeigen
dargestellt wird.

Wenn ich in den Spiegel schaue, konzentriere ich mich auf
die kleinen Unreinheiten in meinem Gesicht, die zu große
Nase, die Schuppen der trockenen Haut am Kinn, die glän-
zende Stirn, die Augenbrauenhärchen, die unzähmbar wirken, die Sommersprossen an all den falschen Stellen – statt
einen Schritt zurückzutreten und das Gesamtbild zu sehen:
eine junge Frau mit nicht perfekter Haut, die aber auch nicht
viel schlimmer ist als die von anderen. Ich habe 27 Jahre lang
gelernt, meine Fehler zu suchen und das Schöne gar nicht
zu sehen. Denn der schönen Seite kann man keine Produkte
verkaufen. Die Werbung verspricht, Wunder zu bewirken,
aber die brauchen wir gar nicht. Wir können unsere eigenen
Wunder vollbringen. Dafür muss man nur etwas von grund-
legender Naturkosmetik verstehen und vielleicht mit der
Ernährung experimentieren. Und das tun wir. Wir wollen
müllarm leben, aber auch schadstoffarm. Wir wollen nicht
das Beste, was die Drogerie zu bieten hat. Das Beste ist nicht
gut genug.

Wir wollen wissen, was in unseren Produkten enthalten
ist, welche Wirkung die Inhaltsstoffe auf den Körper haben,
aber auch auf die Umwelt. Wir wollen wissen, was die individuelle Lösung für unsere Haut ist. Meine Haut ist anders
als die eines asiatischen Teenagers, einer Frau in den Wech-

seljahren aus Südamerika oder eines Mannes gleichen Alters. Es gibt nicht nur die Hauttypen – sensibel, trocken, fettig, Mischhaut und normal. Man muss auch beachten, wie hoch der Stresspegel ist, wie die Ernährung aussieht, wie geschminkt und natürlich wie gepflegt wird.

Der einzige Weg, die passende Pflege für sich selbst zu finden, ist, es auszuprobieren – und die Kosmetik selbst zu machen.

ERNÄHRUNG UND IHRE WIRKUNG AUF DIE HAUT

Die Kosmetikhersteller erklären immer wieder, dass ihre Produkte – mit Zusatz XYZ und von Dermatologen getestet – uns dabei helfen können, Hautkrankheiten zu meistern oder auch ein besseres Hautbild zu erzielen. Man erhält das Gefühl, die einzige Möglichkeit sei, die Haut von außen mit teuren Mittelchen zu behandeln. Dabei sind die Cremes und Cleaner und Toner das fast Letzte, was Einfluss auf unsere Haut hat. Viel entscheidender ist der Level an Stress, dem wir uns aussetzen, wo wir wohnen, wo wir arbeiten, wie viel Sport wir treiben und nicht zuletzt, was wir essen.

Die Haut zieht sich ihre Nährstoffe vor allem aus der Nahrung und reagiert auf all die äußeren und vor allem inneren Einwirkungen. Daher fängt die Pflege bei der Ernährung an. Es gibt nicht die *eine* korrekte Ernährung, es gibt nicht *ein* System, das alle Hautkrankheiten auslöscht. Einigen Menschen hilft die vegane Ernährung dabei, ihre Neurodermitis zu reduzieren. Das heißt aber nicht, dass das bei jedem funktioniert. Unser Organismus ist etwas sehr Individuelles und generelle Aussagen können einfach nicht getroffen werden.

Dennoch: Viel Wasser zu trinken und sich ausgewogen zu ernähren hat noch niemandem geschadet – aber eben auch nicht alle Probleme gelöst.

Was hilft, ist: ausprobieren – und mitschreiben. Alle zwei Wochen ein oder mehrere Lebensmittel streichen und schauen, wie die Haut reagiert. Als ich auf meinen geliebten Kefir verzichtete, merkte ich zunächst keinen Unterschied. Als ich jedoch anfing, ihn wieder zu trinken, wurde meine Haut sogar noch unreiner als vorher. Trotz meiner russischen Herkunft soll das mit dem Kefir anscheinend einfach nicht sein. Über mehrere Wochen hinweg notierte ich alles, was ich aß, und in welchem Zustand sich meine Haut befand, und versuchte, Zusammenhänge herzustellen. Es war nervig, anstrengend, ich vergaß es oft, aber sobald es zur Routine wurde, half es mir zu verstehen, was meinem Körper guttut und was nicht. So ein Ernährungstagebuch hilft einem auch dabei, eine Übersicht zu bekommen, was man eigentlich so isst. Lange Zeit dachte ich, ich sei Vegetarierin – aber mein Ernährungstagebuch machte mich dann doch auf tägliche kleine Ausnahmen aufmerksam. Nachdem ich dann »Tiere Essen« von Jonathan Safran Foer gelesen hatte, war es auch mit den Ausnahmen vorbei – und ich vermisse sie nicht.

Denjenigen, die tiefer in das Thema einsteigen wollen, empfehle ich das Buch »Skin Cleanse« von Adina Grigore.

WARUM NATURKOSMETIK?

Der Begriff Naturkosmetik ist nicht von einem einheitlichen Siegel (wie dem Bio-Siegel bei Lebensmitteln) geschützt. Am Ende des Tages könnte man bestimmt auch Salzsäure verkaufen und als Naturkosmetik bezeichnen. Aber, es gibt

Chemikalien, die ausgeschlossen sind, dazu gehören: Polyethylenglycol (PEG), Silikone, Parabene, synthetische Duftstoffe, Paraffine und Erdölprodukte.

Es gibt mehrere Siegel für Naturkosmetik, an denen man zumindest bestimmte Eigenschaften der Produkte erkennen kann. Die bekanntesten sind die folgenden:

▸ Das BDIH-Siegel weist darauf hin, dass die Inhaltsstoffe überwiegend aus ökologischem Landbau stammen.

▸ Das ECOCERT-Siegel verspricht, dass mindestens 95 Prozent der Inhaltsstoffe natürlichen Ursprungs sind und dass mindestens fünf Prozent der Inhaltsstoffe und mindestens 50 Prozent der pflanzlichen Stoffe aus biologischem Anbau stammen.

Konventionelle Kosmetik kann durch die unüberschaubare Menge an chemischen Inhaltsstoffen krebserregend wirken und den Hormonhaushalt durcheinanderbringen. Ich habe mal von einer Regel gehört, die ich sehr gut finde. Sie besagt, dass man ein Produkt nicht auf seiner Haut anwenden sollte, wenn man einen der Inhaltsstoffe nicht mal vorlesen kann.

Was ich viel beobachte, bei mir, aber auch bei Freundinnen: Wir versuchen, mit dem vielen Geld, das wir für Pflegeprodukte ausgeben, unser schlechtes Gewissen freizukaufen. Wir wissen, was wir unserer Haut mit dem Stress, dem Rauchen und Trinken und der schlechten Ernährung antun, aber es ist nun mal leichter, die zehnte Creme mit ganz besonderen, magischen Zutaten zu kaufen, als das Stresslevel zu reduzieren.

Das Zero-Waste-Badezimmer ist genauso erstrebenswert wie die Zero-Waste-Küche, aber wesentlich einfacher umzusetzen.

Zunächst beginnen wir mit dem Ausmisten. Man selektiert schon mal vor: Was ist abgelaufen? Was wird gar nicht genutzt? Was ist schlichtweg ungesund? Das wird alles direkt aussortiert.

Diesmal verwenden wir eine andere Technik als in der Küche, um wirklich auf das Nötigste zu reduzieren, nämlich die bereits im Abschnitt »Die Packaging-Party« erklärte Umzugskistentechnik: Man packt alles, was man in seinem Badezimmer hat, in eine Umzugskiste, wenn nötig auch zwei. Alle Handtücher, die Feuchtigkeitstücher, das Raumspray, alles, was nicht niet- und nagelfest ist.

Zweck der Übung ist es, rauszufinden, was man wirklich im täglichen Leben braucht und was man nur behält, weil es einfach schon da ist und man sich offensichtlich nicht davon trennen konnte. Wie schon erklärt, packt man also immer nur das aus, was man gerade braucht. Das, was nach vier Wochen noch in den Kisten ist, kann man verschenken oder, noch besser, an Einrichtungen für Obdachlose verschenken. Gerade diese freuen sich über Einwegrasierer und Duschzeug.

Tipps und Tricks

Nach dem Ausmisten heißt es erst mal: alles aufbrauchen und dann langsam mit nachhaltigeren Alternativen ersetzen. Danach muss man auch hier darauf achten, keinen neuen Müll anzuhäufen. Dabei helfen einem folgende Tipps:

Feste Seifen verwenden! Sie sind umweltfreundlicher und viel billiger als Flüssigseife – ein Stück Seife hält um ein Vielfaches länger als die Menge an Flüssigseife, die man für das gleiche Geld erhalten würde. Feste Seife hat auch den Vorteil, dass sie aus einfachsten Inhaltsstoffen besteht. Flüssigseife dagegen ist voll von Konservierungsstoffen, die nötig sind, um ihre Konsistenz zu bewahren. In Flüssigseife ist natürlich auch eine riesige Menge Wasser enthalten, das durch die Gegend gefahren werden muss, was wiederum schlecht für die Umwelt ist, weil es den CO_2-Ausstoß erhöht. Man sollte aber darauf achten, dass Seifen ohne Palmöl verwendet werden. Für den Palmölabbau muss die Umwelt so stark leiden, dass der gute Effekt des Produkts dabei flöten geht.

Wenn man verreist, sollte man auf die Versuchung verzichten, in Hotels die Kleinstverpackungen von Bodylotions, Shampoos und Duschgels zu verwenden. Das Krasseste, was ich in der Hinsicht nach einer Konferenz in einem Fünfsternehotel erlebt habe, waren Einwegpantoffeln und sechs verschiedene Sorten Badezusätze. Ich liebe Baden und Schaum, und es war die schwierigste Herausforderung, nicht alle auf einmal in den Jacuzzi zu werfen, den Jacuzzi und mich volllaufen zu lassen und mir den Blick über Stockholm zu gönnen. Stattdessen packte ich meine eigene Haarseife aus und war schließlich auch mit der Dusche rundum versorgt. Und na ja, eine Sauna gab's da auch noch. Viel von Stockholm habe ich bei dieser Reise wirklich nicht gesehen.

Die Werbung erzählt uns, wir müssten jetzt das neue X und den neuen Zusatzstoff Y ausprobieren. Wir können das aber auch sein lassen. Ich habe vor langer Zeit konventionelle

Frauenzeitschriften aufgegeben. Die bestehen zu 80 Prozent aus Werbung, die mir sagt, was ich zum Glücklichsein brauche. Unglücklich sein kann ich aber auch so. Statt also ständig was Neues zu kaufen, stelle ich lieber Kosmetik selber her, was meinem Körper auf natürliche Weise guttut.

Einwegrasierer sind nicht nur eine Pest für die Umwelt, sondern auch für die Haut, weil sie oft stumpf und schwer zu handhaben sind. Am besten erst gar nicht in den Haushalt kommen lassen.

Abschminkpads, Wattebäusche und -stäbchen – Ich kenne Frauen, die beim Schminken allein bis zu fünf Wattestäbchen verbrauchen, und dann noch mal unzählige zum Abschminken. Das geht auch anders: Als Alternative für Wattestäbchen gibt es Ohrreiniger – kleine Holzstäbchen, mit denen man vorsichtig seine Ohren reinigen kann. Oder man lässt es ganz sein: Das Ohr kann die Schmalzproduktion selbst sehr gut reduzieren.

Als Alternative für Wattebäusche gibt es wiederverwendbare Abschminkpads. Die gibt es zu kaufen, man kann sie aber auch einfach selber nähen, am besten aus einem weichen und saugfähigen Stoff.

Jetzt kommt der beste Tipp aller Zeiten. Einer, auf den auch Frauen fernab von Zero Waste schwören: Menstruationstassen. Das kleine Silikonbecherchen kann man falten und in die Scheide (oh Gott, sie hat Scheide gesagt) einführen. Es ploppt auf und fängt das Blut auf. Das Gute daran: Man spart sich nicht nur 11 000 Tampons im Leben, sondern steckt sich auch ganz einfach keine Wattebäusche voller Chemie mehr in die Muschi. In Tampons sind nämlich auch einige Stoffe drin, die in Kombination mit Bakterien in der Scheidenflora zum Toxischen Schocksyndrom führen können. Von solchen Fällen wird immer wieder berichtet, aber nicht oft genug gewarnt. Zu lange Benutzung und mangelnde Hygiene können zu einem Komplex von Symptomen führen und diese wiederum zu Kreislauf- und Organversagen. Wem Tampons generell nicht geheuer sind, der kann zu Stoffbinden wechseln. Diese sind leicht zu nähen, man kann sie aber auch fertig erwerben.

Nachdem wir die Tempos verbannt haben, müssen wir uns dennoch die Nase schnäuzen. Wenn das Herz bricht, man beim Anblick des neuen Jimmy-Kimmel-Videos »I Told My Kids I Ate All Their Halloween Candy« vor Lachen heulen muss, oder wenn die Erkältung einen niederstreckt. Es gibt nichts Schöneres als ein Stofftaschentuch, das einen durch diese Zeit begleitet. Auch hier mal bei den Eltern oder Großeltern fragen, ob sie nicht noch ein paar von früher haben. Ich erinnere mich sogar noch an die alten russischen Stofftaschentücher meiner Eltern aus meiner Kindheit. Was tut man, wenn man aus Russland auswandert? Erst mal eine Tasche voller Stofftaschentücher packen, wer weiß, was es alles in Deutschland nicht gibt. Und irgendwo haben sie ja recht behalten: Stofftaschentücher gibt es heute fast nur noch im Internet oder selbst gemacht.

Toilettenpapier – braucht man. Natürlich nur recyceltes, das am besten nicht in Plastik verpackt ist. Es gibt Bambustoilettenpapier mit einer Kartonverpackung und tollem Design für einen Preis, für den man im Aldi einen Wocheneinkauf für eine fünfköpfige Familie erhält. Dafür fühlt es sich gut an – und habe ich schon das tolle Kartonverpackungsdesign erwähnt?

Damit es wirklich sauber wird, benutzen viele Feuchtigkeitstücher für ihren Allerwertesten. Diese verstopfen aber die Kanalisation und sind eine Chemiekeule, die man an eine der empfindlichsten Stellen überhaupt anlegt. Alternativ gibt es zum Beispiel, wie im arabischen Raum üblich, Dusch-WCs oder kleinere, handlichere Po-Duschen wie die von *HappyPo*. Das sind kleine, schön designte Flaschen, gefüllt mit Wasser. Bei Druck kommt ein Wasserstrahl raus, der den Po sauber macht. Auch Bidets sind eine gute Lösung. Für manche tut es aber auch einfach ein nasser Waschlappen.

Wo finde ich das jetzt alles?

Das ist eine gute Frage. Fangen wir einfach mal an:

- ▸ Keine große Überraschung, aber Unverpackt-Läden haben oft auch eine kleine Drogerieabteilung mit vielen der gesuchten Produkte. Wenn es etwas nicht geben sollte, kann man die Mitarbeiter ruhig darauf ansprechen. Man ist wahrscheinlich nicht die einzige Kundin, und die Ladeninhaberin freut sich, ihr Sortiment erweitern zu können.
- ▸ Lokale Naturkosmetikmanufakturen können manchmal auf Anfrage ein bestimmtes Produkt individuell für die eigenen Hautbedürfnisse herstellen, zum Beispiel ein Shampoo oder eine Creme für besonders sensitive trockene Haut. Wenn diese Produkte leer sind, kann man sie dort auch wieder auffüllen lassen.
- ▸ Apotheken haben viele Rohstoffe, die man als Zutaten

für die eigene Herstellung von Kosmetikprodukten braucht. Wenn man nett fragt, füllen die Mitarbeiter einem auch was ohne Verpackung ab.

- ▸ Kleine, inhabergeführte Naturkosmetikgeschäfte führen Haarseifen oder palmölfreie Seifen. Und wenn nicht, lohnt sich auch hier das Nachfragen.
- ▸ Große Naturkosmetik-Ketten sind nicht ganz so durchsichtig, was ihre Inhaltsstoffe angeht, und haben oft lange Lieferketten, aber dafür manchmal unverpackte oder zumindest plastikarme Kosmetikprodukte.
- ▸ Und dann gibt es natürlich auch Zero-Waste-Online-Shops, unter anderem auch den von *Original Unverpackt*. Eine aktuelle Liste von Shops ist in der Facebook-Gruppe **Ohne Wenn und Abfall** zu finden.

PFLEGEPRODUKTE SELBST GEMACHT

Von Walter White und Jesse Pinkman aus »Breaking Bad« haben wir gelernt, dass jeder Chemiker und Drogenbaron werden kann. Für ein Chemielabor reicht ein Wohnmobil – oder halt auch eine saubere Küche, ein bisschen Equipment und die richtigen Rohstoffe. Die gibt es in der Apotheke, sogar ohne Rezept, aber auch in der Drogeriekette des Vertrauens. Daraus mischen wir uns unsere eigene Kosmetik. Das hat den Vorteil, dass es oft wesentlich günstiger ist, als fertige Produkte zu kaufen, und für viele Produkte wie Mascara gibt es einfach noch gar keine Zero-Waste-Lösung, die man fertig kaufen kann.

Je länger die Rohstoffe haltbar sind, desto länger wird auch das selbst hergestellte Produkt haltbar sein. Wenn man Öle und Fette im Kühlen, Dunkeln und Trockenen lagert, kann man ihr Mindesthaltbarkeitsdatum (MHD) eigentlich ignorieren, da sie sich fast unbegrenzt halten. Wenn ich ein Peeling selbermache, bestehend aus Kaffeepulver, das in sechs Monaten abläuft, und Olivenöl, das erst in ein paar Jahren abläuft, gilt aber natürlich trotzdem das MHD des Kaffeepulvers. Wenn Wasser oder frische Lebensmittel dabei sind, verkürzt sich das MHD dramatisch.

Eine der wichtigsten Regeln: Man sollte ein kleines Etikett verwenden oder das Behältnis mit einem Folienstift beschriften – darauf sollte stehen, was darin enthalten ist, wann es hergestellt wurde und bis wann es haltbar ist. Und zwar bei jedem Produkt! Heute weiß ich noch, was es ist, aber in drei Monaten wird mich sonst eine unbekannte Masse anstarren, die vielleicht schon zum Leben erwacht ist.

Dreckige Pinsel und Schwämme übertragen Bakterien und sorgen so dafür, dass sich die Haltbarkeit der Produkte verkürzt, in denen sie verwendet werden. Deswegen gilt es, sie regelmäßig zu reinigen. Man kann die Haltbarkeit auch verlängern, indem man jedes Mal einen sauberen Löffel oder Spatel benutzt, um so wenig Keime wie möglich in das Behältnis mit dem Kosmetikprodukt zu bringen.

Kleinere Portionen kann man in kleine Behältnisse wie Tiegel umfüllen, den Rest einfrieren. Wenn man Nachschub braucht, muss man das Produkt einfach auftauen lassen.

Richtlinie für die Haltbarkeit von Rohstoffen:

- ▶ Damit Butter und Öle nicht ranzig werden, kann man Vitamin E hinzufügen.
- ▶ Trockene Inhaltsstoffe mit Ölen halten bis zu sechs Monate.
- ▶ Frische Inhaltsstoffe wie Obst und Gemüse sowie frische Kräuter mit Ölen halten bis zu einer Woche.
- ▶ Inhaltsstoffe mit einer Wasserbasis halten bei einer gekühlten Aufbewahrung bis zu zwei Wochen, ansonsten eher eine Woche.
- ▶ Inhaltsstoffe mit Wasserbasis und Konservierungsstoffen wie Alkohol halten drei bis sechs Monate.

Qualität

Wenn einem Bio in der Ernährung wichtig ist, dann sollte man den gleichen Maßstab natürlich auch an seine Kosmetik legen. Für die Umwelt und für einen selbst. Für seine Haut sollte man sich nur das Beste gönnen.

Hygiene

Das A und O bei Lebensmitteln, aber auch in der Kosmetikherstellung. Denn wenn sich Bakterien da hineinverirren, wo sie nicht hingehören, ist das Produkt schnell schlecht und man kann es gleich sein lassen. Also: erst mal 30 Sekunden lang die Hände waschen. Etwa so lange dauert es nämlich, bis alle Bakterien abgetötet sind. Und dann desinfizieren. Behälter und Equipment sollten so sauber wie möglich sein. Das Equipment und viele Behälter und Tiegel kann man aus-

kochen – 20 Minuten in kochendem Wasser oder 15 Minu-
ten im Backofen bei ca. 130 °C. Danach ist jeglicher Organismus tot. Schlecht für sie, gut für uns.

Die Arbeitsfläche kann man gründlich mit Essigreiniger oder hochprozentigem Alkohol reinigen, trocknen lassen, und dann ist man bereit für die eigentliche Action: die Herstellung der eigenen Kosmetik.

Die Rezepte habe ich nach bestem Gewissen ausprobiert, aber ich bin keine Ärztin, Apothekerin oder Chemikerin. Ich will die Leserinnen und Leser dazu ermuntern, selbst zu experimentieren, aber auch im Falle eines Falls den Arzt oder die Apotheke des Vertrauens zu kontaktieren.

Alle Rezepte sind vegan und können gegebenenfalls der eigenen Haut und den individuellen Bedürfnissen angepasst werden. Wenn es nicht gleich beim ersten Mal gelingt, sollte man es einfach öfter probieren und die Mengen der einzelnen Zutaten leicht anpassen. Bei den Dosierungen habe ich kleine Mengen angegeben, sodass ihr erst mal probieren könnt, ohne gleich alle Vorräte aufzubrauchen. Wenn ein Rezept gut klappt und zu euch passt, könnt ihr die Dosiermengen einfach verdoppeln oder verdreifachen.

Einige der Zutaten wie Vitamin E, Xylitol oder Xanthen und viele andere gibt es nicht im Drogeriemarkt. Man findet sie aber in Apotheken oder bei Online-Händlern, die auf die Herstellung von Naturkosmetik spezialisiert sind.

Zum Teil habe ich die Rezepte erfunden, andere wurden so oder ähnlich schon mehrfach empfohlen und angewendet. Ich habe sie für meine Bedürfnisse angepasst und rate allen Leserinnen, es mir gleichzutun. So oder so, jetzt geht es los.

Gesichtscreme für trockene Haut

Zutaten:
  2 EL Sheabutter
  1 EL Kakaobutter
  1 EL Mangobutter
  1 EL Jojobaöl
  ½ TL Vitamin E
  ätherische Öle nach Bedarf

Zubereitung:
  Zuerst die Buttern in einem Wasserbad schmelzen lassen, vermischen und dann mit dem Öl vermengen. Zum Schluss das Vitamin E hinzufügen.

Anwendung:
  Creme mit einem Spatel auf die Hände geben, sie wird flüssiger durch die Handwärme. Anschließend kann man sie gut auf das nasse Gesicht auftragen. Im Kühlschrank bis zu sechs Monate haltbar.

Gesichtscreme für fettige Haut

Zutaten:
  2 EL Jojobaöl
  1 EL Hanf-, Sonnenblumen- oder Arganöl
  1 EL Aloe-Vera-Gel
  1 TL Glyzerin
  ½ TL Vitamin E

Die Öle und das Gel in einem hitzebeständigen Gefäß im Wasserbad zum Schmelzen bringen. Anschließend Vitamin E hinzufügen. Die Flüssigkeit mit einem Milchaufschäumer aufschlagen, bis sie cremig wird. Ätherische Öle (zum Beispiel Grapefruit) nach Belieben hinzufügen. Bei unreiner Haut 5 Tropfen Teebaumöl untermischen. Im Kühlschrank ist die Creme bis zu drei Monate haltbar.

Starke Gesichtsreinigung

Zutaten:

2 EL gehobelte Kernseife

2 EL Jojobaöl

8 Tropfen Teebaumöl

Zubereitung:

Kernseife und Öl vermengen und gut schütteln. Anschließend das Teebaumöl dazugeben und schütteln. Vor der ersten Anwendung ein paar Stunden ziehen lassen und vor jeder Nutzung einmal schütteln.

Anwendung:

Kleine Menge (weniger als ½ TL) auf dem nassen Gesicht einmassieren und mit Wasser abwaschen.

Leichte Gesichtsreinigung bei empfindlicher Haut

Zutaten:

3 EL Haferflocken

1 EL Kokosöl

Zubereitung:
Haferflocken im Mixer zerkleinern und mit flüssigem Kokosöl vermengen. Hart werden lassen. Wasser von dem Mix fernhalten, dann ist er etwa 7 bis 10 Tage haltbar.

Anwendung:
Den Haferflocken-Öl-Mix auf das Gesicht auftragen, leicht einmassieren und anschließend mit Wasser abwaschen.

Peeling

Die meisten konventionellen Peelings riechen nicht nur gut und haben schöne bunte Einwegverpackungen, sondern sind auch noch voll von Mikroplastik. Dabei kann man natürliches Peeling so einfach selber machen.

Zutaten:
1 EL Grobkörniges Kaffeepulver
2 EL Olivenöl

Zubereitung:
Beide Zutaten in einem Behälter vermischen.

Anwendung:
Auf die Haut auftragen, einmassieren und abwaschen. Wenn kein Wasser in den Behälter gelangt, bis zu einem Monat haltbar.

Handcreme

Sehr reichhaltig, besonders angenehm im Winter.

Zutaten:
    1 EL Kakaobutter
    1½ EL Mangobutter
    1 EL Jojobaöl
    1 EL Olivenöl
    1 EL Sheabutter
    ½ EL Carnaubawachs
    ätherische Öle je nach Duftwunsch

Zubereitung:
Kakaobutter, Mangobutter, Sheabutter und das Carnaubawachs schmelzen lassen. Wenn es noch warm ist, mit dem Öl verrühren, in den Aufbewahrungsbehälter abfüllen, offen kalt werden lassen, dann ätherische Öle hinzufügen und zum Schluss hart werden lassen.

Deo

Die Umstellung des Körpers vom konventionellen Deo auf das natürliche Deo kann ein bis zwei Wochen dauern. Konventionelle Deos enthalten oft gefährliche Aluminiumsalze, die die Haut erst wieder vollständig loswerden muss. In der Umgewöhnungszeit empfiehlt es sich, weniger Polyester und mehr Baumwolle zu tragen – dann riecht der Schweiß nicht ganz so streng. Naturkosmetik und selbst gemachte Deos lassen die Schweißbildung zu, unterbinden aber den Geruch. Konventionelle Deos dagegen verstopfen nur die Poren und halten so den Schweiß auf.

Dickflüssiges Deo für den Roller

Zutaten:

2 TL Natron

2 TL Maisstärke

15 Tropfen ätherische Öle nach Wunsch

100 ml Wasser

Teebaumöl gegen Bakterien

Zubereitung:

Wasser erwärmen, Maisstärke dazugeben, einrühren, vom Herd nehmen, abkühlen lassen und dabei das Natron einrühren, anschließend die ätherischen Öle nach Bedarf hinzugeben. Das Deo in einen alten oder neuen Deo-Roller einfüllen.

Deospray

Zutaten:

50 ml Wodka

100 ml abgekochtes Wasser

15 Tropfen ätherische Öle nach Wunsch

Zubereitung:

Wodka und Wasser gut vermischen, anschließend die ätherischen Öle dazugeben. Das Deo in eine alte oder neue Sprühflasche füllen.

Lippenbalsam

Zutaten:

2 TL Carnaubawachs

2 TL Sheabutter

2 TL Kokosöl

Zubereitung:

Alle Zutaten schmelzen lassen, verrühren, in das Lippenbalsam-Döschen füllen und abkühlen lassen.

Lippenpeeling

Befreit von Hautfetzen auf den Lippen und schmeckt leider sehr, sehr gut.

Zutaten:

1 TL Agavendicksaft
1 TL Rohrzucker
1 TL Kokosöl

Zubereitung:

Alle Zutaten in ein Döschen füllen und darin verrühren und aufbewahren. Das Peeling auf die Lippen auftragen, kurz einwirken lassen, dem Drang widerstehen, es abzulecken, und mit dem Zeige- und Mittelfinger vorsichtig einmassieren.

Sonnencreme

Kokosöl hat einen sehr leichten Lichtschutzfaktor. Wenn man sich als Erwachsener kurz in der Sonne aufhält und nicht gerade empfindlich ist, reicht es aus, sich damit einzucremen. Leider schützen Pflanzenöle nicht gegen UVA-Strahlung. Für Kinder sind Pflanzenöle daher nicht geeignet.

Zutaten:

5 EL Kokosöl
10 g SoFi TIX Breitband
1 EL Kakaobutter
½ TL Vitamin E

Anmerkung:

Das SoFi Tix Pulver kann online bestellt werden. Es besteht aus Titanoxid und Zinkoxid und reduziert UVA- und UVB-Strahlung. Für einen Lichtschutzfaktor von 20 sollte das Mengenverhältnis von SoFi TIX zu Kokosöl 1:10 betragen. Um sicherzugehen, kann man das Kokosöl abwiegen.

Zubereitung:

Das Pulver im flüssigen Kokosöl vollständig auflösen. Vitamin E hinzufügen und für die Dickflüssigkeit erwärmte, flüssige Kakaobutter unterrühren. Mit einem Handrührgerät oder Mixer gut vermischen, damit die Creme auch gleichmäßigen Sonnenschutz bietet. In eine Flasche abfüllen.

REZEPTE **Kosmetik**

Kajal-Stift

Zutaten:

Ein kleines Behältnis mit 1 bis 2 g Aktivkohle
Avocado- oder Sonnenblumenöl

Anwendung:

Einen feinen Lidschattenpinsel mit ein bis zwei Tropfen Öl befeuchten und in das Behältnis mit Aktivkohle dippen. Anschließend nach Wunsch auftragen. Für mehr Smokey-Eye-Effekt weniger Öl verwenden, für geraderen Strich mehr Öl auftragen.

Rouge

Zutaten (je nach Wunsch für folgende Farben):
getrocknete Beeren für Pink
Zimt für Gold
Hibiskus für Rot
rosa Heilerde für Rosa
Kurkuma für Orange
Schminkwurz für Blau
Kakao für Braun
Pfeilwurzelmehl als weiße Basis und als Aufheller
Gesichtscreme

Zubereitung:
Entsprechend dem gewünschten Farbton Zutaten mit Gesichtscreme vermischen. Dabei mit den Mengen experimentieren.

Anwendung:
Wie gewohnt mit Foundationpinsel auftragen.

Mascara

Konventionelle Mascara enthält oft Parabene, Aluminiumpuder, Paraffine und ganz andere komplizierte Inhaltsstoffe, die da nichts verloren haben und die ich kaum aussprechen kann. Dabei kann man auf all das verzichten, wenn man es selbst macht.

Zutaten:
1 TL Aktivkohle
1 TL Aloe-Vera-Gel
3 Tropfen Vitamin E
1 TL Sheabutter
1½ TL Kokosöl
½ TL Candelillawachs

Zubereitung:

Kokosöl, Sheabutter, Candelillawachs, Aloe-Vera-Gel und Jojobaöl in einem kleinen Behälter im heißen Wasserbad schmelzen lassen und gut verrühren. Vitamin E und die Aktivkohle hinzufügen. Wieder gut verrühren und abkühlen lassen.

Anwendung:

Das noch leicht flüssige und warme Mascara in einen kleinen Behälter füllen. Mit dem ausgewaschenen Mascara-Pinsel reindippen und dann wie gewohnt auftragen. Den Behälter immer gut verschlossen halten, damit das Mascara nicht austrocknet.

Puder

Zutaten:

1 EL Maisstärke oder 1 EL Pfeilwurzelmehl
Je nach Hautton: Kakao, Zimt, Kurkuma, Rote-Bete-Pulver oder Heilerde

Anleitung:

Zunächst die Stärke oder das Mehl in ein Behältnis geben. Dann je nach Hautton kleine Mengen Kakao, Zimt, Kurkuma, Rote-Bete-Pulver oder Heilerde dazumischen. Am besten immer erst kleine unterschiedliche Mengen ausprobieren. Das Ganze nachträglich aufzuhellen ist schwierig. Anschließend das fertige Pulver abfüllen, trocken aufbewahren und nach Bedarf mit einem Puderpinsel auftragen.

Zutaten:

Puder

Aprikosenkernöl (oder ein anderes helles Öl)

Zubereitung:

Das Aprikosenkernöl langsam und unter ständigem Rühren in ein Behältnis mit Puder hinzugeben. Zusätzlich etwas Pfeilwurzelmehl oder Maisstärke hinzufügen, damit es heller wird.

Augenbrauenpulver

Zutaten:

Kakao

Aktivkohle

Augenbrauenpinsel

Zubereitung:

Kakao und Aktivkohle farbig passend anmischen und in einem kleinen Behältnis aufbewahren. Nach Bedarf mit Augenbrauenpinsel auftragen. Wenn es lange halten soll, den Pinsel vorher mit ein bis zwei Tropfen Avocado- oder Sonnenblumenöl benetzen und dann erst in die Farbe dippen.

Make-up-Entferner für die Augen

Zutaten:

2 EL Rosenblütenwasser (Rosenhydrolat)

2 EL Jojobaöl

½ TL Vitamin E

1 Messerspitze Xanthen

Zubereitung:

Das Rosenblütenwasser in einen Behälter füllen, zum Beispiel in eine kleine Flasche mit 100 ml Fassungsvermögen. Anschließend das Vitamin E hinzugeben. Dann langsam das Xanthen ins Wasser geben, schütteln, noch etwas mehr dazugeben, dann wieder schütteln, sodass es nicht klumpt. Anschließend das Jojobaöl dazugeben und wieder gut schütteln.

Anwendung:

Die Mischung auf ein wiederverwendbares Abschminkpad auftragen und das Make-up damit vom Gesicht entfernen.

Noch einfacher:

Direkt Rapsöl oder Arganöl auf ein wiederverwendbares Abschminkpad auftragen und das Make-up damit vom Gesicht entfernen.

REZEPTE Haarpflege

Shampoo

Silikone lösen ein unangenehmes Schaudern bei mir aus. Ich denke an Silikonbrüste, an Pamela Anderson, an die Neunziger, und frage mich, wie all die begrabenen Modetrends dieses Jahrzehnts wiederkommen konnten. Das ungute Gefühl kommt also nicht von ungefähr. Silikone findet man heutzutage weitaus häufiger im Haar als in Brüsten. Sie werden Shampoos beigefügt, damit sie den Haaren Glanz verleihen. Die Haare sehen dann toll aus, aber die Hülle, die sie umschließt, sorgt dafür, dass sie darin austrocknen, weil keine körpereigenen Pflegestoffe das Haar erreichen können. Selbst wenn man zu silikonfreiem Shampoo wechselt, dauert es noch zwei bis drei Wochen, bis die Silikonschicht ausgewaschen ist. Auf der Shampoo-Verpackung steht bei den Inhaltsstoffen übrigens gar nicht unbedingt Silikon, sondern oft eine der folgenden Angaben: Dimeticon, Dimethiconol, Amodimethicon. Also aufgepasst!

No-Poo

Der Trend geht zum Haare-gar-nicht-Waschen. Klingt eklig, ist es am Anfang auch, aber nach wenigen Wochen kann ein Wunder geschehen. Auf Instagram geistern Vorher-nachher-Bilder herum. Von Menschen und ihrem Haar bei normaler Shampoo-Benutzung und davon, was passiert, wenn sie damit aufgehört haben und das Haar gelernt hat, sich zu regenerieren. Natürliche Locken kommen zurück, und das Haar wird kräftiger. Es ist fast zu gut, um wahr zu sein.

Wie funktioniert das genau? Man hört auf, seine Haare mit Shampoo zu waschen. Stattdessen verwendet man vorsichtig etwas Backpulver, Apfelessig für den pH-Ausgleich oder wirklich nur Wasser. Statt Backpulver kann man auch Roggenmehl, Olivenölseife oder Maisstärke verwenden.

Kritiker fürchten, dass das Haar ohne Shampoo verfettet. Das tut es am Anfang auch, weil es so an das Shampoo gewöhnt ist. Der Übergang kann zwei bis sechs Wochen dauern. In dieser Zeit empfiehlt es sich, das Haar täglich mehrere Minuten zu bürsten, um Talg abzutragen und die Kopfhaut zu massieren. Dafür braucht man natürlich eine gute Bürste, die man mit Natron und Essig reinigen sollte, damit sie auch sauber bleibt.

Pflege

Bei Schuppen und trockener Kopfhaut kann man vorm Schlafengehen Olivenöl in die Kopfhaut einmassieren und am nächsten Tag einfach ausspülen. Bei fettiger Kopfhaut sollte man hingegen Zitronensaft oder Kokosöl einmassieren und nach zehn Minuten bei Zitronensaft und nach einer Stunde bei Kokosöl mit einem milden Shampoo ausspülen.

Spülung

Zutaten:
2 EL Apfelessig
500 ml Wasser

Zubereitung:
Apfelessig und Wasser mischen und in eine Flasche füllen.

Anwendung:
Nach dem Waschen die Haare mit der Lösung spülen. Der Essigduft verfliegt nach dem Trocknen. Dafür sind die Haare kalkbefreit und dadurch weich wie nie zuvor.

Haaröl (für trockenes Haar und Spliss)

Zutaten:
1–2 Tropfen Macadamiaöl

Anwendung:
Ins trockene Haar einmassieren und über Nacht einwirken lassen. Am nächsten Morgen auswaschen.

Haarspray
Zutaten:
3 EL Zucker
100 ml Wasser

Zubereitung:
Wasser aufkochen, den Zucker einrühren, bis er sich
auflöst, und das Ganze in eine kleine Sprühflasche füllen.

Anwendung:
Vor dem Anwenden gut schütteln. Nach dem Erkalten
der Mischung einfach auf das Haar aufsprühen. Dabei
mindestens eine Handlänge Abstand halten.

Haarwachs
Zutaten:
2 EL Sheabutter
1 TL Candelillawachs
5 Tropfen ätherische Öle nach Wunsch

Zubereitung:
Wachs und Butter in einem Wasserbad schmelzen lassen und vermischen. Vor dem Abkühlen in ein Behältnis füllen und bei Bedarf ätherische Öle hinzufügen.

Anwendung:

Nach dem Abkühlen etwas Wachs in die Hände nehmen und vorsichtig im Haar verteilen.

REZEPTE Rasur

Die Feministin in mir rebelliert. Ich muss mir die Beine nicht rasieren. Aber ich will. Ich kenne es nicht anders. Auch wenn ich bewundernd andere Frauen betrachte, die sich trauen, mit unrasierten Beinhaaren durch die Welt zu spazieren – ich kann es nicht. Achselhaare dagegen könnte ich mir noch eher vorstellen. Im Internet geht ein Trend um, bei dem man diese betont, indem man sie färbt. Rot, pink, blau, was der Farbtopf hergibt. Harre haben eine tolle Schutzfunktion. Wer sich regelmäßig rasiert, gerade im Schambereich, der kennt die vertrauten roten Pickel und die empfindliche, juckende Haut. Das ist ihre natürliche Reaktion, wenn man sie ihres Schutzes beraubt. Wer trotzdem haarfrei durch die Welt schreiten möchte, und zwar ohne Müll, hat folgende Optionen:

Epilieren

Ein kleines Elektrogerät, das die Haare rausreißt. Aua.

Lasern

Noch mehr Aua. Nach mindestens sechs Sitzungen kommen die Haare dafür aber wirklich nicht wieder. Die Frage ist, was passiert, wenn Härchen dann doch wieder modisch werden.

Mit einem plastikfreien Rasierhobel (auch Sicherheitsrasierer genannt) lassen sich die Härchen wie gewohnt rasieren. Man kann eine fertige Rasierseife mit Rasierpinsel verwenden, um die Haare weich zu machen, oder ein selbst gemachtes Rasieröl, das zudem die Haut pflegt.

Rasieröl
Zutaten:
   3 EL Raps- oder Sonnenblumenöl
   1 EL Aloe-Vera-Gel
   1 TL Glyzerin
   ½ TL Vitamin E
   ätherische Öle nach Bedarf
   bei trockner Haut 1 EL Avocadoöl

Zubereitung:
   Alle Zutaten gut vermischen und in eine kleine Flasche abfüllen.

Anwendung:
   Vor der Rasur den Behälter gut schütteln. Das Öl auf die Haut auftragen und wie gewohnt rasieren.

Zahnpflege   REZEPTE

Zahnbürste
Bambus-, Holz- oder Wurzelzahnbürsten (zum Beispiel von *SWAK*) sind die nachhaltigen Alternativen zu den konventionellen Ein-Euro-Plastikzahnbürsten – und sie schmecken auch noch besser!

Das Plastik kann man weglassen und stattdessen einen Esslöffel verwenden.

Zahnpulver

Das Pulver ist geschmacklich durch das Natron zwar gewöhnungsbedürftig, aber dafür ist die Herstellung umso leichter. Das Natron poliert die Zähne, hellt sie auf, das Xylitol wirkt gegen Karies. Es schäumt nicht, aber der Schaum ist auch nicht das, was reinigt.

Zutaten:

1 EL Natron
1 TL Xylitol

Zubereitung:

Beides vermengen und verrühren und in einen leeren, sauberen kleinen Kakaostreuer füllen.

Anwendung:

Eine winzige Menge auf die Zahnbürste streuen. Wie gewohnt die Zähne putzen.

Zahnpulver mit besserem Geschmack

Dieses Zahnpulver besteht zu etwas weniger als 25 Prozent aus Natron und schmeckt damit um einiges besser, hat aber die gleiche reinigende Wirkung.

Zutaten:

1 TL getrocknete und zermörserte Kamillenblüten
2 EL Xylitol
1 EL Heilerde bzw. Schlämmkreide
1 EL Natron

Zubereitung:
Alle Zutaten vermengen und zur Aufbewahrung in einen sauberen und trockenen Behälter füllen.

Anwendung:
Das Pulver auf die Zahnbürste geben und wie gewohnt die Zähne putzen. Am besten trocken aufbewahren. Sollte das Pulver mit Wasser in Berührung kommen, innerhalb von drei Tagen aufbrauchen.

Zahnpasta
Dieses Gemisch ist sehr dickflüssig und erinnert noch am ehesten an klassische Zahnpasta. Es schmeckt weniger stark nach Natron als das Zahnpulver.
Zutaten:
1 EL Natron
1 TL Xylitol
1 EL Kokosöl
5 Tropfen Teebaumöl
5 Tropfen Minzöl

Zubereitung:
Alle Zutaten vermengen und zur Aufbewahrung in einen sauberen und trockenen Behälter füllen.

Anwendung:
Die Paste mit einem sauberen Spatel auf die Zahnbürste geben und wie gewohnt die Zähne putzen. Sollte die Paste mit Wasser in Berührung kommen, innerhalb von drei Tagen aufbrauchen.

Zähne aufhellen

Zutaten:

Aktivkohle oder Kurkuma

Anleitung:

Nach dem Zähneputzen etwas Aktivkohle oder Kurkuma auf die Zahnbürste geben und sich 1 bis 2 Minuten damit die Zähne putzen. Danach gut ausspülen.

Mundspülung

Ich empfehle, lieber nur eine kleine Menge anzumischen und diese innerhalb von einer Woche aufzubrauchen. Vor jeder Anwendung die Flasche gut schütteln und dann eine Portion in das Shotglas füllen, das ihr sonst für eure Tequila-Abende aufhebt. Damit den Mund spülen. Für die Mischfaulen gibt es sonst den Schnaps »Berliner Luft«. Er ist grün, schmeckt nach Mundspülung und macht schnell und billig betrunken. (Disclaimer: Nicht als Mundspülung verwenden!)

Zutaten:

100 ml abgekochtes Wasser
½ TL Xylitol
½ TL Natron
1 Tropfen Teebaum- oder Salbeiöl
nach Bedarf 5 Tropfen Pfefferminzöl

Zubereitung:

Alle Zutaten in eine kleine Flasche füllen und gut schütteln.

Der Körper ist schon ein Wunderwerk. Was auch immer ich ihm antue, was auch immer er sich einfängt, er regeneriert sich selbst. Das verdorbene Essen wird von allein ausgeschieden, der gebrochene Arm wächst wieder zusammen, die offene Wunde verheilt. Oft muss man gar nichts tun und den Körper einfach machen lassen. Ich rede dabei nicht von ernsthaften Krankheiten, bei denen nur die Schulmedizin helfen kann, sondern von den kleinen alltäglichen Wehwehchen.

Trotzdem muss man sich nicht unnötig quälen, und ein paar kleine Tipps ersparen mir den oft teuren Gang zur Apotheke. Schmerzmittel wie Paracetamol und Ibuprofen und auch andere verschreibungspflichtige Medikamente hole ich mir schon, wenn es sein muss – Verpackung hin oder her. Aber das kommt Gott sei Dank selten vor. Bis dahin helfen mir die folgenden Hausmittelchen.

Zwiebel-Socken (gegen Schnupfen)

Es klingt eklig. Es riecht eklig. Es fühlt sich sogar eklig an, aber es wirkt Wunder.

Zutaten:

eine große Gemüsezwiebel

Anleitung:

Die Zwiebel in Scheiben schneiden und mit einem Sieb über kochendem Wasser wenige Minuten erhitzen. Heiße Zwiebelscheiben in ein Paar alte Socken füllen. Dann vorsichtig mit den Füßen reinschlüpfen, sodass die Fußsohle die Zwiebel berührt. Darüber ein weiteres Paar warme Wollsocken anziehen und vorsichtig auf der Stelle treten, damit der Zwiebelsaft ausgequetscht wird. Dann ein Handtuch um die Füße wickeln, damit nichts durchsickert, und sich schlafen legen. Am nächsten Morgen wieder mit freier Nase aufwachen.

Zwiebelmütze (bei Ohrenschmerzen)

Zutaten:
eine halbe Gemüsezwiebel

Anleitung:
Eine halbe Gemüsezwiebel klein schneiden und jeweils die Hälfte in zwei Stofftaschentücher legen und zubinden, sodass eine kleine Kugel entsteht. Diese kurz in heißem Wasser baden lassen, dann das Wasser auswringen, die Kugeln an die Ohren halten und mit einer Mütze fixieren. 20 bis 30 Minuten wirken lassen.

Heiße Ingwer-Zitrone (bei Erkältung)

Wenn sich eine Erkältung anbahnt, trinke ich vorbeugend den allseits bekannten und beliebten Klassiker, die heiße Zitrone mit Ingwer.

Zutaten:
ein paar Scheiben Ingwer
ein paar Scheiben Zitrone

Zubereitung:
Ingwer und Zitrone in eine Tasse geben und mit heißem Wasser aufgießen. 5 Minuten ziehen, etwas runterkühlen lassen und trinken.

Salbei-Lutschbonbons (bei Halsschmerzen)

Zutaten:

5 g getrockneter Salbei

100 g Zucker

Zubereitung:

Salbei mit einem Mörser fein mahlen. Zucker in einem kleinen Kochtopf bei kleiner Hitze unter Rühren karamellisieren. Mit einem Esslöffel vorsichtig die heiße Flüssigkeit auf ein Backblech mit Backpapier in Bonbonform tropfen lassen und abkühlen lassen. Fertig.

Tee gegen Regelkrämpfe

Die Tees von der jungen Berliner Firma *Femna* können eine Woche vor der Regel getrunken werden und reduzieren Krämpfe und die daraus resultierenden Schmerzen. Sie bestehen aus Gänsefingerkraut, Schafgarbe, Frauenmantel, Ingwer, Himbeerblättern, Zitronenverbene und Pfefferminze. Natürlich kann man sich einen Tee aus diesen Kräutern auch selber zusammenmischen.

Wenn es hart auf hart kommt:

Ab zum Arzt oder in die Apotheke! Alle Verpackung der Welt ist die eigene Gesundheit wert.

SEX

Stichprobenartige *
Untersuchung in meinem
Bekanntenkreis, völlig
unwissenschaftlich und
absolut kein Anhaltspunkt.

Die Band Is Tropical hat einen Song gemacht. Dieser Song, »Dancing anymore«, ist Sex pur. Wer nach dem ersten Hören noch nicht überzeugt ist, möge sich das dazugehörige Musikvideo anschauen. Andere Videos ähnlicher Art finden sich auf Internetseiten wie RedTube oder xHamster. Die kann ich aber nicht guten Gewissens weiterempfehlen, werden sie ja nicht auf CO_2-neutralen Servern betrieben – und wir wollen uns ja treu bleiben.

Sex – ohne Plastik, ohne Müll, ohne Einwegverpackungen. Kann das und muss das überhaupt? Übertreiben wir es nicht ein wenig? Ja, und das ist gut so. Verhütungsmittel, Sexspielzeug und Cremes und Gels aller Art, die täglich oder zumindest dreimal die Woche in deutschen Haushalten* in Gebrauch sind, können unsere Gesundheit bedrohen oder noch schlimmer: den ganzen Spaß ruinieren.

SEXSPIELZEUG

In Billo-Sexläden riecht es schlimmer als im Primark. Nach nicht jugendfreiem Plastik und billigem Parfüm. Dabei geht es anders. Überall poppen kleine inhaberinnengeführte Läden auf, die man guten Gewissens betreten kann. Stilvolle Einrichtung, gute Übersicht, lichtdurchflutet – hier steht nicht die Objektivierung der Frau im Vordergrund, sondern der Spaß an der Lust.

Diese Läden beraten nicht nur gut, sondern setzen auf Qualität. Der vegane Sexshop meines Vertrauens heißt *Other Nature*. Er klärt gut auf, hat süße Verkäuferinnen und feministische Poster an den Wänden. Das Spielzeug, das dort verkauft wird, besteht nicht aus Plastik mit Weichmachern, sondern zum Beispiel aus Glas. Im Internet finden sich inzwischen auch Holzdildos, die gut zu reinigen und schön anzusehen sind. Beim Erwerb kommt man leider oft nicht um eine Verpackung herum.

GLEITGEL, CREMES UND MASSAGEÖLE

Wer A sagt, muss auch B sagen, und wer mit Sextoys hantiert, kommt früher oder später nicht um Gleitgel, Cremes und Massageöle herum. Bei Gleitgel kann ich sehr das CO_2-neutrale *BIOglide* empfehlen. Es ist zu hundert Prozent natürlich und vegan und in Deutschland hergestellt, also praktisch regional.

Duftende und aphrodisierende Hokuspokussalben, die verführen oder den Orgasmus intensivieren sollen, habe ich ausprobiert, und ich kann sie guten Gewissens für mich als Schnickschnack abtun. Daher stelle ich hier auch kein Rezept als Alternative zur Verfügung.

REZEPT Massageöl

Massagen – hach. Manchmal lustvoller und effektiver für die Entspannung als alles andere. Aber auch da: Oft kommen hochwertige Massageöle in kleinen Plastik- oder Glastuben, die schnell wieder leer sind. Hier folgt ein Rezept, mit dem ihr sie wieder auffüllen könnt.

Zutaten:

4 EL Sonnenblumenöl

1 EL Sesamöl oder Jojobaöl (zieht schnell ein)

12 Tropfen ätherisches Lavendelöl

Zubereitung:

Öle vermengen und in eine kleine hitzebeständige Schale abfüllen. Das Massageöl kann nun zunächst im Wasserbad erwärmt werden, man kann es aber auch direkt anwenden – so, wie man es angenehmer findet.

Weitere Öle, die sich gut für Massagen eignen:
Macadamianussöl, Mandelöl, Pfirsichkernöl, Rapsöl

VERHÜTUNG

Die einzige sichere Verhütungsmethode, die ganz ohne Müll auskommt, ist die Abstinenz. So weit lassen wir es dann aber doch nicht kommen. Was wäre das für ein Leben, in dem wir uns nicht mal mehr ein bisschen Liebemachen gönnen?

Dennoch: nichts ist unnachhaltiger als eine ungewollte Schwangerschaft. Deswegen betrachten wir jetzt mal die gängigen Verhütungspraktiken und was die Wissenschaft davon hält, vor allem aber, was ich davon halte. Man vergleicht die Sicherheit der verschiedenen Verhütungsmittel anhand des Pearl-Index, benannt nach dem Wissenschaftler, der die Methode entwickelt hat. Der Pearl-Index beschreibt die durchschnittliche Zahl der Schwangerschaften, die pro hundert Frauen innerhalb eines Jahres auftreten, wenn sie mit der jeweiligen Methode verhüten. Je niedriger der Pearl-Index ist, desto geringer ist die Wahrscheinlichkeit, schwanger zu werden.

Die Pille versprach sexuelle Befreiung für die Frau – das hielt sie ein, und sie brachte eine weitere Überraschung mit: sexuelle Unlust. Eine der unterschätztesten Nebenwirkungen der Pille – neben der großen Gefährdung für die Gesundheit.

Was mir Sorgen macht ist, dass sich meine Generation von Mädchen und jungen Frauen nicht groß mit Alternativen beschäftigt und sich einfach pflichtbewusst täglich eine Dosis Hormone holt, ohne sich der Risiken und Konsequenzen bewusst zu sein. Es ist selbstverständlich geworden, dass der Frauenarzt bei dem kleinsten Anzeichen von Akne oder Regelschmerzen die Pille verschreibt, als sei sie die Lösung aller Probleme. Ganz abgesehen davon, dass sie verpackt in Plastik, Folie und Karton kommt, also nix mit Zero Waste – aber die Weichmacher sind hier das kleinste Übel. Ohne Frage gibt es Frauen, die die Pille ohne Probleme vertragen, bei denen auch langfristige Risiken minimal sind, denen die Pille also nichts anhaben kann. Doch solche Frauen sind die große Ausnahme. Der Rest findet sich mit den zahlreichen Nebenwirkungen ab oder nimmt sie nicht mal als solche wahr.

Die Eizelle ist nur zwölf Stunden lang befruchtungsfähig, und dafür stopfen wir uns permanent mit Hormonen voll, die am Ende nicht nur Migräne und Thrombose verursachen können, sondern eben oft auch jegliche Lust killen, sodass es erst gar nicht zum Sex kommt.

Das einzig Gute an der Pille: der Pearl-Index beträgt 0,1 bis 0,9.

Der Pearl-Index des **Verhütungsrings** ist mit 0,4 bis 0,64 fast genauso sicher wie die Pille.

Die **Spirale** hat sogar einen Pearl-Index von nur 0,16 bis 0,33 – aber auch hier: Hormone ohne Ende.

Das sind andere Formen der Verhütung, die aber ähnli-
che Risiken mit sich bringen. Hormone sollten kritischer betrachtet werden, und deswegen widme ich mich jetzt mal
den hormonfreien Alternativen.

Als Quellen für die angegebenen Pearl-Index-Werte dien-
ten mir die Websites des Berufsverbandes der Frauenärzte
(BVF) und der Deutschen Gesellschaft für Gynäkologie und
Geburtshilfe (DGGG).

Mechanische Verhütungsmittel

Es müssen nicht immer Hormone sein. Es gibt mittlerweile
bei der Verhütung einige Alternativen, die ganz ohne auskommen.

Das **Diaphragma** sieht aus wie aus den Achtzigern, hat einen Pearl-Index von 1 bis 20 und macht wirklich nicht viel
her.

Die **Kupferspirale** ist mit einem Pearl-Index von 0,9 bis 3
gut dabei, aber das Einsetzen ist schmerzhaft und Nebenwirkungen gibt es auch hier wieder zur Genüge.

Dann gibt es natürlich noch **Kondome**. Meine Lieblings-
kondome sind die von der Marke *Einhorn*. Ich bin allerdings voreingenommen: Wir teilen uns ein Büro in Kreuzberg, und ich habe viel von den beiden Gründern gelernt.
Eine andere Kondommarke zu benutzen, würde sich anfüh-
len wie Fremdgehen. Aber nicht die gute Art, die Spannung
in eine Beziehung bringt, sondern die, wo man am nächsten Morgen aufwacht und sich fragt, ob's das wirklich wert
war. Ich mag das Design der Verpackung. Das ist eine der
wenigen Verpackungen, die in meinem Haushalt landen
darf. Ich sammle sie und versuche, alle Motive zusammen-

zubekommen. *Gotta catch 'em all!* Das Beste an den Kondomen ist einfach, dass sie die nachhaltigsten Kondome sind, die mir je untergekommen sind. Das Unternehmen ist fair zu den Mitarbeiterinnen, aber vor allem transparent und auch so fair wie möglich zu den Produzenten. *Einhorn* sind auch ein gutes Beispiel dafür, wie man ein einfaches Produkt nehmen und es cool machen kann, mit einem Schuss Sexiness und mit Nachhaltigkeit, die kein Greenwashing ist, sondern die Basis von all ihrem Handeln. Und die Kondome sind magisch.

Natürliche Familienplanung (NFP)

Nun zu meinem Favoriten: Auch, wenn der Name das Gegenteil verspricht, ist die **natürliche Familienplanung** die beste Möglichkeit, frei vom Pillenschmeißen zu verhüten.

Es gibt die Verhütung mit der Temperaturmethode und die symptothermale Methode. Bei der ersten Methode misst man die Temperatur und hält sie in einer App (zum Beispiel *myNFP* oder *OvuView*) fest, oder man misst sie direkt mit einem kleinen Verhütungscomputer. An der Temperatur kann man festmachen, ob man normal Sex haben kann oder doch lieber ein Gummi hinzunehmen sollte. Die zweite Methode ist ähnlich – man schaut auf die Symptome und Signale des Körpers. Dabei lernt man sich selbst besser kennen: Ich bekomme jeden verdammten Monat einen Pickel an derselben Stelle, wenige Tage bevor meine Regel beginnt. Wenn das kein Symptom ist, dann weiß ich auch nicht.

Tatsächlich verwende ich eine etwas unsichere Variante, mit der ich bisher aber sehr gut gefahren bin: Ich tracke mit der App *Clue* meine Regel – sie zeigt mir an, was theoretisch

gerade in meinem Körper abgeht. Mit diesem Wissen vermeide ich, an den Tagen rund um den Eisprung ungeschütz-
ten Sex zu haben. Die Risiken dabei liegen auf der Hand:
Manchmal passieren Dinge im Körper, die kein Messgerät
festhalten kann.

»Komm, ich zieh ihn vorher raus« – Coitus interruptus

Der Pearl-Index liegt hier zwischen 4 und 18. Mein Glimbov-
ski-Index wäre eher so 100. Weil, ganz ehrlich, wer früher in
der Schule aufgepasst hat, weiß, dass da immer noch ein paar
Tropfen am Start sind, die vorher schon ihr Unwesen treiben
können. Insofern: No-Go.

Wenn doch mal was passiert: auch dafür habe ich vorgesorgt.
In meinem Kopf zumindest frage ich mich des Öfteren, ob
man auch mit Baby und Kind ein Zero-Waste-Leben führen
kann. Vielleicht wäre so eine kleine Version meiner selbst
schon ganz lustig.

BABY UND KIND

Ich bin in dem Alter, wo alle um mich herum Kinder bekommen, nur ich bekomme weiterhin Nächte mit genügend
Schlaf und Angst, diesen irgendwann zu verlieren. Ich will
aber schon Kinder. Aber dafür fehlt mir der Partner oder
die Partnerin. Wenn ich noch mit meinem eigenen Müllberg kämpfe, wie soll da noch ein Dreikäsehoch reinpas-
sen, der mindestens doppelt so viel Müll macht? Allein die
Windeln … ein Schaudern durchfährt mich. Aber auch Vor-
freude. Darauf, ein kleines Wesen in die Welt zu setzen und
ihm zu erklären, wie die Welt funktioniert. Das Kind so zu
erziehen, wie ich es für richtig halte, ihm meine Werte mit-
zugeben, es aufwachsen zu lassen in einem Haushalt, der
einfach von vornherein müllfrei und ökologisch ist. Vielleicht würde er oder sie Mülltrennung oder loses Einkaufen
nie infrage stellen. Ob das wohl möglich ist?

Besagte Freunde mit Kindern habe ich ausgiebig beob-
achtet und auch einfach befragt. Denn auch wenn ich selbst
keine Erfahrung habe, heißt das ja nicht, dass ich dieses
Thema hier einfach übergehe.

Dinge, die ich bei meiner Recherche festgestellt habe und
die für Eltern keine Neuigkeiten sind:

1. Babys sind laut.
2. Babys sind teuer.
3. Babys machen viel Müll.

Punkt 1 ist meine subjektive Tatsache: Immer wenn ich Zug
fahre, sitzt in meinem Waggon ein Baby, das sich früher oder
später bemerkbar macht. Die sind echt laut.

An Punkt 2 jedoch kann man arbeiten. Ich besuchte meine
Freundin Susanne Mierau, die Bloggerin hinter *Geborgen
Wachsen*. Sie hat mehrere Bücher über Kindererziehung ge-
schrieben, und kürzlich eine Broschüre mit dem Titel »Was Du

alles nicht brauchst für Dein Baby«. Es ist Wahnsinn, was sich die Industrie alles an Produkten hat einfallen lassen, die man angeblich braucht. Spoiler-Alert: Man braucht wirklich nicht viel. Gerade am Anfang brauchen Kinder vor allem Liebe und Aufmerksamkeit, vielleicht noch ein paar Strampler und gut ist.

Punkt 3 macht mir natürlich zu schaffen. Aber auch für Babys kann man vieles selber machen. Mein Körper kann das mit der Nahrung. Muttermilch – ganz und gar verpackungsfrei. Das Wunder der Natur. Kleidung und Spielzeug gibt es gebraucht. Nur die Windeln machen mir Sorgen. Aber auch dafür hatte Susanne eine Lösung: Stoffwindeln. Susanne hat drei Kinder, also dreimal Stoffwindeln. Mich packte die dreifache Panik. Absolute Horrorvorstellung. Ich sah mich auf einer grünen Wiese hinter einem Haus, auf den Knien, in einer Hand ein Waschbrett aus Metall und in der anderen weiße Stoffreste mit braunen Flecken, die ich schrubbe. Im Hintergrund flattern noch mehr weiße Stoffe an Leinen und irgendwo in der Ferne kreischt ein Baby.

Susanne lachte und beruhigte mich. Wir saßen bei ihr im warmen, gemütlichen Wohnzimmer auf dem Teppich. Ihr Jüngster krabbelte herum, der Ältere war im Kindergarten und die Älteste in der Schule. Wir hatten also halbwegs Ruhe. Sie zog den Kleinen zu sich heran, er krabbelte aber wieder fort, und so mussten wir uns an einer Puppe vergnügen. Sie zeigte mir ihre Stoffwindeln. Diese haben ein komplexes System, das sie mir zweimal erklären musste. Was hängen geblieben ist: Die Stoffwindeln sind einfach anzuziehen, zumindest einer Puppe. Sie bestehen aus einer Art Einlage für die Ausscheidungen und einer Außenwindel mit wirklich coolem Design. Viel schönere Motive als bei herkömmlichen Windeln. Die Babys in diesen Stoffwindeln haben also einen wirklich guten Style. Die Einlagen muss man öfter aus-

tauschen – Susanne sammelt sie in speziellen Säcken im Bad,
und wenn genug beisammen sind, kommt alles in die Waschmaschine und wird später zum Trocknen aufgehängt. Alles
ganz einfach. Das Beste daran erklärte sie mir noch mal: Das
Kind wird schneller trocken. Ich lachte. Ja, früh übt sich das
mit dem Alkoholismus. Sie überging elegant meine schlechten Witze und führte weiter aus: Dadurch, dass die Windel
die Flüssigkeit nicht einsaugt, merkt das Kind, »Oh, da ist ja
was feucht, das ist unangenehm, ich sollte wohl nächstes Mal
direkt aufs Töpfchen«, und wird dadurch schneller von der
Windel ans Töpfchen gewöhnt. Das finde ich gut.

Neben Susanne habe ich noch weitere Freundinnen und Bekannte mit Kindern ausgefragt, wie die das so machen, nicht
nur mit dem Müll, sondern eigentlich mit ihrem ganzen Alltag. Es beginnt alles mit der Erziehung. Es ist leichter, mit
speziellen Lebensstilen wie Zero Waste anzufangen, je kleiner das Kind ist. Es wächst da rein und gewöhnt sich eher
an das, was die Eltern vorgeben. Wichtig ist jedoch, nicht
zu diktatorisch aufzutreten, sondern eher Werte und Richtlinien zu vermitteln, indem man die Hintergründe von Entscheidungen soweit es geht erklärt. Dabei helfen Kinderbü-
cher, Sendungen für Kinder und natürlich, immer wieder
selbst ruhig zu erklären, was es mit bestimmten Dingen auf
sich hat. Dadurch verstehen die Kinder nicht nur, warum die
Eltern in dem Moment so gehandelt haben, sondern lernen
später, allein und unabhängig Entscheidungen zu treffen.
  Besonders schön finde ich eine Geschichte von Susannes
Tochter: Am Tag der Eröffnung von *OU* kam Susanne mit Sack
und Pack, und ihr Mann und sie erklärten den Kindern, warum die Milena so einen Laden eröffnet hat. Sie erklärten, warum Plastik und Müll schwierig für die Umwelt sind, und dann

kauften sie gemeinsam ein. Wenige Wochen später erzählte mir ihr Mann, dass die Kinder angefangen hatten, auf den Müll in ihrem Alltag zu achten. Ganz besonders die Tochter merkte plötzlich, wie viel Müll jeden Tag in der Schulpause in Form von Kakao-Tetrapacks anfiel, und versuchte diesen zu vermeiden. Immer wieder gab es Momente beim Einkaufen, bei denen sich die Kinder fragten: »Was würde Milena tun?« Ich strahlte über beide Ohren, als der Vater mit dem Erzählen fertig war. Ich war ein Vorbild. Dass ich das noch erleben durfte. Eines heißen Sommertages hatten die Kinder aber furchtbare Lust auf Capri-Sonne. Doof verpackt, wenig Saftgehalt, zu viel Zucker und furchtbar lecker. Auch hier kam die Frage auf: »Wie würde Milena das finden?« Die Antwortet lautete diesmal nur: »Wir erzählen es ihr einfach nicht.«

GEMEINSAM EINKAUFEN

Die nächste Hürde ist das Einkaufen von Lebensmitteln. Es ist Chance und Herausforderung zugleich: Zum einen ist es anstrengend und dauert um ein Vielfaches länger, mit dem Nachwuchs durch die Läden und Märkte zu ziehen. Gleichzeitig hat man hier aber die Möglichkeit zu erklären, was man warum einkauft – und was warum nicht. Gerade den Kindern, die im Kindergarten und in der Schule beobachten, was die anderen so mitbringen – den Joghurt in Plastik mit Star-Wars-Figürchen oder Regenbogenkonfetti –, das muss dann bitte der gleiche sein. Der Joghurt im Mehrwegglas wirkt im Vergleich nicht mal halb so aufregend.

Eine Bekannte, die sonst müllarm lebt, kauft ihren Kindern sogar besagten Star-Wars-Joghurt – aber nur zu besonderen Anlässen, wie etwa zum Geburtstag. Die Kinder dürfen auch sonst Wünsche äußern, aber meine Bekannte entscheidet am Ende und erklärt ihre Wahl. Wenn die Kinder aber von allein etwas Gesundes aussuchen, dann wird es immer gekauft, um sie zu belohnen und in ihrer Wahl zu bestärken. Sie sagt, dass viele überrascht sind, wenn sie merken, dass auch Kinder typisch Gesundes wie etwa langweiliges Gemüse gerne essen. Sobald man aufhört, sich und den Kindern einzureden, dass »Kinder so etwas eh nicht mögen«, sondern sie bewusst beteiligt, nimmt man sie und ihre Bedürfnisse ernst und fördert ihre eigene Entscheidungsfreude.

SPIELZEUG

Eine Sache, bei der Kinder oft keine Nachhilfe brauchen, ist die Wahl ihres Spielzeugs. Sie nehmen das, was ihnen vorgesetzt wird, und sind oft so kreativ, dass sie sich etwas Eigenes bauen, etwas Neues daraus kreieren, sich Dinge und Geschichten ausdenken. Spielzeug, das fordert, gibt es zur Genüge. Nur ist das eben nicht der Transformer aus der Fernsehwerbung. Werbung ist eh so ein Ding: Sie ist laut, aufdringlich und redet nicht nur den Kindern, sondern auch uns Erwachsenen ein, was wir unbedingt brauchen. Was ich immer wieder bei meiner Schwester und meinem Neffen beobachte: Er darf nicht viel fernsehen, aber wenn sie es ihm doch mal erlaubt, dann wird der Fernseher ausgeschaltet, sobald die Werbung beginnt. Und wenn wir mal nicht daneben sitzen, dann darf er Kinderserien auf Netflix schauen. Da gibt es erst gar keine Werbung. Das heißt nicht, dass er nicht trotzdem sieht, womit die Kinder im Kindergarten spielen, aber es ist ein bisschen weniger schlechter Einfluss. Einer, den man gut eindämmen kann.

Wenn man einen Spielzeugladen betritt, sieht man als Erstes, dass nicht nur das meiste aus kurzlebigem, billigem Plastik besteht, sondern vor allem auch, dass alles in zwei Farbkategorien aufgeteilt ist: Rosa und Blau. Rosa: Da stehen die Barbies und ihre Häuser und Kleider und noch viel mehr Spielzeug, das die kleinen Mädchen zu ordentlichen Hausfrauen erziehen soll: Miniküchen, Töpfe und Pfannen, Putz-Sets. Alles, was kleine Kinder, die den Eltern nacheifern wollen, begeistert. Blau: Bei den Jungs finden sich dann entsprechend kleine Hämmerchen und Plastikschraubenschlüssel. Von den steuerbaren Autos, Transformers und Lego-Sets ganz zu schweigen. Wir haben hier nicht nur das Problem des Plastiks, sondern auch das Problem, dass eine Industrie Kindern vorschreiben will, womit sie zu spielen haben, und sie in einem frühen Alter in eine Rolle drängt. Frauen haben schön und gepflegt zu sein, eben kleine Püppchen, und Jungs sollen hart und auf Action aus sein, wie auch ihr Spielzeug. Sobald eins der Kinder diese Rollenklischees durchbricht, wird es komisch beäugt. Das ist doch doof.

Viel schöner, aber auch langlebiger und besser für die Umwelt ist natürliches Spielzeug wie eine Holzeisenbahn. Beim Rumfragen hat sich ergeben, dass fast alle Familien in meinem Bekanntenkreis eine kleine Holzeisenbahn für die Kinder haben, mit zusätzlichen Gleisen, mit denen man immer neue Routen bauen kann. Ein Spielzeug, mit dem man gemeinsam spielt, das lange hält und der ganzen Familie Freude bereitet. Gerade der Aspekt, dass man mit einem Spielzeug lange Zeit spielen können sollte, geht bei vielen unter. Viele Kinder reagieren schon wie ihre Eltern und freuen sich über den Kick beim Einkauf eines neuen Produkts. Klar freuen sie sich auf das Spielzeug, aber noch viel mehr auf die Glückshormone beim Kauf und über das Gefühl, etwas Neues zu haben.

Für diejenigen, die doch nicht auf Lego und Co. verzichten mögen: Es gibt Spielzeugbasare, auf denen man gebrauchtes Spielzeug kaufen und tauschen kann, und man kann kleine Tauschkreise in der Kita oder am Spielplatz organisieren. So hat das Spielzeug wenigstens eine längere Halbwertszeit, kostet weniger und kommt, da gebraucht, ohne Plastikfolie.

GESCHENKE

Schwieriger wird es beim Thema Geschenke, sind sie doch gut gemeint, aber oft schlecht umgesetzt. Einfach ablehnen fällt schwer, gerade da es ja um die Geste geht. Aber unpassende Geschenke können sich stark in die Erziehung einmischen. Mit Verwandten und Freunden sollte man daher noch vor der Geburt des Kindes darüber reden, zu welchen Anlässen Geschenke erwünscht sind und welche Kriterien erfüllt werden sollten – Kriterien wie »neu oder gebraucht«, »Holz und Stoff oder Plastik«, »qualitativ hochwertig oder aus dem Ein-Euro-Shop«.

Als Schenkende ist es am einfachsten, die Familie direkt zu fragen, ob es etwas gibt, was man beachten sollte, oder ob sie zu dem Zeitpunkt etwas brauchen. Geschenke haben oft den Zweck, durch Konsum Liebe zu zeigen, aber vielleicht geht das auch anders. Vielleicht muss es kein Produkt sein, sondern eine gemeinsame Unternehmung, die man der Familie und den Kindern schenkt. Ein gemeinsamer Museumsausflug, etwas zum Selbermachen, Kindertheater, ein neuer Sport, den man ausprobiert. Die Auswahl ist schier unendlich – es kostet nur etwas mehr Aufwand und Zeit. Das zeigt tatsächlich, wie gern man die Eltern hat, indem man die eigenen Regeln der Familie respektiert und sich daran hält.

OHNE MÜLL ERWACHSEN WERDEN

Je älter das Kind wird, desto schwieriger wird es mit der öko-
logischen Erziehung. Wenn aber die richtigen Werte mitgegeben wurden und das Hinterfragen und Mitdenken von
klein auf gefördert wurde, ist man auf dem richtigen Weg,
auch die restlichen Jahre bis zur Pubertät zu überstehen.
Denn danach machen Kopf und Körper eh, was sie wollen.
Dann ist das Leben auch so hart genug, die ganze Welt gegen
einen, da sollte man den Kids vielleicht nicht noch den eigenen Lebensstil aufzwingen.

Aber vorher hat man noch viele Jahre, in denen man ihnen komische gesunde Schulbrote aufdrücken kann. Wenn
ich mich an meine Kindheit zurückerinnere, war das die
nachhaltigste Zeit meines Lebens. Wir lernten den Müll zu
trennen, mussten Mappen aus Karton benutzen und Holzfüller – mit Plastikpatronen, aber immerhin. Aber da hört es
nicht auf: Statt Einwegkulis und Plastikpatronen kann man
einen nachfüllbaren Holzfüller verwenden. Statt Filzstiften
gibt es die altbewährten Buntstifte. Bei *OU* gibt es sogar welche mit Kräutersamen, sodass nach dem Benutzen der Stift
einfach eingepflanzt werden kann. Statt Plastikmappen und
-umschlägen sollte man natürlich welche aus Karton und Papier benutzen. Der Hochleistungstaschenrechner, zu meinen Zeiten der Ti-83 Plus, wurde zwar mehr zum Spielen
und Schummeln verwendet als für tatsächlich mathemati-
sche Aufgaben, aber auch den gibt es zum Beispiel gebraucht,
dann kostet er auch weniger. Das Gleiche gilt für den Schul-
rucksack. Besonders toll ist es, wenn Marken es so handhaben wie zum Beispiel Eastpak, bei denen man eine 30-jäh-
rige Garantie hat, und wenn etwas kaputtgeht, schickt man
den Rucksack ein, und er wird einfach kostenlos repariert.

Man merkt auch hier wieder, wie gut man Geld sparen kann, wenn man versucht, ohne Müll und nachhaltiger zu leben. Das gilt auch beim Pausenbrot. Das Getränk kann in einer wiederverwendbaren Flasche mitgegeben werden und das Brot in einer Edelstahlbox. Für Obst und Gemüse kann man kleinere Boxen verwenden. Auch hier lohnt es sich zu fragen, was das Kind eigentlich haben möchte, und sich gemeinsam ein gesundes und ausgewogenes Mittagessen auszudenken.

Elternsein ist anstrengend. Schon mit normalen Wegwerfwindeln und Essgewohnheiten kommt manch einer an seine Grenzen. Wenn einem dann noch der eigene Lebensstil und bestimmte Werte gewisse Regeln vorgeben, die man wirklich, wirklich einhalten will, man aber am Ende des Tages einfach nur schlafen und seine Ruhe haben will, dann ist das auch okay. Wir alle machen immerzu Kompromisse. Und die geistige und körperliche Gesundheit sollte immer Vorrang haben. Wenn man sich aber aufreibt, weil man an allen Fronten zu kämpfen hat, weil man den Großeltern die Plastikgeschenke ausreden, mit dem Kind über die Menge des Internetkonsums diskutieren und dabei das Abendessen vorbereiten muss, dann sollte man auch mal aufgeben dürfen. Theoretisch klingt alles toll und leicht, aber der Realität ist es egal, wie man es gern hätte. Die macht, was sie will. Das Leben mit Kindern ist chaotisch und unerwartet. Und das ist schön.

Knete und Babyöl REZEPTE

Als kleine Hilfestellung für das nachhaltige Familienleben mit Kindern kommen hier noch zwei Rezepte zum Ausprobieren und Selbermachen.

Knete

Zutaten:

½ Tasse Wasser

2 Tassen Weizenmehl

1 Tasse Salz

1½ EL Sonnenblumen- oder Rapsöl

Lebensmittelfarben (zum Beispiel Rote-Bete-Saft für Rot, Kurkuma für Gelb, Spinat für Hellgrün, Rotkohlscheiben – im Dampfbad gekocht – für Blau)

Zubereitung:

Das Weizenmehl mit dem Salz in einer Schüssel vermengen. Das Öl und das Wasser in einer weiteren Schüssel vermischen. Anschließend die Flüssigkeiten in die erste Schüssel einrühren und den Teig kneten, bis die Knete fertig ist. Je nach Farbwunsch die entsprechende Lebensmittelfarbe hinzufügen und einkneten.

Babyöl

Zutaten:

4 EL Raps- oder Aprikosenkernöl

1 TL Sesamöl

ätherische Öle nach Bedarf

Zubereitung:

Öle vermischen und in eine kleine Flasche abfüllen.

Anwendung:

Bei Bedarf vorsichtig auftragen und einmassieren.

KLEIDUNG

KLEIDUNG

Die Wahrheit tut nicht immer weh. Jahrelang bin ich auf Stöckelschuhen rumgelaufen. Wunde Fußsohlen, ruinierte Knie, alles für die fünf bis acht Zentimeter mehr Körpergröße. Bis zu dem Moment, da mir ein Exfreund sagte, ich sei so klein, dass die paar Zentimeter keinen Unterschied mehr machten. Er ist zwei Meter groß, und aus seiner Perspektive bin ich klein und werde immer klein bleiben. Eineinhalb Meter klein, um genau zu sein. Da helfen auch keine Zehn-Zentimeter-Absätze. Die Schuhe machten keinen großen Unterschied. Wollte ich ihn küssen, brauchte ich eine hohe Stufe oder eine Rolltreppe, oder ich fragte ihn höflich. So geht Romantik.

Die Absätze waren also keine Lösung, aber Kleidung an sich half mir zu wachsen. Je professioneller ich mich kleidete, desto erwachsener fühlte ich mich, desto seriöser konnte ich mich geben. Mit 22 trug ich Hemd und Jackett bei beruflichen Anlässen, ich hatte ja Großes vor – zu dieser Zeit begann ich mit der Planung für *Original Unverpackt*. Hemd und Jackett waren nicht mein standardmäßiges Outfit, es gab noch das Partygirl mit hautfarbenen durchsichtigen Tops – Nude-Look – und gefärbten roten Haaren. Und es gab die Studentin an der Universität der Künste, die die komischsten Modetrends mitmachte, weil der Gang durch den Vorlesungssaal auf dem Weg zur Toilette ihr Laufsteg war. Die Marken, die die Kommilitoninnen trugen, waren noch lange nicht in Mode und schwer zu bekommen. Das Epizentrum der Early Adopter, also der Trendsetter, saß stets eine Reihe hinter mir und übte von hinten leichte modische Erdbeben aus, und so hatte das Seminar einige Modeopfer zu beklagen.

Seit jüngsten Teenie-Jahren war Shoppen bei mir nicht

nur ein Hobby, dem man Zeit und Geld widmet, sondern auch Ausdrucksmittel. Selbst wenn am Ende des Monats nur wenige Euro übrig bleiben, kann man sich statt Falafel immer für eine Drei-Euro-Jeans im Sale bei H&M entscheiden – eine Jeans, die bis zu 19 000 Kilometer zurücklegt, kostet dann nicht mehr als ein Stück Brot mit Kichererbsenfrikadellen beim Libanesen nebenan. Irgendwas schmeckt mir an diesem System nicht – und es sind nicht die Falafel.

Durchschnittlich 18 Kilo Kleidung verbraucht jeder von uns im Jahr. Das ist das Gewicht eines fünfjährigen Kleinkinds. Man kann es gerade noch hochheben, aber mag es nicht länger auf dem Arm herumtragen. Das liegt vor allem an der geplanten Obsoleszenz in der Mode. Läden bringen heute bis zu acht Kollektionen pro Jahr, also acht neue Trends pro Laden. Selbst wenn man die alle kaufen würde, hätte das Jahr nicht genügend Tage, alle einmal in Kombination zu tragen. Trends werden immer schneller, haben eine kürzere Halbwertszeit, die Kleidung hat immer schlechtere Qualität – aber sie muss ja auch nur bis zur nächsten Saison halten. Danach wandern die aussortierten, billigen Stücke in den Müll, denn wer macht sich schon die Mühe, eine Drei-Euro-Jeans aufzutragen, zu verkaufen oder zu spenden? Aber die ganze Kleidung wegzuwerfen ist doch die totale Verschwendung, das muss doch anders gehen. Und es geht anders – mit der »Capsule Wardrobe«.

DIE CAPSULE WARDROBE

Hier kommt eine Technik, mit der man Zeit, Geld und Nerven spart und der Umwelt Gutes tut.

Das Prinzip: Man erstellt viermal im Jahr, immer zur

neuen Jahreszeit, eine eigene Garderobe für sich, die aus 33 Teilen besteht. Nachdem man die jeweilige Garderobe zusammengestellt hat, ändert man nichts mehr daran. Man geht auch nicht mehr zwischendurch shoppen und spart dadurch Zeit. Shoppen und »nur mal schauen«, ob on- oder offline, frisst einfach Zeit. All die Samstagnächte, an denen ich spontan meinen Look neu kreieren wollte, imaginäre Warenkörbe befüllte und dann doch nie auf »Bestellen« klickte.

Mit der Capsule Wardrobe spart man aber nicht nur Zeit, sondern auch Geld, weil man nicht ständig neue Kleidung kauft, sondern eben nur viermal im Jahr und nur das, was man tatsächlich braucht. Wenn man nicht ständig shoppt, ist es auch unwahrscheinlicher, das »perfekte« rote Samtkleid zu finden, das man dann aber nur einmal trägt, und bei dem man tief im Inneren auch beim Kauf schon weiß: Man braucht es nicht.

Man spart außerdem Nerven, weil man morgens nicht von einem vollen Kleiderschrank erschlagen wird und im Kopf nicht die Kombinationsmöglichkeiten von hundert Stücken durchgehen muss, sondern nur von 33.

▸ *Warum 33?*
Weil ich es sage. Man kann aber auch 37 draus machen, oder meinetwegen 40, aber wichtig ist, dass man sich auf eine Zahl festlegt und sie nicht ständig erhöht und Ausnahmen macht.

▸ *Was zählt alles zu den 33 Teilen?*
Alles. Auch Schuhe. Ausnahmen: Accessoires, Unterwäsche, Socken, Sportsachen, die Rumhängeklamotten für zu Hause und mein Pyjama. Diesen ganzen Dingen

widmen wir uns aber anschließend auch. Strumpfhosen und Leggings zähle ich allerdings zu den 33 Stücken, weil sie eine Hose ersetzen und eine gute Strumpfhose einiges kann.

> *Aber da, wo ich herkomme, gibt es nur eine Jahreszeit – da ist immer Sommer und Sonne. Muss ich trotzdem viermal?*

Abgesehen davon, dass ich dich dafür im kalten und nassen Berlin natürlich *rein gar nicht* beneide: Ja. Es macht Sinn, eine feste Routine daraus zu halten und die Abstände dazwischen nicht zu lang zu machen. Man will ja auch Abwechslung in seiner Garderobe. Sonst würde es in Berlin ja auch reichen, zweimal im Jahr eine Capsule Wardrobe zu gestalten. Wir haben hier nämlich nur die Temperaturzustände warm und »hört-dieser-verdammte-Winter-denn-nie-auf?«.

Alle Fragen geklärt? Dann lasst uns loslegen! Ich empfehle, ein Schmierblatt und einen Stift zu nehmen und einfach mal mitzuschreiben. So kann man auch im Laufe des Jahres den Vergleich ziehen, was sich geändert hat im Leben und im Stil.

In sieben Schritten zur Capsule Wardrobe

Schritt 1: Man liste auf, was für Kleidungsarten und Stile man in den nächsten Monaten brauchen wird. Dabei richtet man sich danach, wo und wie man seine Zeit verbringen wird. Ich weiß, dass ich in den nächsten Monaten die Hälfte meiner Zeit im Büro verbringen werde, wo es völlig egal ist, wie ich rumlaufe. Die andere Hälfte werde ich unterwegs sein, in Zügen und auf Konferenzen, da habe ich einen An- **245** lass, mich etwas aufzubrezeln. Dann kommen Weihnachten und Hanukkah, dafür brauche ich ein halbwegs festliches Outfit, so Triff-die-Schwiegereltern-Style. Ich bin auf zwei Fortbildungen, wo mein Outfit ziemlich egal ist. Nach Feierabend und an Wochenenden bin ich auf Büro- und WG-Partys. In Clubs verirre ich mich kaum noch, aber dennoch – es passiert. Und genauso selten passiert es, dass ich im Laden beim Verkauf aushelfen muss, also gemütliche Kleidung brauche.

Ich fasse zusammen: Büro 40 %, Konferenzen/Reisen 30 %, Fortbildung 5 %, Party 5 %, im Laden helfen 2 %, Weihnachten/Silvester 2 % – den Rest der Zeit verbringe ich in Jogginghosen, zwischen Couch und Kühlschrank pendelnd. Da man bei Loungewear nicht lange nachdenkt, weil einen eh niemand sieht, zählen wir sie nicht zu den 33 Teilen.

Die Fragen, die man sich im ersten Schritt stellen sollte, sind:

▸ Wo verbringe ich wie viel Zeit?
▸ Welche besonderen Events stehen an?
▸ Was für ein Dresscode ist dort angesagt?
▸ Mit welchem Outfit fühle ich mich da wohl?

Schritt 2: Man definiere seinen Stil. Natürlich gibt es nicht nur den einen Stil, der die eigene Persönlichkeit widerspiegelt. Man kann mehrere Stile einfließen lassen, aber dafür muss man erst mal wissen, was man will. Je mehr unterschiedliche Stile, desto schwieriger wird das Kombinieren und die Abwechslung später. Wenn man Inspiration braucht, kann man einfach auf Pinterest rumbrowsen, bis man auf einen oder mehrere Stile kommt, mit denen man sich identifizieren kann. Man kann sie einfach an einer Pinnwand zusammenstellen. Das ist das digitale und müllfreie Pendant dazu, sich Zeitschriften zu kaufen, sich rauszuschneiden, was einem gefällt, und das zu einer Collage zusammenzufügen. Was man so mit 15 macht.

Fragen, die bei diesem Schritt helfen:

▸ Wie fühle ich mich?
▸ Wie möchte ich wahrgenommen werden?

Schritt 3: Bei der Capsule Wardrobe geht es nicht nur um klassische Schnitte in Grau oder Beige. Die Garderobe kann so bunt oder so schwarz-weiß sein, wie man sie gern hätte.

Ich habe eine Freundin namens Kat. Sie hat rote Haare, und nach klassischer Definition würde ihr nur Grün und Blau stehen. Aber Kat ist das egal. Kat trägt, was ihr gefällt, und es steht ihr. Sei wie Kat, scheiß auf das, was man soll, und trag, was du willst.

Folgende Fragen sollte man sich stellen:

▸ Was sind die Farben, die mir gefallen und die man gut miteinander kombinieren kann?
▸ Welche Farben hat meine aktuelle Garderobe?

Schritt 4: Jetzt geht es darum, konkrete Teile zu planen und zu definieren, was man braucht.

Welche Jahreszeit steht an? Im Winter braucht man mehr Teile, die man über- und untereinander tragen kann, damit es schön warm ist. Im Sommer dagegen sind vielleicht ein paar T-Shirts mehr angesagt, wenn man schwitzt.

Worin fühlt man sich wohl? Trägt man lieber Rock oder Hose? Wenn Rock, dann braucht man auch Strumpfhosen.

Wie oft trägt man die einzelnen Teile? Wie oft trägt man eine Hose, bevor man sie wäscht?

Eine Frage, die ich außen vor lassen würde, ist die danach,
ob man eine Sache tragen darf, ob sie einem steht oder nicht.
Das entscheidet man selbst.

»Body Positivity«: Es hat einen Namen, wenn man seinen
Körper liebt und akzeptiert, wie er ist. Body Positivity ist gegen die Regeln, die sich in unseren Köpfen festgesetzt haben:
Dass man mit einem Speckansatz nichts Bauchfreies tragen
darf, dass kleine Menschen in langen Kleidern versinken,
dass man bei Kurven Tailliertes tragen soll – weg damit! Ich
will mir von keiner Zeitschrift erklären lassen, ob ich etwas
tragen darf oder nicht. Das Leben ist zu kurz, um auf bauchfrei zu verzichten.

Schritt 5: Im **Minimalismus**-Kapitel wurde bereits erklärt,
wie man mit der KonMari-Methode aufräumt. Wenn man
sich damit noch nicht vertraut gemacht hat, wäre jetzt der
richtige Moment, diese Technik für seinen Kleiderschrank
anzuwenden. Das was übrig bleibt, wird betrachtet und entsprechend unserer Notizen aus Schritt 1 bis 4 bewertet. Was
davon bleibt in der Garderobe, und was kommt raus? Was
passt nicht mehr, worin fühlt man sich nicht wohl, und was
ist einfach unbequem? Alles, was bleiben darf, aber nicht
der Saison entspricht, kommt in eine Kiste und wird bis zur
nächsten Saison verwahrt. Der Rest kommt weg. Die gut er-
haltenen Sachen können entsorgt werden wie im **Minimalismus**-Kapitel ausgeführt. Der Rest kann wiederum zu Stoff-
taschentüchern oder Lappen umfunktioniert werden.

Wenn man ausgemistet hat, bleibt oft nur noch wenig übrig – und oft fehlen essenzielle Teile, die man für den Alltag
braucht. Deswegen sollte man sich fragen: Was fehlt für den
Look oder auch einfach für die Jahreszeit? Man braucht viel-

leicht eine warme, lochfreie Strumpfhose, einen Pulli mehr, weil man so gerne Pullis trägt. Man hat nur hohe Schuhe, aber festgestellt, dass man den ganzen Tag stehen muss und eigentlich flache, bequeme Schuhe braucht. Alles, was hermuss, listet man nun auf.

Schritt 6: Jetzt stellt sich die Frage, wo man diese Sachen herkriegt. Ich bin früher durch alle Läden in Berlin-Mitte gezogen und dann noch mal zum Ku'damm. Nur um sicherzugehen, dass ich auch wirklich alles gesehen habe, und um vergleichen zu können. Das hat nicht nur Tage gedauert, es hat mich auch frustriert, weil ich mich nicht entscheiden wollte, bis ich alles gesehen habe. Im Nachhinein wirkt das fast schon zwanghaft auf mich. Inzwischen spare ich mir das. Ich habe drei bis vier Läden, wo ich hingehe, und ein paar wenige Marken und Online-Shops, bei denen ich weiß, was mich erwartet. Das Beste daran: Je mehr man sich beschränkt, desto eher findet man Läden, die zu einem passen.

Die schwedische Kette COS designt Hosen für Menschen, die so lange Beine haben, wie ich groß bin. Das ist eher nicht meine Marke für Hosen. Die Basics, auch Unterwäsche und Socken, besorge ich mir im *Supermarché,* einem kleinen Kleidungsladen nur mit fair hergestellten Waren. Wenn ich bestimmte Marken sehr mag, schaue ich online bewusst nach gebrauchten Stücken. Wenn neunzig Prozent meines Kleiderschranks secondhand ist, gönne ich mir aber hin und wieder auch mal ein neues Teil. Individuellere Schnitte finde ich im großen Secondhandladen *Colours* in Berlin. Schicke Rucksäcke, Taschen, Portemonnaies und Sneakers finde ich in fairen Online-Shops. Die Auswahl an fairen Marken aus guten Materialien ist inzwischen riesig. Zu sagen, man finde gar nichts, hieße nur, dass man zu faul zum Googeln war.

Bei der Vervollständigung der Capsule Wardrobe stehen also folgende Fragen im Vordergrund:

▸ Was sind die eigenen Lieblingsläden? Woher kommen die Lieblingsstücke?
▸ Welche Art von Produkt findet man in welchem Laden oder bei welcher Marke?
▸ Entspricht das Einkaufsbudget den Preisen im gewählten Laden?

Schritt 7: Das Einkaufen kann beginnen. Aber was ist jetzt wirklich wichtig, von wegen Umwelt und Müll und so?
Die ideale Reihenfolge des Klamottenkonsums:

1. Sachen pflegen und gut behandeln – so halten die Lieblingsstücke länger
2. Kleidung und Accessoires reparieren – man spart Geld und die Lieblingsstücke leben noch länger
3. Secondhand kaufen oder tauschen – preiswert, frei von Chemikalien, einzigartig
4. Selber machen – ist oft preiswerter und fairer, man unterstützt nicht die großen Ketten und ihre Ausbeutung, man kann idealerweise selbst die Bio-Stoffe und Schnitte festlegen, und am Ende sitzt es wie angegossen. Allerdings werden trotzdem neue Ressourcen verwendet.
5. Nachhaltige und faire Marken kaufen – es werden trotzdem neue Ressourcen aufgewendet, aber man unterstützt eine soziale und ökologische Initiative. Eine Liste von nachhaltigen Online-Shops ist in der Facebook-Gruppe **Ohne Wenn und Abfall** zu finden.
6. Hohe Qualität kaufen, damit es länger hält – wenn schon konventionelle Kleidung, dann so, dass man

lange was davon hat und nicht so schnell wieder etwas Neues braucht

Glückwunsch, jetzt müsste man seine Capsule Wardrobe zusammenhaben. Nun heißt es nur noch, die Sachen gut zu behandeln, nicht rückfällig zu werden und drei Monate durchzuhalten. Wenn man doch merkt, dass die Garderobe in dieser Zeit nicht ausreicht, sollte man sich nicht entmutigen lassen. Zur Not, wenn etwas Unvorhergesehenes passiert, kann man Teile auch tauschen, aber für jedes neue Teil muss ein altes Teil gehen.

Und was ist jetzt mit Accessoires, Sportkleidung, Unterwäsche, Socken und überhaupt?

Accessoires

Mein Credo ist: Weniger ist mehr. Eine Handtasche zum Ausgehen, ein Rucksack bzw. eine Tasche für den Alltag. Das hat den Vorteil, dass man nicht ständig alle Inhalte umpacken muss und dass das eine Stück auch das Lieblingsstück ist. Ich habe mir früher Handtaschen für 10 Euro gekauft. Die gingen dann auch alle zwei Monate kaputt, und es musste eine neue her. Das war frustrierend. Ich rechnete hoch, dass das 60 Euro im Jahr sind und dass ich mir stattdessen leisten könnte, eine Handtasche für 120 Euro zu besitzen, wenn ich sie mindestens zwei Jahre lang tragen würde – Stichwort Qualität.

Am 21. März 2013, meinem Geburtstag, ging ich in einen Designerladen und kaufte mir meine erste gute Handtasche für etwas mehr als 100 Euro. Sie ist schwarz und schlicht, mit drei Fächern. Genug Platz für ein Tablet oder ein Buch und eine kleine Wasserflasche, aber auch nicht so groß, dass ich sie nicht zum Feiern mitnehmen könnte. Diese Handtasche habe ich bis heute. Seitdem gehe ich bei allen Accessoires so vor: Ich kaufe nur noch hochwertige Dinge, um die ich mich kümmere und die wertvoll für mich sind. Wenn ich etwas nur einmal besitze, dann in guter Qualität – besonders wenn der Preis schmerzt, gebe ich mir mehr Mühe, es nicht zu verlieren. *Ein* Paar Handschuhe, *ein* Schal, *eine* Mütze, *ein* Gürtel, *ein* Rucksack, *ein* paar geerbte Goldketten. Das war's.

Billigschmuck habe ich irgendwann aussortiert, und seitdem mache ich einen großen Bogen darum. Diese Metalle, die oft abfärben und Allergien auslösen können, will ich nicht an meiner Haut haben.

Sportkleidung

Faire oder Bio-Sportkleidung ist mir noch nicht untergekommen. Im Gegenteil: Gerade Lauf-Outfits sind oft aus Viskose. An sich ist Viskose super. Sie wird aus Cellulose, also einem nachwachsenden Rohstoff, hergestellt. Aber auch hier gibt es wieder Schattenseiten: Bei der Herstellung entstehen Schwefelwasserstoff und Schwefelkohlenstoff, die ungesund und umweltschädlich sein können. Deswegen gilt hier die Devise: Kaufe nur so viel, wie du brauchst. Wenn man nur einmal die Woche zum Sport muss, sollte ein Outfit auch reichen, wenn man einmal die Woche wäscht.

Wäsche

Unterwäsche und Socken gibt es inzwischen von vielen Marken fair und bio. Wenn man keinen lokalen, fairen Klamottenladen in der Nähe hat, den man unterstützen kann, findet man in der Facebook-Gruppe **Ohne Wenn und Abfall** eine Liste für gute Online-Shops, die regelmäßig aktualisiert wird.

Bio-T-Shirts

In diesem Kapitel ist H&M mein großes Negativbeispiel. Sorry Leute, ich weiß, ihr macht auch nur euren Job – und ich meinen. H&M hat mehrere Nachhaltigkeitsinitiativen in ihrem Unternehmen gestartet – und das ist gut. Sie verkaufen seit längerem Basics und T-Shirts, Unterhemden oder Longsleeves aus Bio-Baumwolle und nehmen alte Kleider zurück, um sie zu recyceln. Wenn ein so großer Player auch nur eine kleine Änderung vornimmt, hat das einen riesigen Impact auf die Umwelt und setzt ein Zeichen für die Industrie. Was ist dann nun mein Problem?

Bio ist nicht gleich Bio. Im Lebensmittelbereich ist dieser Begriff geschützt durch das Bio-Siegel. Wenn es jedoch um Textilien geht, ist Bio kein geschützter Begriff. Es kann daher durchaus sein, dass ein »Bio«-T-Shirt nur 10 Prozent tatsächliche Bio- und 90 Prozent konventionelle, mit Chemie belastete Baumwolle enthält. Nur weil der Konzern ein paar gute Sachen macht, heißt es nicht, dass er sein ganzes Geschäftsprinzip umkrempelt. Auch die Basics aus »Bio«-Baumwolle sind also leider noch immer nicht fair hergestellt, und zu der Kleidung, die man für Recycling an H&M spendet, kriegt man einen 15-Prozent-Gutschein, damit man wieder etwas Neues kauft, und der Teufelskreis geht von vorne los.

Wirklich ein Fortschritt wäre es, wenn große Ketten sich mit dem GOTS-Siegel zertifizieren lassen würden. Das bescheinigt nicht nur eine ökologische, sondern auch eine faire Herstellung und wird unabhängig kontrolliert. Das bedeutet: Bei Textilien, die mit dem GOTS-Siegel zertifiziert sind, werden keine Dünger und Pestizide eingesetzt, das Grundwasser und der Boden bleiben frei davon, Menschen und Tiere werden geschützt und die Fabrikarbeiterinnen fair bezahlt.

Hier ein paar Richtlinien, mit denen die Entscheidung beim Kauf leichter fällt:

‣ Je näher der Herstellungsort, desto besser – der Transport verbraucht oft doppelt so viel Energie wie die Herstellung.

‣ Leinen und Hanf belasten die Umwelt weniger als Baumwolle und Wolle.

‣ Viskose, Polyamid und Polyester sollten vermieden werden.

‣ Wenn Kleidung chemisch riecht, dann Finger weg davon. Das ist oft das Formaldehyd, das für Knitterfreiheit sorgt. Bei Berührung mit der Haut kann das zu Reizungen und Allergien führen oder sogar Krebs auslösen.

‣ Wenn du nicht auf Leder verzichten willst, dann aber bitte nur natürlich gegerbtes – inzwischen gibt es aber viele authentische vegane Alternativen aus nachwachsenden Rohstoffen wie Eukalyptusfaser oder Kork.

ONLINE-SHOPPING

Gerade wenn man ländlich wohnt oder wenig Lust hat, die Stadt zu durchsuchen, liegt es nahe, online einzukaufen. Es ist auch super, dass man heute mehr Auswahl hat. Aber über Onlineshopping könnte man aus Müll- und Ökoperspektive ein ganz schön dickes Schwarzbuch vollmachen:

‣ Mehr Verpackung – das Bestellte muss aus Logistikgründen oft zwei- oder dreifach verpackt werden, gerade Kleidung kommt oft einzeln in Plastik und dann noch mal im Karton.

▸ Hohe Ressourcen und erneuter Verpackungsaufwand, wenn bestellte Ware zurückgesandt wird

▸ Lastwagen, die die Waren durch Deutschland oder gar die Welt schippern, machen die Straßen kaputt und gefährden Auto- und vor allem Fahrradfahrerinnen.

▸ Stationäre Inhaberinnen und Einzelhändler haben Umsatzeinbußen und müssen im schlimmsten Fall schließen. Die Vielfalt in den Städten nimmt ab.

Allerdings:

▸ Faire oder Bio-Produkte kriegt man nicht überall.

▸ Gerade kleine Start-ups verkaufen oft direkt über ihre Online-Shops, ohne dass sie in den stationären Handel müssen.

▸ Es kann nachhaltiger sein, als für jeden Einkauf in die Stadt zu fahren. Secondhand-Online-Tauschbörsen und -Marktplätze erleichtern es, Gebrauchtes zu kaufen.

▸ Es ist oft preiswerter, online zu kaufen, weil weniger an den Zwischenhändler abgegeben wird.

Kleidung ist einer dieser Bereiche, bei denen es mit einer einmaligen Aufräumaktion nicht getan ist. Es braucht Zeit und Disziplin, sich umzustellen, entsprechend seiner Werte einzukaufen – oder eben auch darauf zu verzichten.

Das ist einer der schwierigsten Punkte für mich auf meiner Mission, weil Kleidung nun mal das Erste ist, was Leute von mir wahrnehmen und wonach sie mich beurteilen. Als Jugendliche, so mit 13 oder 14, habe ich ewig für meine erste Miss-Sixty-Hose gespart und meine Eltern angebettelt. Was man halt so macht. Eine Hose von der richtigen

Marke kann einem schließlich helfen, dazuzugehören. Sie kann der Schlüssel zu der richtigen Clique sein. Das ist oberflächlich. Aber die Welt, in der wir leben, ist oberflächlich und in jedem von uns steckt der Drang, einerseits herauszustechen und gleichzeitig ein Teil von etwas zu sein. Heute kann ich das etwas entspannter betrachten. Einen Markenfetischismus konnte ich mir finanziell nie leisten. Jetzt, wo ich es könnte, setze ich aber vor allem auf Qualität und andere Werte.

Trotzdem laufe ich nicht blind durch die Straßen, ich sehe Trends, ich sehe, was andere Frauen tragen, und in mir tobt ständig der Kampf. Ich könnte es mir einfach machen, in die gleichen konventionellen Läden gehen und mir den einen tollen, angesagten Mantel holen, um modisch zu sein. Das habe ich auch getan und ich tue es noch, damit ich mich in meiner Haut und in meiner Kleidung wohlfühlen kann. Aber ich versuche nicht mehr, jedem Trend hinterherzurennen. Ich kaufe mir den Mantel, aber nur wenn ich weiß, dass ich ihn viele Jahre tragen werde. Ich allein habe es in der Hand, was, wo und wie oft ich einkaufe – oder ob ich es ganz sein lasse und nackt gehe. Unverpackt eben.

BÜRO

Montage und ich sind gute Freunde. Wir schwadronie-
ren gemeinsam übers Wochenende, bewundern oder be-
mitleiden, wie fertig man aussieht nach den durchzechten
Nächten – »Den Gin Tonic ohne Strohhalm, bitte. Danke«.
Am besten steigt man direkt auf Mexikaner um. Bei Shots
kommt keiner auf die Idee, ein Plastikrohr reinzustecken,
als ob man ein Kleinkind wäre und das Glas nicht zum
Mund führen könnte. Dabei sind Kleinkinder wie Betrunkene. Oder Betrunkene wie Kleinkinder. So oder so. Betrunkene nüchtern irgendwann aus und taumeln ins Büro,
und davon handelt auch dieses Kapitel. Zu einem Berliner
Gemeinschaftsbüro, wo wir mit *OU* sitzen, gehören nun
mal Partys und der ewige Kampf um das Einräumen der
Geschirrspülmaschine.

Wir teilen. Die Büroräume, die Kaffeemaschine, den Drucker, die Erfahrung, die guten und die schlechten Zeiten. Wir
verbringen hier mehr Zeit als zu Hause. Gemeinschaftsbüros
sind WG-Leben, nur dass man hier gemeinsam durch ge-
schäftliche Tiefen und Höhen geht und am Ende des Tages
dafür bezahlt wird. Von allen Büros, in denen wir so waren,
ist das jetzige das beste. Die Örtlichkeit ist (wie die meisten
Berliner Büros) eine ehemalige Fabriketage in einem Hin-
terhof, der voll mit Graffiti ist, das Klingelschild überklebt.
Selbst die Anwohnerinnen wüssten nicht, wo man drücken
müsste, um zu uns zu kommen. Die Hofdurchfahrt riecht
immerhin nicht mehr so stark nach Pisse. Der Gentrifizie-
rung sei Dank. Ab und zu versteckt sich aber noch ein Zivil-
polizist hinter der schweren Holztür und späht die Dealer an
der U-Bahn-Station am Görlitzer Bahnhof aus.

Die Dealer sind fleißiger als das ganze Büro zusammen.
Wenn ich morgens um acht schlaftrunken die Treppe der
U-Bahn-Station runterstolpere, sind sie bereits da. Wenn

ich mich dann abends um acht dieselbe Treppe hochschleife, weil zwölf Stunden es doch schon in sich haben, dann stehen sie da noch immer und gehen ihrem Handel nach. Ihre Ware ist eher schlecht als recht. Das Gras ist tatsächlich getrocknetes Gras aus dem Görlitzer Park und kein Berliner bei Sinnen würde den Jungs was abkaufen. Hin und wieder passiert's dann aber doch, und diese Stammkundinnen bringen dann tatsächlich ihre eigenen Behälter mit. Ob Tütchen oder Taschentuch, die Kunden und Dealer sind nicht wählerisch. Hauptsache schnell, Hauptsache high, Hauptsache unverpackt.

In dieser Umgebung lässt es sich arbeiten. Die Fabriketage ist loftig und luftig. Wir teilen uns in der Küche wie gesagt fast alles, auch die Mülleimer. Und die Mülleimer sind nebst der Geschirrspülmaschine und dem Nahostkonflikt eine der kritischsten Gefahrenzonen der Nordhalbkugel. Wie viele passiv-aggressive Schilder, Rundmails und tötende Blicke ich von mir gab … und immer noch gibt es Menschen, die nicht begreifen, dass eine Plastikpackung mit Quarkresten nicht in den Papiermüll gehört. Wirklich nicht.

Ich fühle mich selten so gut integriert, wie wenn ich auf der deutschen Mülltrennung beharre. Vielleicht gerade noch, wenn ich am Sonntagabend den Tatort schaue und erzürnt darüber twittere. Wie kann man nur einen Hacker als Träger einer schwarzen Skimütze darstellen, der nachts an einem Rechner hockt?

Als Chefin, aber auch als Arbeiternehmer hat man zig Möglichkeiten, den CO_2-Abdruck des Büros zu verkleinern. Das spart Geld und verbessert das Miteinander. Zumindest beginnen Abteilungen oder auch Firmen, mehr miteinander zu kommunizieren, um nachhaltige Lösungen zu finden.

Mit den folgenden Tipps kann man ökologisch und ökonomisch sinnvoll im Büro arbeiten:

Büroutensilien

- ▸ Bunt- und Bleistifte statt Marker – sieht schöner aus und spart Plastik. Wenn die Buntstifte sich dem Ende zuneigen, kann man den Rest noch aufbrauchen, indem man Bleistifthalter verwendet.
- ▸ Nachfüllbare Kreidemarker zum Schreiben auf Tafeln und Fenstern – die sind ökologischer und auch preiswerter als die Einwegstifte.
- ▸ Sonstige Stifte – am besten besorgt man sich nachfüllbare Füller, keine Einweg-Plastikdinger – die, die man noch hat, sollte man noch aufbrauchen, sich danach aber keine neuen aufschwatzen lassen. Die Mitarbeiterinnen werden ihren neuen Füller gut hüten, schließlich ist es ihr eigener, er war nicht billig und ist auch nur für sie bestimmt. Füller haben die schöne Eigenschaft, dass sie sich der Schreiberin anpassen und auch nur bei ihr am besten funktionieren.

Oft teilen sich Firmen und Abteilungen eine gemeinsame Küche. Wenn das der Fall ist, kann man auf folgende Dinge achten:

▸ Lebensmittel, Gewürze und typische Kochutensilien wie Olivenöl, Salz, Zucker und Kaffeebohnen können gemeinsam in größeren Mengen eingekauft werden. Das spart Verpackungen, und ein Einzelner braucht eine ganze Ölflasche vielleicht nie wirklich auf. Gemeinsam schafft man das.

▸ Statt sich Wasserkästen liefern zu lassen, kann einmalig ein Filter für das Leitungswasser eingebaut werden. Es gibt sogar Maschinen, die stilles und sprudelndes Wasser ausspucken. Wenn man doch Wasserkästen kauft, dann bitte immerhin mit Mehrwegflaschen aus Glas und regional abgezapft.

▸ Was *Foodsharing* im Großen macht, können Büros auch im Kleinen tun. Man kann ein gemeinsames Fach einrichten, in dem man Lebensmittel und Kochreste teilt, sodass man nach Feierabend und vor Wochenenden oder Urlaub nichts wegschmeißen muss. Alternativ kann man ein entsprechendes Symbol vereinbaren, das man auf den jeweiligen Lebensmitteln anbringt.

▸ Und wenn man schon dabei ist, wie wär's mit gemeinsamem Kochen?

Papier

800 000 Tonnen Papiermüll werden in deutschen Büros jährlich produziert, als Güterzug wäre dieser 600 Kilometer lang. Dabei ist das »papierfreie Büro« das neue große Bullshit-Bingo-Wort der Start-ups. Start-up hin oder her, manchmal muss Papier doch sein. Es soll ja noch Firmen geben, die auf Fax-Bestellungen bestehen. Denen biete ich oft als schnellere Alternative eine Brieftaube an. Das finden die dann nicht so lustig. Trotzdem kann es mit weniger Papier funktionieren. Dabei sollte auf die folgenden Punkte geachtet werden:

▸ Scannen statt kopieren und die Scans in einem sinnvollen System ordentlich ablegen und archivieren.
▸ Schmierpapier-Station für alle, mit Zetteln, die bereits einseitig bedruckt wurden, alten Briefen, allem, was man nicht weiter braucht. Am besten direkt neben dem unbenutzten Papier, sodass man für Notizen immer zum Schmierpapier greift.
▸ Mindestens zwei Mülleimer für die Mülltrennung, damit gleich in der jeweiligen Abteilung getrennt wird – ein Eimer für Papier und einer für Wertstoffe – die Fortgeschrittenen produzieren natürlich gar keinen Müll.
▸ Wenn weißes Papier verwendet werden muss, dann sollte auf das FSC-Siegel geachtet werden (das »Forest Stewardship Council« ist ein internationales Zertifizierungssystem für Waldwirtschaft), aber nichts schlägt Recyclingpapier im Hinblick auf die Ökobilanz – außer vielleicht, gar kein Papier zu verwenden.
▸ Briefumschläge gibt es auch aus Recyclingfaser und aus anderen Materialien wie etwa recyceltem Karton.
▸ Pakete und Stopfmaterialien können gesammelt und

wiederverwendet werden, bei Klebeband sollte man sich für die Papierversion entscheiden.

▸ Bastelt euch einen Sticker an den Briefkasten. Wir bei *OU* haben den einfachen Text darauf stehen: »Bitte keine Werbung, Flyer und kostenlose Zeitungen einwerfen. Ich möchte Müll sparen.« Das ist vielleicht etwas passiv-aggressiv, aber auch ziemlich klar, und kann pro Kopf eine riesige Menge Papiermüll pro Jahr sparen.

▸ Die Buchhaltung kann man digital führen und auch Kontoauszüge, die sonst ausgedruckt und per Post kommen, gibt es digital.

▸ Nein, immer wieder nein zu Visitenkarten! Wenn man euch eine anbietet, kurz annehmen, bedanken, wertschätzen, abfotografieren und freundlich zurückgeben, mit dem Hinweis auf Zero Waste.

▸ Man sollte überlegen, welche Abos von Zeitschriften und Zeitungen man wirklich braucht, und was auch in digitaler Form ausreicht. Überflüssige Katalog-Abos sollte man kündigen, auch Mitgliederzeitschriften, der BHGW, IHK oder wer auch immer solche lustigen Magazine verschickt, die man, ohne sie durchzublättern, im Papierkorb versenkt. Auf der Seite werbestopper.de kann man auch das eigene Büro eintragen und so proaktiv Werbezusendungen stoppen.

▸ Büromaterialien sollten nur bei Lieferanten bestellt werden, deren Philosophie nachvollziehbar und guten Gewissens zu vertreten ist. Ich kann zum Beispiel *Memo* empfehlen.

▸ Bei der Anschaffung von Elektrogeräten und weiteren Arbeitsmaterialien sollten die Lebensdauer, laufende Kosten und auch der Aufwand der Entsorgung in die Überlegung miteinbezogen werden.

- Den schnellsten und größten Effekt bewirkt man mit dem Wechsel von einem konventionellen Stromanbieter zu einem nachhaltigen. Eine Liste mit Anbietern ist in der Facebook-Gruppe **Ohne Wenn und Abfall** zu finden.
- Coffee-to-go-Einwegbecher sind, wie gesagt, die Pest. Wie wäre es stattdessen als kleines Willkommensgeschenk für neue Mitarbeiter mit einem Kaffee-Mehrwegbecher, vielleicht sogar einem Thermo-Becher, natürlich mit Firmenlogo?
- Laptops, Computer, Beamer, Drucker etc. kann man auch herunterfahren und ausschalten – nicht nur übers Wochenende, sondern auch nach Feierabend. Der Standby-Modus verschlingt nämlich auch noch ganz schön viel Strom.
- Toner kann man nachfüllen lassen, statt immer neue zu bestellen.
- Angelassenes Licht und aufgedrehte Heizung – man sollte regelmäßig schauen, welches Licht unnötigerweise an ist und welcher Heizkörper aufgedreht. Jede Mitarbeiterin sollte ein Auge darauf haben und ggf. Lampen ausschalten und Heizungen herunterdrehen.
- Gerade in Großstädten sollte man für die Mitarbeiterinnen Fahrradparkplätze anbieten und wenn möglich eine Dusche, sodass man mit dem Fahrrad zur Arbeit fahren und sich danach frisch machen kann.
- Wenn möglich Fahrkarten für öffentliche Verkehrsmittel befördern oder mitfinanzieren – man kommt entspannter zur Arbeit, weil man in der Bahn runterkommen kann, und auch meist schneller, weil man nichts mehr mit Stau und Parkplatzsuche zu tun hat. Und nach dem Feierabendbier mit den Kolleginnen muss man sich keine Sorgen um Promillegrenzen machen.

▸ Raum und Zeit schaffen, um über Ideen der Mitarbeiter zum Thema »Grünes Büro« zu sprechen und diese umzusetzen. Wer weiß – vielleicht haben einige Mitarbeiter einen grünen Daumen, aber keinen Balkon, und haben Lust auf einen Selbstversorgergarten auf der Firmenterrasse?

Der Funke

Es braucht immer einen ersten – einen ersten Schritt und einen, der den ersten Vorschlag macht und sich einfach mal traut. All diese Änderungen umzusetzen ist leicht, wenn man selbstständig ist, wenn man Chefin ist oder zumindest auf einer Führungsebene agiert. Aber auch als einfacher Angestellter kann man sich Gehör verschaffen. Sei es beim wöchentlichen Meeting-Auftakt in der Abteilung, sei es beim Kaffeekochen mit der Office-Managerin in der Büroküche, sei es in Form einer offenen Rundmail an die Kolleginnen. Sobald sich einer traut, etwas infrage zu stellen oder kleine Änderungen vorzuschlagen, wird auch der Rest sich trauen, den Mund aufzumachen. Und die Chefin überzeugt man zur Not mit dem Totschlagargument: Effizienzsteigerung und langfristige Kostenreduzierung. Noch besser ist es, wenn man es schafft, den ein oder anderen für den eigenen Lifestyle zu begeistern. Auch wenn es die eigene Mission ist, ist missionieren natürlich nicht cool, aber warum sollte man nicht erwähnen, wie man versucht zu leben und warum, und welche Vorteile das hat? Rausgehen, die Komfortzone verlassen und reden kann einen Abenteuer erleben lassen, die man nie für möglich gehalten hat.

REISEN

Bill Murray hat mir ein Schinkensandwich gemacht, und ich, damals noch Veganerin, habe es gegessen. Das war auch das Ende meines Veganismus. Zu meiner Verteidigung: Ich war betrunken, und es war köstlich.

Was war passiert? Ich wollte nach Wien und mir den frisch eröffneten Unverpackt-Laden von Andrea Lunzer anschauen. Ich meide Fliegen, wegen Umwelt und so, und buchte mir sehr kurzfristig einen Liegeplatz in einem Nachtzug nach Wien. Mein Schlaf ist mir heilig, und zwölf Stunden Fahrt im Sitzen wollte ich mir nicht antun. Die Kabine hatte drei übereinandergestapelte Liegen mit Bettwäsche und allem Drum und Dran, war lächerlich teuer und der einzige noch verfügbare Platz im ganzen alten DDR-artig anmutenden Zug.

Ich war aber nicht die Einzige, die diese grandiose Idee hatte. Das Team vom Film »Grand Budapest Hotel«, das gerade bei der Berlinale in Berlin Premiere gefeiert hatte, hatte keine Lust auf Fliegen, sondern wollte die Zeit gemütlich miteinander verbringen. Wer die Filme von Wes Anderson kennt, weiß, dass in fast jedem Film eine Zugsequenz vorkommt und dass einer von ihnen, »The Darjeeling Limited«, sogar fast vollständig in einem Zug spielt. So nahm das »Grand Budapest Hotel«-Filmteam den Nachtzug nach Prag – den Zug, in dem ich auch war. Das Team hatte sich fast einen ganzen Waggon reserviert, nur eine Kabine war nicht belegt: meine. Die Geschichte nahm ihren Lauf.

Eine Mitreisende erzählte mir begeistert im österreichischen Dialekt, ein Filmteam sei an Board und Büli Möhre sei auch dabei. Ich kannte keinen Büli Möhre, und Filmteams gibt es in Berlin zur Genüge. Dafür lohnte sich die Aufregung nicht. Und in dem Moment ging Bill Murray an unserer Abteiltür vorbei. Kurz darauf spazierte Wes Anderson rein, sagte Hallo und ging wieder. Mein Herz sackte in die Hose, und ich machte das einzig Vernünftige: Ich verschloss die Tür, verkroch mich auf meine Liege und fing an zu twittern.

Unter #nachtzugnachwien schrieb ich, was passiert war. Es konnte nicht sein, dass mein absoluter Lieblingsregisseur in meinem Zug saß und mir nicht entkommen konnte. Dass der Mann, der »The Royal Tenenbaums« (mehr als fünfmal geschaut, jedes Mal geheult), »Moonrise Kingdom« (nur zweimal), »Rushmore« (unendlich viele Wiederholungen) und »The Darjeeling Limited« gemacht hatte, hier rumlief und mit ihm wer weiß noch wer. Das Internet reagierte schnell und befahl mir, meine neue Schüchternheit abzustellen, rüberzugehen, Hallo zu sagen und nach einem Foto zu fragen. Fangirl sein kann ich. Also los. So geisterte ich durch die Abteile, sagte Hallo, stellte mich vor, fragte nach einem Foto hier und da und hing einfach mit dem Filmteam rum. Während ich (innerlich) und das Internet ausrasteten, war es für die Anwesenden das Normalste der Welt. Fans sind sie gewohnt und auch, dass man sich mit ihnen mal einen Zugwaggon teilen muss.

Ich stellte fest, dass neben Bill und Wes auch Jeff Goldblum an Bord war, Tony Revolori, der Darsteller vom Lobby-Boy, die Freundin von Wes und viele andere. Auch der Produzent war dabei – er ging herum und schenkte Rum aus. Was man halt so macht als Produzent. Und ich tat, was ich so tue, ich trank mit. Neben den Drinks hatte die Assistenz der Crew auch an Schnittchen gedacht und Brote und Belag besorgt. Leider gingen die Drinks irgendwann aus, und der Schaffner hatte nur eine Art kleinen Kiosk mit tschechischem Bier. Uns war aber nach Wein. Man entwickelt Ansprüche, sobald man mit Hollywood unterwegs ist.

Der Assistent und ich verließen bei einem längeren Stopp
den Zug und zogen durch den Dresdner Hauptbahnhof, auf
der Suche nach einem nicht zu schäbigen Wein. Wir kehr-
ten erfolgreich von unserer Mission zurück, und die Fahrt
konnte weitergehen.

Von Berlin nach Prag beträgt die Fahrtzeit etwa fünf Stunden, und diese fünf Stunden verbrachte ich damit, wie die
anderen von Abteil zu Abteil zu wandern, mich dazuzuge-
sellen und eine gute Zeit zu haben. Irgendwann wurde es
ruhiger, es war ja schon spät, und ich setzte mich auf den
Boden im Gang. In dieser Nacht war bereits so viel passiert, dass ich kurz allein sein musste, Energie sammeln und
durchatmen. Als ich gerade so mit Atmen beschäftigt war,
kam Bill Murray aus dem privaten Catering-Abteil mit dem
Alkohol und den Schnittchen. Er sah mich, ging zurück und
kam wieder raus, mit einem Sandwich. Er drückte es mir in
die Hand und ging kommentarlos weiter. Er ist ein großar-
tiger Schauspieler, und er war in echt genauso zynisch drauf
wie in seinen Filmen. Was im Fernsehen leicht funktioniert,
ist im realen Leben anstrengend, aber genauso unterhalt-
sam. Die Nacht zog sich hin, die Leute wanderten umher,
man unterhielt sich, aber eine Gentlewoman schweigt und
genießt – und vergisst, weil sie die richtige Menge getrunken hat, und so verrät sie nichts weiter.

In Prag stiegen die Reisenden aus, man verabschiedete
sich und wünschte sich noch ein schönes Leben. Ich ging
dann endlich völlig aufgewühlt zu Bett. Am nächsten Tag
googelte ich, was das Zeug hielt, ich wollte herausfinden, wo
das Team sich jetzt aufhielt, und stellte fest, das Bill Murray
schon wieder in Berlin war. Er hatte sich nachts Prag zeigen
lassen und war am nächsten Morgen direkt wieder zurück
nach Berlin zur Pressekonferenz von »Monuments Men«

geflogen. Er war nur für die Zugfahrt mitgekommen. Einfach so.

Das ist nur eine von vielen Geschichten, die mir beim Zugfahren passiert sind. Ich fahre gern Zug, auch wenn es oft etwas teurer ist. Doch das sind mir das Erlebnis, die Ruhe, der reduzierte Stress und natürlich das gute Gewissen wert. »Slow Traveling« ist das neue Fliegen. Es gibt ein ganzes Buch mit dem Titel »Slow Travel: Die Kunst des Reisens«, das sich dem Thema widmet, und ich kann es jedem, der eine längere Zugfahrt vor sich hat, empfehlen. Das langsame Reisen, zu Fuß, mit dem Auto oder in meinem Fall mit dem Zug, führt dazu, dass die Reise bereits mit dem Weg beginnt. Wer in einen Flieger steigt und in Barcelona aussteigt, ist plötzlich in Spanien. Aber der hat auch verpasst, welche Länder dazwischenliegen, welche Sprachen gesprochen werden und wie die Landschaft sich langsam verändert. Ostern 2015 habe ich mir ein Interrail-Ticket geschenkt und bin wieder mit dem Zug über Prag und Wien nach Venedig gefahren, von da nach Verona, habe Julia Capulets Brust getätschelt, was mir Glück in der Liebe bringen sollte, und von dort weiter nach Genua. Da holte ich mir eine Erkältung und reiste weiter, an der Küste Frankreichs entlang, bis ich in Barcelona ankam.

Bis auf einen Marokko- und einen Israel-Urlaub habe ich Europa noch nie verlassen, und trotzdem habe ich die wildesten Abenteuer erlebt. Wenn ich mit Europa fertig bin, widme ich mich der Welt, und wer weiß, wer mir da alles begegnet?

Auf den bisherigen Reisen war es mal leichter, mal schwerer, ein Zero-Waste-Leben zu führen. In Marokko war es erstaunlich einfach. Obst, Gemüse, Nüsse, Trockenfrüchte und Gewürze gab es auf dem Markt, Backwaren beim Bäcker und sogar Pasta habe ich lose gefunden. Erst als ich mir eine Lebensmittelvergiftung einfing, musste mein Kumpel Jan los und mir eine Packung Zwieback besorgen. Schwieriger dagegen war es mit dem Wasser. Uns wurde empfohlen, das Leitungswasser nicht zu trinken, und bei jedem Zähneputzen schmeckte ich auch, warum. Was man sonst beim Reisen beachten sollte, um den Klimawandel nicht unnötig weiter voranzutreiben, aber auch, um einfach den Müllberg kleinzuhalten, steht auf den folgenden Seiten.

Konferenzen

Als Vortragende muss ich vor Ort sein, aber ich muss mir auch zweimal überlegen, ob ich wirklich zu jeder Konferenz fahre, zu der ich eingeladen werde. Bringt die Konferenz mich inhaltlich weiter? Habe ich eine positive Wirkung, wenn ich den Teilnehmenden von Zero Waste erzähle, oder predige ich zu den bereits Konvertierten? Oft sage ich zu, bei Konferenzen zu sprechen, weil ich erwarte, etwas zu lernen. Dafür gibt es aber immer öfter Livestreams und Webinare, bei denen man neuen Input bekommt.

Meetings

Für Meetings zu verreisen, versuche ich so oft wie möglich zu vermeiden. Stattdessen gibt es diese moderne Technologie namens Telefon und Skype. Muss man die Businesspartnerin persönlich kennenlernen oder kann ein Skype-Call das ersetzen? Man spart nicht nur einen Flug, sondern am Ende des Tages auch Zeit.

Pendeln

Wer auf bestimmte oder unbestimmte Zeit wegen der Arbeit pendeln muss, für den macht es vielleicht Sinn, in die Nähe des Arbeitsplatzes zu ziehen. Ein kürzerer Arbeitsweg spart Zeit, Geld und Nerven. Und wer diesen mit dem Auto oder sogar mit dem Flugzeug antritt, sollte zumindest überlegen, ob man die Zeit nicht effektiver nutzen könnte, wenn man den Zug nimmt. Im Zug kann man wundervoll konzentriert arbeiten, weil man im Gegensatz zum Flugzeug nicht ständig aufstehen, durch Hallen und Gänge gehen, sich hinsetzen und wieder aufstehen muss.

Urlaub

Was soll man machen, wenn einen das Fernweh packt? Ich muss manchmal raus aus der Stadt. Dann ist mir Berlin zu laut, zu dreckig, zu unfreundlich. Raus aus der Stadt heißt aber nicht, dass ich in den nächsten Flieger steige und über das Wochenende Europa unsicher mache. Es geht viel einfacher. Im Internet finde ich lokale Apartments, Häuser, Bauernhöfe, Bio-Hotels in Brandenburg oder Mecklenburg-Vorpommern. Von Tür zu Tür sind das maximal eineinhalb Stunden, und ich habe meine Ruhe. Ob ich mir also ein Bio-Spa-Hotel 50 Kilometer außerhalb von Berlin gönne oder 500 Kilometer weit reisen muss, macht nur einen Unterschied in der CO_2-Bilanz – und die wollen wir ja niedrig halten. Ich spare mir am Ende viel Anfahrtszeit, kann diese für Erholung nutzen und lasse das Geld in der lokalen Wirtschaft.

Wenn es doch weiter weg gehen oder gar eine Weltreise sein soll, dann kann man sich an Raphael Fellmer orientieren. Der ist ohne Geld, aber mit viel Zeit um die halbe Welt gereist. Wie das geht, liest man in seinem Buch »Glücklich

ohne Geld!«. Denn es ist ja gar nicht nötig, nie wieder das
Land zu verlassen, sondern die Frage ist nur, wie oft und auf
welchem Wege.

FLIEGEN, FAHREN, LAUFEN?

Flugzeug

Heute titelte *Spiegel Online*, jeder Flug von Deutschland
nach San Francisco lasse fünf Quadratmeter Antarktiseis
verschwinden, und das pro Passagier. Das bedeutet so viel
Erwärmung, wie ein Autofahrer nach fünf Jahren Autofahren erzeugt hätte. Ein Flug für eine Person von Hamburg
nach Madrid ruiniert die CO_2-Bilanz so sehr wie ein Jahr
lang Rindfleisch essen. Und Rinderhaltung ist schon einer
der größten Verursacher für CO_2-Emissionen – auf ein Kilogramm Fleisch kommen 13 Kilogramm CO_2.

Ich glaube aber nicht, dass Urlaubsreisen hier das große
Problem sind. Das liegt ganz woanders. Bei Pendlerinnen,
die morgens von Berlin nach Köln fliegen und am nächsten Tag zurück, weil es schneller geht – und das Skurrile:
weil es billiger ist. Wie kann es sein, dass die nachhaltige Alternative – das Zugfahren – länger dauert und trotzdem oft
um ein Vielfaches teurer ist? Irgendwas ist falsch in diesem
System. Das Nachtzugangebot schrumpft, Zugfahren kostet jedes Jahr mehr, leidige Verspätungen sind Standard – da
muss man sich nicht wundern, dass Reisende sich auf das
Fliegen einstellen. Was böse daran ist? Stickoxide zerstören
das Ozon und der Treibstoff vom Flugzeug erwärmt die Erd-
atmosphäre viermal so stark wie ein Auto. Trotzdem wird
der Luftverkehr mit steuerfreiem Kerosin subventioniert,
und bei Tickets für internationale Flüge fällt keine Mehr-

wertsteuer an. Ich empfehle, nicht nur für die Umwelt, sondern auch für das Abenteuer, lieber einmal mehr Bahn zu fahren als zu fliegen.

Wenn man sich trotz allem für einen Flug entscheidet, sollte man wenigstens versuchen, den Müll, den man dabei produziert, zu reduzieren:

▸ Boarding-Tickets kann man sich als PDF-Datei auf das Smartphone herunterladen oder direkt via App auf dem Handy verwalten und anzeigen. Inzwischen haben alle Airlines eine oder sogar mehrere Apps.

▸ Flüssigkeiten über 100 ml sind an Bord verboten, aber leere Flaschen sind erlaubt. Man kann seine leere Mehrwegflasche einfach in das Handgepäck packen und hinter den Sicherheitskontrollen auf der Toilette selbst mit Wasser auffüllen oder in einem Café befüllen lassen.

▸ Man kann eigene trockene Snacks mitbringen. Bei kürzeren Strecken reicht ein belegtes Brot in der Edelstahlbox oder Studentenfutter im Stoffbeutel, bei längeren Strecken lasse ich mir am Abend vorher zum Beispiel vegetarisches Sushi im lokalen Asia-Shop zubereiten, packe das in meine Box und esse es im Flieger. Und wer auf den obligatorischen Tomatensaft nicht verzichten will, kann ihn in ein kleines 100-ml-Fläschchen füllen und selbst mitbringen.

▸ Um die in Plastik eingeschweißten Decken der Fluggesellschaften nicht benutzen zu müssen, habe ich immer ein warmes, langes Oberteil dabei, das man auch als Decke verwenden kann. Aber ich bin auch eine Frostbeule.

Auto

Auch das Auto ist ein totaler Klimakiller. Wenn man die Möglichkeit hat, sollte man auf öffentliche Verkehrsmittel und das Fahrrad umsteigen. Außer man fährt ein Elektroauto – aber auch bei diesen sind die Energie und die Ressourcen, die bei der Erzeugung verbraucht werden, nicht ohne. Wenn man dabei auf den Energiemix zurückgreifen muss, der in Deutschland üblich ist und der leider nicht nur aus erneuerbaren Energien besteht, ist das leider nicht die beste Lösung.

Fernbus

Auf den ersten Blick würde man meinen, Fernbusse seien ähnlich schädlich wie Autos. Wenn man ein Auto mit einem Fernbus direkt vergleicht, stimmt das auch. Aber in einem Bus können im Gegensatz zum Auto 50 Menschen Platz nehmen, und damit kann man sich bis zu 50 Autos sparen. Je nach Auslastung des Busses kann die CO_2-Bilanz ähnlich niedrig sein wie bei der Bahn.

Fahrrad

Emissionen = 0
Anstrengung = 100
Freude = kommt aufs Wetter an
Knackarsch = garantiert

ESSEN AUF REISEN

In Marokko konnte ich wie gesagt super unverpackt einkaufen und kochen. Aber je industrieller und entwickelter ein Land ist, desto schwieriger ist es, auch nur ein belegtes Brot ohne Plastikverpackung zu finden. Die Supermärkte sind voll von Salaten und Sandwiches und noch mehr Fertigessen. Dennoch, wer suchet, der findet.

Der beste erste Schritt ist, die lokalen Märkte aufzusuchen. Was man da nicht findet, findet man vielleicht in Bea Johnsons *Bulk Finder*. Oder man fragt einfach mal die Einheimischen nach Tipps. Spezialitätenläden wie Käsereien, Bäckereien oder Teehäuser sind in anderen Ländern genauso verbreitet wie in Deutschland, wenn nicht sogar noch mehr.

Da ich oft nur wenige Tage in einer Stadt bin und dann in Hotels unterkomme, bietet es sich für mich nicht wirklich an, selbst zu kochen. Ich schaue dann bei Yelp oder TripAdvisor nach Restaurant-Tipps oder verlaufe mich in der fremden Stadt, entdecke selbst einen Ort und lerne dabei die lokale Küche kennen. Dabei mache ich weniger Müll, als wenn ich verpackte Lebensmittel kaufen und diese nicht ganz aufbrauchen würde. Gastbetriebe kaufen meist bei Großhändlern und auf Großmärkten in Großgebinden und verbrauchen dadurch weniger Verpackung als der Einzelne zu Hause.

Schon vor jeder Abreise muss ich daran denken, ein Sandwich oder einen Salat vorzubereiten, weil das Essen an Flughäfen nicht nur überteuert und verpackt, sondern auch oft ungenießbar ist. Folgende Dinge dürfen also nicht fehlen: die Edelstahlbrotbox, die Flasche, das Camping-Besteck, mein Kaffeebecher und ein Stofftaschentuch. Damit bin ich auf alle Lebenslagen vorbereitet.

Ich packe meinen Koffer und packe so wenig wie möglich ein. Ich war bereits so gut wie überall in Europa mit nur einem kleinen Handkoffer und meinem Rucksack. In meinen Rucksack kommt alles für die Zero-Waste-Verpflegung, das Portemonnaie, der Laptop und die Kamera rein. Der Rest findet dann seinen Platz im Koffer, meistens passt sogar noch mein Cruiser rein, ein kurzes Longboard aus Holz mit dicken Rollen. Dafür nehme ich umso weniger Klamotten mit. Man muss ja Prioritäten setzen.

Das Packen meiner Kleidung geht fix. Dank der Capsule Wardrobe passen alle Einzelteile zusammen – und lang überlegen muss ich ja auch nicht, denn so viel Kleidung ist das nicht. Kleinteiliges wie Socken und Dessous kommen in einen Baumwollbeutel, der Rest der Kleidung in einen zweiten Baumwollbeutel. Einen dritten nehme ich für Dreckwäsche oder als Handtaschenersatz mit. Statt Duschgel, Shampoo und Rasierseife nehme ich beim Reisen nur eine Haarseife in einer kleinen Metallbox mit und benutze sie für alles. Außerdem im Gepäck: ein Rasierpinsel, ein Rasierer, die übliche Kosmetik, meine Bambuszahnbürste in einem Bambusgefäß und die Zahnpasta-Tabletten. Bis auf die Kosmetik habe ich somit keine Flüssigkeiten dabei und bei der Sicherheitskontrolle viel weniger Aufwand.

Ohne Müll zu reisen ist nicht nur gut möglich, sondern ermöglicht es einem, intensiver und weniger oberflächlich zu reisen. Man setzt sich viel mehr mit den lokalen Gebräuchen und der Kultur auseinander. Man sucht nach Alternativen und kommt vom Pfad ab, den vorher schon andere totgetrampelt haben. Lebendig wird das Reisen vor allem, wenn man anfängt, in Erfahrungen und Erlebnisse zu investieren und weniger in Dinge. Das Zero-Waste-Reisen ist auch für mich der letzte Schritt auf meiner Entdeckungsreise, der letzte Punkt, den ich versuche nachhaltiger zu gestalten, und auch der, der sich als besonders schwierig erweist – doch ich bin auf dem Weg.

KONFLIKTE UND ERRUNGEN-SCHAFTEN

Alles, was ich tue, richte ich danach aus, was meiner Mei-
nung nach richtig ist oder was mein Gewissen mitmacht. Aber richtig ist nicht immer richtig und falsch ist nicht immer falsch. Wenn ich krank bin, dann ist meine gesundheitliche Versorgung wichtiger als der Müll. Da bin ich egoistisch – nein, noch nicht mal das –, da bin ich vernünftig. Aber wenn ich ein neues Tattoo will, das nicht lebensnotwendig ist und so viel Müll macht, noch bevor es mit dem Schmerz losgeht (die Farbe in der Verpackung, die Einwegrasierer für störende Härchen, die Einweghandschuhe der Tätowiererin, die Schutzfolien, die Papiertücher), dann bin ich unvernünftig, wenn ich es trotzdem tue. Klar, den Müll macht der Tätowierer, aber er wurde wegen mir erzeugt. In solchen Momenten handele ich gegen meine Werte und mein Gewissen.

Solche Konflikte und Entscheidungen finden täglich statt. Die erste und bedeutendste Entscheidung ist die, dass man dem Zero-Waste-Lebensstil eine Chance geben will. Die zweite ist der Zeitpunkt – wann geht es los? – und die dritte ist die Frage nach dem Wie. Aber das ist lange nicht die letzte Entscheidung, die man für sich fällen muss. Ja, Zero Waste kann das Leben vereinfachen, aber es kann auch genau das Gegenteil bewirken.

Ich trage täglich mehrere Kämpfe mit mir aus. Ja, ich will die Welt sehen und reisen und ja, ich weiß, dass der CO_2-Ausstoß bei Fernreisen den Klimawandel begünstigt. Ich möchte im Wohlstand leben, aber ich weiß auch, dass das ständige Wirtschaftswachstum und unsere Konsumwelt Menschen ausbeuten und uns in eine Spirale treiben, aus der es keinen Ausweg gibt. In Anbetracht der Kriege da draußen, des Wasser- und Nahrungsmittelmangels, der flüchtenden Menschen, der Umweltkatastrophen scheint es fast lächerlich, sich mit so etwas Banalem wie Müll und Plastik zu beschäftigen. Wenn ich Bilder von Menschen sehe, die alles aufgeben mussten und nach Deutschland flüchten, einfach nur, um zu überleben, dann frage ich mich, welche Bedeutung der Zero-Waste-Edelstahlstrohhalm in meinem White Russian noch hat, mit dem ich diese Gedanken wegzutrinken versuche. Lieber versinke ich im Wodka als im Weltschmerz, denn am nächsten Morgen ist es nur noch der Kopf, der schmerzt, und die Welt, ja, sie dreht sich einfach weiter.

Jeden Morgen auf dem Weg zur U-Bahn komme ich an einem Bio-Supermarkt vorbei. Wenn ich zu faul bin, am Wochenende zu meinem eigenen Laden zu fahren, gehe ich da vorbei und kaufe die Backwaren und das Obst und Gemüse lose. Es schmeckt genauso gut wie bei *OU,* haben wir doch den gleichen Naturkostgroßhändler. Dieser kommt morgens gegen sieben und bringt die frische Ware auf Rollwagen. Die gibt es in jedem Supermarkt, sie haben eine Ladefläche von einem Quadratmeter, vier Rollen und zwei Metallgitter an den Seiten. Bei *OU* entladen wir die Ware und stellen die Wagen dann ins Lager, beladen sie mit Pfand und geben sie am nächsten Tag zurück.

Bei allen, also wirklich allen konventionellen Läden werden die Wagen mit Verpackungsmüll beladen – Kartons und noch mehr Kartons. Meist zwei bis vier pro Tag, je nach Wochentag. Ich beobachte diesen Prozess jeden Morgen auf dem Weg zur Arbeit. Meiner Arbeit, die genau das vermeiden will. Es ist frustrierend. Ich als Einzelperson spare Müll. Aber dem Einzelhandel ist das egal, weil es den Kunden egal ist. Er kümmert sich nicht darum. Mehr Müll, dafür mehr Umsatz? Klasse, ist er dabei! Weniger Müll, dafür Geld sparen bei der Müllentsorgung? Klar, ist er auch dabei, aber nur, wenn die Kundin mitmacht und der Umsatz gleich bleibt. Wie soll ich ihm das verübeln? Ich bin heute Kundin, aber

ich bin auch Einzelhändlerin. Ich muss schauen, dass der
Umsatz wächst, dass sich der Laden hält, dass die Arbeits-
plätze gesichert sind, aber vor allem, dass die Philosophie
eingehalten wird – unsere Idee. Damit hat alles angefangen: Die Suche nach einer Alternative, der Wunsch, besser
zu leben.

Wie kann ich vor mir selbst rechtfertigen, dass ich mich
mit selbst gemachtem Mascara oder veganem Katzenfut-
ter beschäftige, wenn die Welt vor die Hunde geht? Weil alles noch viel schlimmer sein könnte. Wir haben politische
Krisen und menschliche Katastrophen, aber das, was mit
der Umwelt geschieht – der Klimawandel, das Artensterben,
das Zusammenbrechen von Ökosystemen –, wirkt sich bereits auf uns Menschen aus und wird es in Zukunft noch viel
schlimmer tun. Wir hören vom Nordpol, der einfach nicht
wieder zufriert, an einzelnen Tagen rund 20 °C wärmer ist,
als er sein sollte, und deshalb weniger Eis hat, das die Sonne
zurückreflektiert, und sich dadurch noch mehr aufheizt. Die
Folge ist nicht nur, dass Eisbären oder Walen der Lebens-
raum genommen wird, sondern auch, dass der Meeresspiegel steigt. Ganze Länder könnten unter einem steigenden
Meeresspiegel verschwinden. Unsere Lieblingsinsel Sylt ist
sogar schon dabei. Nur durch künstlich hingekarrten Sand
übersteht sie die Fluten, die den schon vorhandenen Sand
ständig abtragen. Klimawandelflüchtlinge sind keine dysto-
pische Fantasie, sondern heute schon Realität.

In meinem Geburtsort war es vor einiger Zeit minus 62
Grad kalt. Die Bürgerinnen wurden angehalten, ihre Häuser
und Wohnungen nicht zu verlassen, und das tagelang. Ich
erinnere mich nicht wirklich an Sibirien, doch selbst dort
sind das keine normalen Temperaturen. Gleichzeitig wird
im Sommer ein anderes Extrem erreicht: Der Permafrost-

boden, der sonst auch im Sommer eisig bleibt, taut immer weiter auf, was dazu führt, dass Straßen und Häuser nicht mehr stabil sind. Dafür wird es in meiner heutigen Heimat Berlin immer kälter. Die Winter werden länger, und ich freue mich darauf, auch im März noch entspannt Schlitten fahren zu können – aber normal ist das nicht. Ich mache es mir vielleicht zu leicht, alle Wetter- und Umweltkatastrophen auf den Klimawandel zu schieben – ich bin keine Wissenschaftlerin –, aber was ich weiß, ist, dass sich alles gegenseitig bedingt und auch Auswirkungen haben wird, die wir heute noch nicht mal begreifen können. Im Norden fängt der Klimawandel an. *Winter is coming.*

Wir können nicht von heute auf morgen allein den Klimawandel stoppen. Aber wenn wir wollen, dass wir und auch unsere Kinder noch was von dieser Welt haben, dann müssen wir nach bestem Gewissen ökologisch leben, und zwar jeder Einzelne von uns. Ich lebe nicht das perfekte Zero-Waste-Leben, ich bin auch nur ein Mensch – aber ich vermeide so viel Müll, wie es geht. Ich nehme immer die nachhaltigere Alternative, und wenn es keine gibt, dann schaffe ich sie mir. Ich gehe raus und spreche mit Menschen. Ich versuche eher schlecht als recht, mit gutem Beispiel voranzugehen. Ich wünsche mir, dass sich Zero Waste verbreitet. Aber noch mehr wünsche ich mir, dass man sich nach dem Lesen dieses Buches kein Bild eines perfekten müllfreien Lebensstils vorstellt, das man eh nicht erreichen kann, sondern dass man es eher als Orientierung sieht und selbst versucht, das Beste draus zu machen. Steter Tropfen höhlt den Stein. Stetes Neinsagen lässt die Nachfrage nach Plastik zurückgehen. Stetes Demonstrieren, Petitionen unterschreiben und aktiv sein macht den Wandel möglich.

In San Francisco haben sie Einwegverpackungen für Le-
bensmittel aus Styropor verboten. Hamburg hat Angestellten und Beamtinnen verboten, auf Staatskosten Kaffeekapseln und Wasser in Einwegplastikflaschen zu kaufen. Fast überall auf der Welt, angefangen bei Deutschland, Bangladesch, China, England, Marokko, Belgien und 33 weiteren Ländern, wird eine Gebühr für Plastiktüten im Supermarkt verlangt. Seitdem ist die Verbreitung von diesen stark zurückgegangen. Die dünnen Gemüseplastiktüten wurden teilweise gleich ganz verboten.

Der Müllstrudel im Meer, der »Great Pacific Garbage Patch«, ist so groß wie Mitteleuropa. Er wurde durch Menschenhand erzeugt, aber er kann auch durch Menschenhand wieder verschwinden. Das Projekt *The Ocean Cleanup* von Boyan Slat aus den Niederlanden testet seit 2016 einen Prototypen, der Plastikmüll ab einer Größe von 20 Millimetern im Meer einfangen kann. Auch Fischer haben oft mit dem Müll im Meer zu tun, doch statt den »gefangenen« Müll wieder im Meer zu beseitigen, hilft der Verein *Fishing for Litter* ihnen, diesen korrekt zu entsorgen.

Wenn es keine Gesetze gibt, die ökologisches Verhalten belohnen oder gar vorschreiben, dann müssen wir, die Konsumentinnen, eben versuchen, allein genauso viel zu bewegen. Vor einigen Jahren musste man noch erklären, was »vegan« bedeutet. Heute steht mindestens ein veganer Supermarkt in jeder Großstadt, und jede Supermarktkette, die was auf sich hält, hat eine vegane Abteilung. Das Gleiche gilt für die Unverpackt-Bewegung. Sie wächst sogar noch schneller, und auch Bio-Ketten schmücken sich in neuen Filialen mit einer Unverpackt-Abteilung. Die Supermärkte sehen den Markt und die Nachfrage und rüsten auf unverpackte Abteilungen um. Und der Markt, das sind nun mal wir Kunden. Wenn wir immer wieder nachfragen und die Ladeninhaberinnen nur lange genug nerven, dann arbeiten sie vielleicht doch an einer Lösung für uns. Und wir arbeiten für die Umwelt. Das sage ich mir immer wieder, um mir meine Motivation zu bewahren und mich daran zu erinnern, wozu ich das eigentlich alles tue und dass es doch sinnvoll ist – mein Leben ohne Müll.

DANKSAGUNG

Zuerst will ich meinem Team bei *Original Unverpackt* und *Ein guter Plan* danken. Von unserer ersten Mitarbeiterin über die Verkäuferinnen und Verkäufer im Laden bis zu jeder festen Mitarbeiterin und jedem freien Mitarbeiter im Büro. Das Team ist das, was *Original Unverpackt* möglich gemacht hat und auch heute noch mit Leben füllt. Es ist das gleiche Team, das mich immer wieder daran erinnert hat, langsamer zu machen und auf mich aufzupassen. Ein Team, das die gleichen Werte und Ziele hat wie ich, weshalb es in den letzten zwei Jahren keinen einzigen Tag gab, an dem ich mich nicht gefreut habe, ins Büro zu kommen. Das ist ein Hauptgrund dafür, dass ich meinen Job so sehr liebe. Danke, liebes Team: Felix Fillbrandt, Isabell Winter, Ivan Carcano, Janika Hildebrandt, Julia Eden, Julia Seeliger, Larissa Gleich, Luise Zaluski, Miriam Gruber, Nora Martin, Oliver Paulke und Thomas Guhr.

Ich danke meinen Freunden, Jan Lenarz, Oliver Elsoud, Amira Jehia. Dafür, dass sie da sind, mit mir zurechtkommen, mir nicht böse sind, wenn ich sie zum wiederholten Male unterbreche und so schnell rede, dass ich selber nicht mitkomme. Dafür, dass sie meine Gefühlsduseleien aushalten und dass ich immer wieder die gleichen Fehler mache. Dafür, dass sie mich inspirieren, dass ich von ihnen lernen kann. Dafür, dass sie mich zum Lachen bringen. Alle drei sind voll von Kreativität, Optimismus, unterschiedlichstem Wissen und vor allem Weltverbesserungsdrang, und ich bin stolz, sie meine Freunde nennen zu dürfen.

Ich danke meiner Schwester Irina Rosenberg und unserer Familie. Meine Eltern lehrten mich, dass Bildung und

Bücher wichtig sind. Meine Schwester zeigte mir, was bedingungslose Liebe ist. Sie ist immer da, wenn ich sie brauche, und es ist schön zu wissen, dass es sie gibt und ich sie genauso bedingungslos lieben kann.

Ich danke Paul Katte für seine Ehrlichkeit, seine Herzlichkeit, den Kaffee und dass er jeden schönen Moment noch angenehmer macht.

Dann sind da noch Bernd Steinmeyer und Nicole Straub. Die zwei ahnen nicht annähernd, wie dankbar ich ihnen bin. Für ihre Art und ihre Hilfe in schweren Zeiten. Es passiert jetzt noch oft, dass Dinge geschehen und ich an die beiden denken muss, weil sie es genau so vorausgesagt haben.

Ulrich Essmann danke ich für das Vertrauen, das Verständnis und all die guten Ratschläge.

Waldemar Zeiler und Philip Siefer von *Einhorn,* mit denen ich anderthalb Jahre das Büro geteilt habe, waren mir Inspiration, große Brüder und Mentoren, ob sie wollten oder nicht.

Jan Bredack, dem Gründer von *Veganz,* danke ich dafür, dass er sich nach meiner Anfrage, von denen er Unzählige bekommt, auf einen Kaffee mit mir traf und mir das Jobangebot machte, durch das ich so viele großartige Menschen kennenlernen durfte.

Jan Lehnardt danke ich für seine kreativen Tweets und Titelideen.

Ich danke Anna Theil und Denis Bartelt von *Startnext* – hätten sie Crowdfunding nicht in Deutschland eingeführt, gäbe es heute kein *Ein guter Plan,* kein *Original Unverpackt* und die ganze Unverpackt-Bewegung hätte wegen Mangels an Kapital wohl nur sehr langsam stattgefunden – wenn überhaupt.

Ein ganz besonderer Dank geht an Isabell Winter, die für das Coverfoto verantwortlich ist.

Über Umwege bin ich glücklicherweise bei der Agentur Eggers gelandet und bei meinem Agenten Daniel Wichmann. Er hat mir dabei geholfen, das Konzept für dieses Buch abzurunden, und für mich meinen Traumverlag gefunden:

Kiepenheuer & Witsch. Alle Mitarbeiter und Mitarbeiterinnen dieses Verlags, die ich bisher kennenlernen durfte, sind leidenschaftlich und begeistert von dem, was sie tun. Ein Mitarbeiter ist mir besonders ans Herz gewachsen: Christian Neidhart, mein Lektor, der sich durch dieses Buch immer wieder durchgekämpft hat und mir mal lustige, aber immer konstruktive Kritik hinterließ. Ohne ihn wäre »Ohne Wenn und Abfall« noch immer mehr Chaos als Buch, und du würdest es jetzt nicht in deinen Händen halten.

Danke, dass es euch alle gibt.

UNVERPACKT-LÄDEN IM DEUTSCHSPRACHIGEN RAUM

Deutschland

Augsburg	*Rutanatur – Unverpackt Augsburg* Prinzregentenstraße 7, 86150 Augsburg http://rutanatur.de/ Mo, Di, Do, Fr: 10–14/15–18:30 Uhr Mi, Sa: 10–14 Uhr
Berlin	*Original Unverpackt* Wiener Straße 16, 10999 Berlin http://original-unverpackt.de/ Mo–Sa: 10–19:30 Uhr
Bottrop	*Allerlei Verpackungsfrei* Gladbecker Straße 19, 46236 Bottrop https://www.allerlei-verpackungsfrei.de/
Braunschweig	*Wunderbar Unverpackt* Fallersleber Straße 36, 38100 Braunschweig http://wunderbar-unverpackt.de Mo–Fr: 10–18:30 Uhr Sa: 9:30–16:30 Uhr
Bremen	*SelFair* Vor dem Steintor 189, 28203 Bremen http://selfair.de/ Mo–Fr: 8:30–20 Uhr Sa: 10–20 Uhr
Darmstadt	*Unverpackt Darmstadt* Gutenbergstraße 5B, 64289 Darmstadt http://unverpacktdarmstadt.com/ Mo–Fr: 10–19 Uhr Sa: 10–14 Uhr

Dresden	*Lose* Böhmische Straße 14, 01099 Dresden http://losedresden.wixsite.com/lose Mo–Fr: 10–13:30/14:30–19 Uhr Sa: 10–16 Uhr
Erfurt	*Louise genießt* Paulstraße 25, 99084 Erfurt http://www.louise-geniesst.de/ Mo–Fr: 10–18 Uhr Sa: 10–14 Uhr
Essen	*Glücklich unverpackt* Rosastr. 38, 45130 Essen https://www.facebook.com/gluecklichunverpackt/ Mo–Fr: 10–18 Uhr Sa: 10–16 Uhr
Freiburg	*Glaskiste* Moltkestraße 15, 79098 Freiburg im Breisgau http://www.glaskiste-unverpackt.de/ Mo–Fr: 9–19 Uhr Sa: 9:30–18:30 Uhr
Görlitz	*Emma's Tante* Jakobstraße 40, 02826 Görlitz http://www.emmastante.com/ Mo–Fr: 9–18 Uhr Sa: 9–13 Uhr
Hamburg	*Stückgut* Am Felde 91, 22765 Hamburg http://www.stueckgut-hamburg.de/ Mo–Fr: 10–19 Uhr Sa: 11–17 Uhr
Hannover	*Lola* Stephansplatz 13, 30171 Hannover http://lola-hannover.de/ Mo–Fr: 9–19 Uhr Sa: 10–16 Uhr

Heidelberg   *Annas Unverpacktes*
                                    Ladenburger Straße 37, 69120 Heidelberg
                                    http://www.annas-unverpacktes.de/

                        Karlsruhe   *Unverpackt Karlsruhe*
                                    Bahnhofplatz 8, 76137 Karlsruhe
                                    http://www.unverpackt.de/
                                    Mo–Fr: 7–19 Uhr
                                    Sa: 8–16 Uhr

                        Kiel   *Unverpackt Kiel*
                                    Kronshagener Weg 10, 24103 Kiel
                                    http://www.unverpackt-kiel.de/
                                    Mo, Di, Do, Fr: 10–14/15–19 Uhr
                                    Mi: 9–14/15–19 Uhr
                                    Sa: 9–14 Uhr

                        Köln   *Tante Olga*
                                    Berrenrather Straße 406, 50937 Köln
                                    http://www.tante-olga.de/
                                    Mo, Sa: 10–15 Uhr
                                    Di-Fr: 10–19 Uhr

                        Köln   *Veedelskrämer*
                                    Venloer Straße 270, 50823 Köln
                                    https://www.veedelskraemer.de/
                                    Mo–Fr: 10–19 Uhr
                                    Sa: 10–16 Uhr

                        Landau   *Unverpackt Landau*
                                    Kronstraße 34, 76829 Landau
                                    https://unverpackt-landau.de/
                                    Mo–Fr: 9:30–18 Uhr
                                    Sa: 9–14 Uhr

                        Leipzig   *Einfach Unverpackt*
                                    Kochstraße 6, 04275 Leipzig
                                    http://www.einfach-unverpackt.de/

Mainz	*Unverpackt Mainz*
	Kurfürstenstraße 49, 55118 Mainz
	http://unverpackt-mainz.de/
	Mo–Fr: 11–19 Uhr
	Sa: 10–14 Uhr

Markdorf	*Heimatliebe Unverpackt*
	Hauptstraße 3–5, 88677 Markdorf
	http://heimatliebe-unverpackt.de/
	Mo, Di, Do, Fr: 9–13/15–18 Uhr
	Mi, Sa: 9–13 Uhr

München	*Ohne*
	Schellingstraße 42, 80799 München
	http://www.ohne-laden.de/
	Mo–Fr: 9:30–19 Uhr
	Sa: 9:30–18 Uhr

Münster	*Einzelhandel zum Wohlfühlen*
	Hammerstraße 52–54, 48153 Münster
	http://www.einzelhandel.ms/
	Mo–Fr: 9–19:15 Uhr
	Sa: 10–16:30 Uhr

Münster	*Natürlich Unverpackt*
	Warendorfer Str. 63, 48145 Münster
	http://natuerlich-unverpackt.de/
	Mo–Fr: 9–19 Uhr
	Sa: 9–15 Uhr

Nördlingen	*Ohne Umweg*
	Schäfflesmarkt 1, 86720 Nördlingen
	http://ohneumweg.com/
	Mo–Mi, Fr: 9–19 Uhr
	Sa: 8:30–14 Uhr

Osnabrück	*Tara Unverpackt Genießen*
	Wittekindplatz 4, 49074 Osnabrück
	http://www.tara-unverpackt.de/
	Mo–Fr: 10–18:30 Uhr
	Sa: 10–15 Uhr

Paderborn   *KernIdee*
Dörener Weg 72, 33100 Paderborn
http://kernidee-paderborn.de/
Mo–Fr: 10–19 Uhr
Sa: 10–14 Uhr

Regensburg   *Füllgut*
Obere Bachgasse 18, 93047 Regensburg
http://füllgut-regensburg.de/

Röbel/Müritz   *Müritz Unverpackt*
Straße des Friedens 50, 17207 Röbel/Müritz
https://www.facebook.com/mueritz.unverpackt.de/
Di–Fr: 10–18:30 Uhr
Sa: 10–16 Uhr

Rostock   *Bio-Kogge*
Friedhofsweg 3, 18057 Rostock
http://bio-kogge.de/
Mo, Mi, Fr: 9–18 Uhr
Di, Do: 10–19 Uhr
Sa: 9–12:30 Uhr

Schwäbisch Gmünd   *Unverpackt GD*
Kalter Markt 12, 73525 Schwäbisch Gmünd
http://www.unverpackt-gd.de/
Mo–Fr: 9–18 Uhr
Sa: 9–14 Uhr

Witten   *Füllbar*
Steinstraße 15, 58452 Witten
https://www.fuellbar-witten.de/
Mo–Sa: 10–13/15–18 Uhr

Würzburg   *Unverpackt Würzburg*
Sanderstr. 5, 97070 Würzburg
http://www.wuerzburg-unverpackt.de/
Mo–Fr: 9–19 Uhr
Sa: 9–15 Uhr

Basel	*Abfüllerei Basel* Güterstrasse 169, 4053 Basel https://www.abfuellerei-basel.ch/
Biel	*La Portion Magique* Kirchgässli 5, 2502 Biel http://www.portion-magique.ch/ Di–Fr: 9:30–12:30/14:30–18:30 Uhr Sa: 9–16 Uhr
Crissier	*Magasin Bio de Bois* Route de Bois Genoud 36, 1023 Crissier
Lugano	*Negozio Leggero* Via Bertaro Lambertenghi 2, 6900 Lugano http://www.negozioleggero.it/ Mo–Fr: 9–14/15–18:30 Uhr Sa: 10–17 Uhr
Sion	*Chez Mamie Bio-Vrac* Rue de la Drague, 18, 1950 Sion http://www.chezmamiebiovrac.com/ Di–Fr: 9–12:30/13:30–18:30 Uhr Sa: 9–12:30/13:30–17:00 Uhr
Zürich	*Chez Mamie Zürich* Schaffhauserstrasse 74, 8057 Zürich http://www.chezmamiebiovrac.com/ Di–Do: 10–18:30 Uhr Fr: 10–20 Uhr Sa: 9–17 Uhr
Zürich	*Foifi ZeroWaste Ladencafé* Schiffbaustrasse 9B, 8005 Zürich https://foifi.ch/ Mo–Fr: 9–19:30 Uhr Sa: 10–18 Uhr

Österreich

Graz	*Das Gramm* Neutorgasse 7, 8010 Graz http://dasgramm.at/ Mo–Fr: 10–20 Uhr Sa: 10–17 Uhr
Hohenems	*Frida Bio* Marktstrasse 28, 6845 Hohenems http://www.frida-bio.at/ Mo–Fr: 8:30–18 Uhr Sa: 8:30–16 Uhr
Innsbruck	*Greenroot* Brixnerstraße 3, 6020 Innsbruck https://www.greenroot.at/ Mo–Fr: 9–18 Uhr Sa: 10–15 Uhr
Innsbruck	*INSTEPS bewusst einkaufen* Markthalle, Herzog-Siegmund-Ufer 1–3, 6020 Innsbruck http://www.insteps.at/ Mo–Fr: 8–18:30 Uhr Sa: 8–13 Uhr
Sierning	*Sierninger Kerndlgreisslerei* Neustrasse 13, 4522 Sierning Mo, Di, Do, Fr: 7:15–12:30/15–18 Uhr Mi: 7:15–12:30 Uhr Sa: 8–12 Uhr
Villach	*UniKorn* Widmanngasse 4, 9500 Villach https://www.facebook.com/Unikorneinzelhandel/
Wien	*Der Greißler* Albertgasse 19, 1080 Wien http://www.der-greissler.at/ Mo–Fr: 9:30–19:30 Uhr Sa: 8–18 Uhr

Wien	*Lunzers Maßgreißlerei*
	Heinestraße 35, 1020 Wien
	http://mass-greisslerei.at/
	Mo–Fr: 9–19 Uhr
	Sa: 9–17 Uhr

Südtirol

Brixen	*Purnatur*
	Trattengasse 3, 39042 Brixen
	http://www.purnatur.it/
	Mo–Fr: 9:15–12/15:15–18 Uhr
	Sa: 9:15–12 Uhr

Stefan Kreutzberger / Valentin Thurn
Die Essens
vernichter

TASTE THE WASTE

Warum die Hälfte

aller Lebensmittel im Müll landet

und wer dafür verantwortlich ist

Stefan Kreutzberger / Valentin Thurn. Die Essensvernichter.
Warum die Hälfte aller Lebensmittel im Müll landet und
wer dafür verantwortlich ist. Taschenbuch. Verfügbar auch
als E-Book

Dem Skandal der Lebensmittelvernichtung – der in hohem Maß
auch zum Klimawandel beiträgt – ist auf internationaler, aber
auch auf individueller Ebene zu begegnen. Das Buch enthält viele
Anregungen, wie jeder Einzelne umsteuern kann.

»In den Mund oder auf den Müll – das ist keine Frage von Qualität
mehr, sondern von wirtschaftlichen Interessen. Deshalb empfehle
ich ›Die Essensvernichter‹ allen aufmerksamen Verbraucherinnen
und Verbrauchern als Pflichtlektüre.« *Sarah Wiener, Starköchin*

Franziska Seyboldt. Rattatatam, mein Herz. Vom Leben
mit der Angst. Gebunden. Verfügbar auch als E-Book

Angststörungen treten laut einer internationalen Studie häufiger
auf als Depressionen. Millionen von Menschen kämpfen sich mit
dieser Erkrankung und der daraus resultierenden Angst vor der
Angst durchs Leben. Warum spricht niemand darüber? Franziska
Seyboldt will dies mit »Rattatatam, mein Herz« ändern.

»Ich habe die Erfahrung gemacht, dass einen niemand angreift,
wenn man ehrlich ist. Man wird höchstens bewundert, wie offen
man damit umgeht, vielleicht steht man auch eine Zeitlang stär-
ker unter Beobachtung, aber irgendwann ist alles wie vorher. Nur,
dass man nichts mehr verschweigen muss. Das Herz ist danach
um einen Steinbruch leichter. Versprochen.«

Kiepenheuer
&Witsch

Leseproben und mehr unter www.kiwi-verlag.de